DELIUS KLASING

Robbert Das/Harald Schwarzlose

PRAKTISCHE SEEMANNSCHAFT IN BILDERN

Delius Klasing Verlag

Bibliografische Information Der Deutschen Bibliothek
Die Deutsche Bibliothek verzeichnet diese Publikation in der Deutschen Nationalbibliografie; detaillierte bibliografische Daten sind im Internet über »http://dnb.ddb.de« abrufbar.

1. Auflage
ISBN 3-7688-1679-6
ISBN 978-3-7688-1679-3

Zeichnungen: Robbert Das
Umschlaggestaltung und Layout: Ekkehard Schonart
Druck: Druckerei zu Altenburg
Printed in Germany 2005

Delius Klasing Verlag, Siekerwall 21, D - 33602 Bielefeld
Tel.: 0521/559-0, Fax: 0521/559-115
E-Mail: info@delius-klasing.de
www.delius-klasing.de

Inhalt

An- und Ablegen ohne Ärger

Wer mit einem neuen oder noch unbekannten Boot den Liegeplatz verlässt, wird möglicherweise ein wenig unsicher diesem ersten entscheidenden Manöver entgegensehen. Dabei ist das Ablegen aus der Box fast immer am einfachsten, vorausgesetzt, es werden einige Grundregeln beachtet:

Bevor die Leinen losgeworfen werden, vergewissert man sich, ob keine losen Tampen im Wasser hängen. Allzu leicht können sie in den Propeller geraten. Die Festmacher-Leinen werden sorgfältig auf den Steg gelegt **(1)**.

Am günstigsten ist es, wenn jeweils ein Crewmitglied eine der beiden Achterleinen einholt. Zur Sicherheit wird die am Fingerschlengel festgemachte Leine auf Slip gelegt und von Hand aufgefiert **(2)**, während man die andere Achterleine über die Seereling hebt, sodass sie von Hand bis mittschiffs geführt werden kann **(3)**.

Die losgeworfenen vorderen Festmacher lässt man so lange auf den Klampen belegt an Deck liegen, bis das Manöver vollständig gelungen ist **(4)**.

Beim Absetzen vom Nachbarschiff sollte man nicht gegen die Seereling oder ihre Stützen drücken, da diese auf vielen Yachten nicht fest genug montiert sind oder im Kunststoffdeck Haarrisse entstehen können. Stattdessen setzt man das eigene Boot mit einem Bootshaken ab, der eine weiche, kugelgeschützte Kunststoff-Spitze hat. Diese wird gegen den Fuß einer Relingsstütze oder in die Löcher der Alu-Decksschiene gedrückt **(5)**.

Lose Schoten und Leinen an Deck sind gefährlich – man kann leicht darauf ausrutschen. Darum alle Bewegungen an Deck langsam und vorsichtig ausführen **(6)**.

Begrenzungsleinen für die Box machen das Manövrieren einfacher. Daran kann das Schiff auch per Hand verholt werden **(7)**.

Die wichtigste Regel aber lautet: mit der Maschine ganz langsam und ohne Panik zurückgehen. Das ist der Schlüssel zum Erfolg **(8)**.

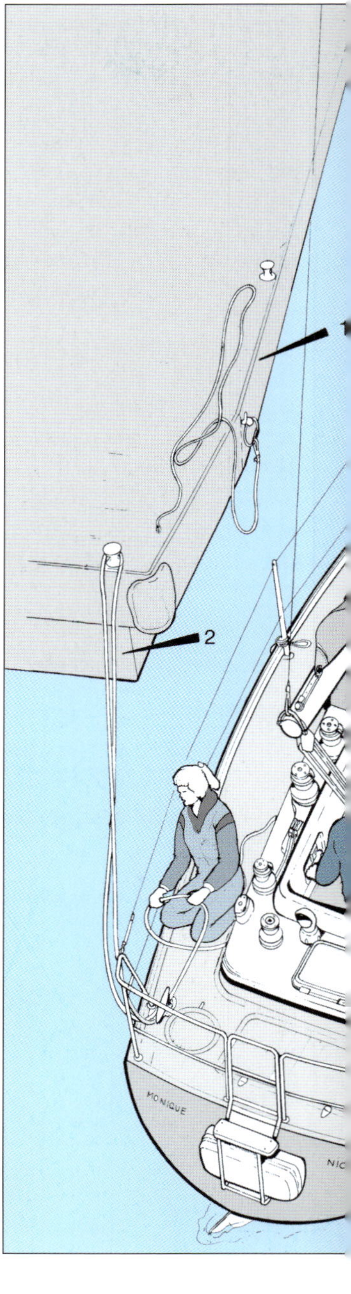

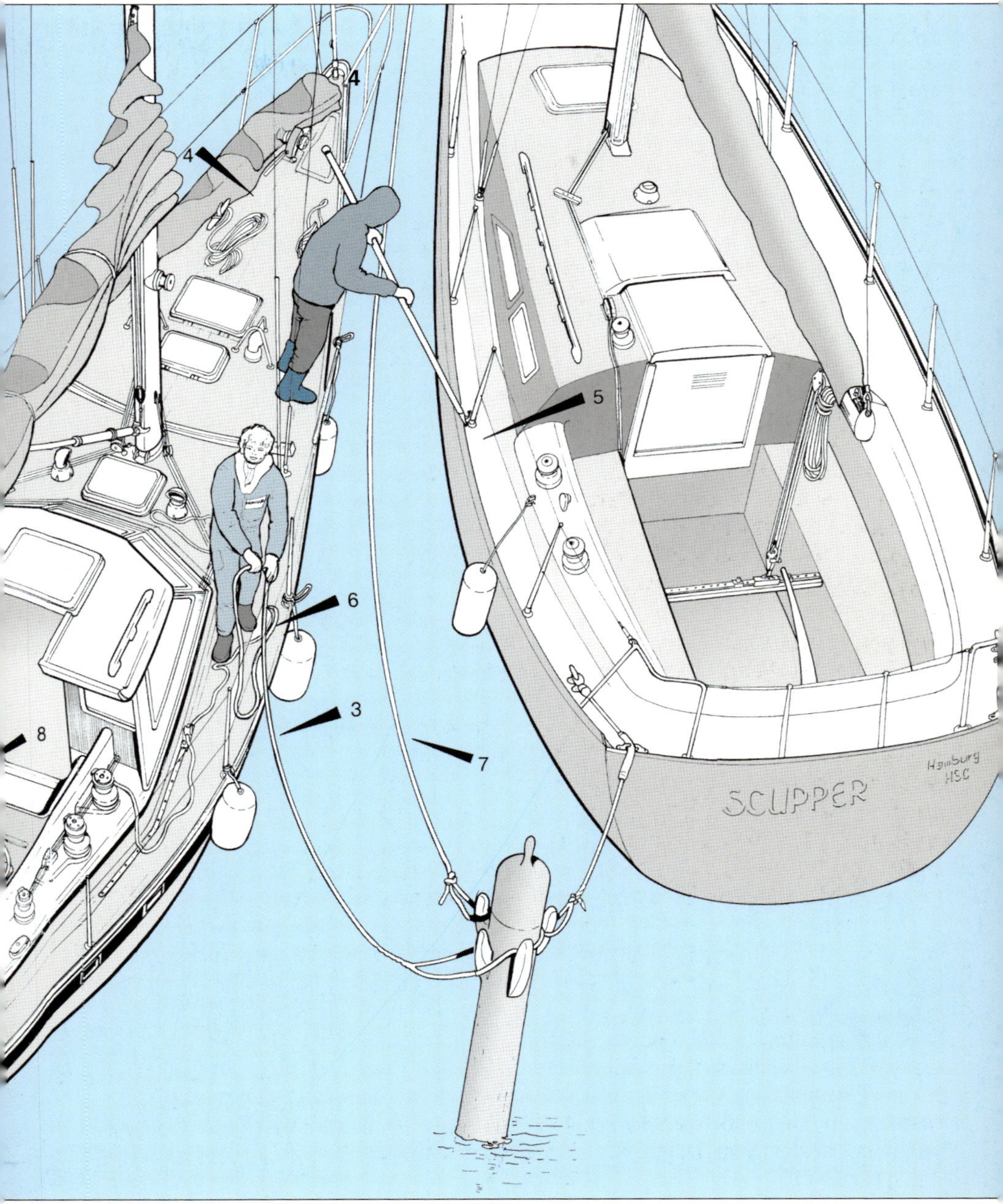
4
4
5
6
3
7
8
SCUPPER
Hamburg
HSC

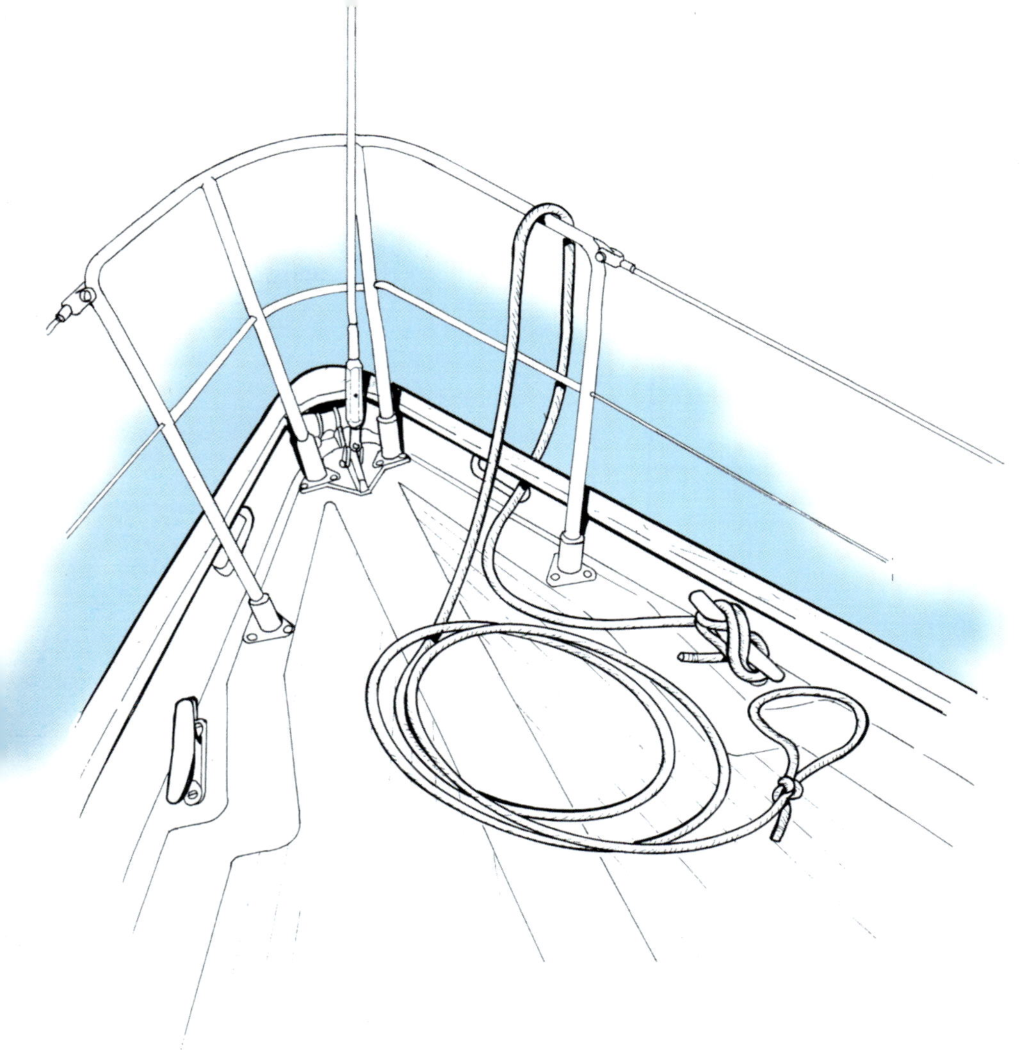

Leinen klarmachen

Wer kennt die Szene nicht: Eine Yacht legt an, der Festmacher wird hektisch aus der Backskiste hervorgekramt und zum Steg hinübergegeben. Natürlich ist er vertörnt, und der Tampen fällt in den Bach, weil der Skipper versäumt hat, ihn vorher an Deck zu belegen.
Daher lautet vor dem Anlegen das erste Gebot: Die Festmacher klarlegen! Die Leinen werden vorsorglich auf den Decksklampen belegt und jeweils durch die Schanzaugen oder Lippklampen außenbords geführt. Danach hebt man sie über die Seereling wieder innenbords, wo sie sauber aufgeschossen werden. Auf dem Steg oder dem Nachbarschiff werden die Leinen grundsätzlich kurz festgemacht, während das längere Ende an Bord geholt und dort dichtgesetzt wird.

Ein missglücktes Anlegemanöver entsteht meistens durch ungenügende Vorbereitung. Der Skipper instruiert seine Mannschaft nicht, wo und wie er das Boot festmachen will. So, wie auf der Zeichnung unten dargestellt, läuft das Manöver dann meistens ab: Der Vordecksmann versucht verzweifelt, die vertörnte Vorleine zu klarieren, und der Skipper hält – halb außenbords hängend – das Boot am Pfahl fest, weil er keine Achterleine ausbringen kann.

Die Yacht treibt daraufhin je nach Wind- und Stromrichtung gegen Pfähle und Nachbarlieger, es kommt zu Kollisionen.

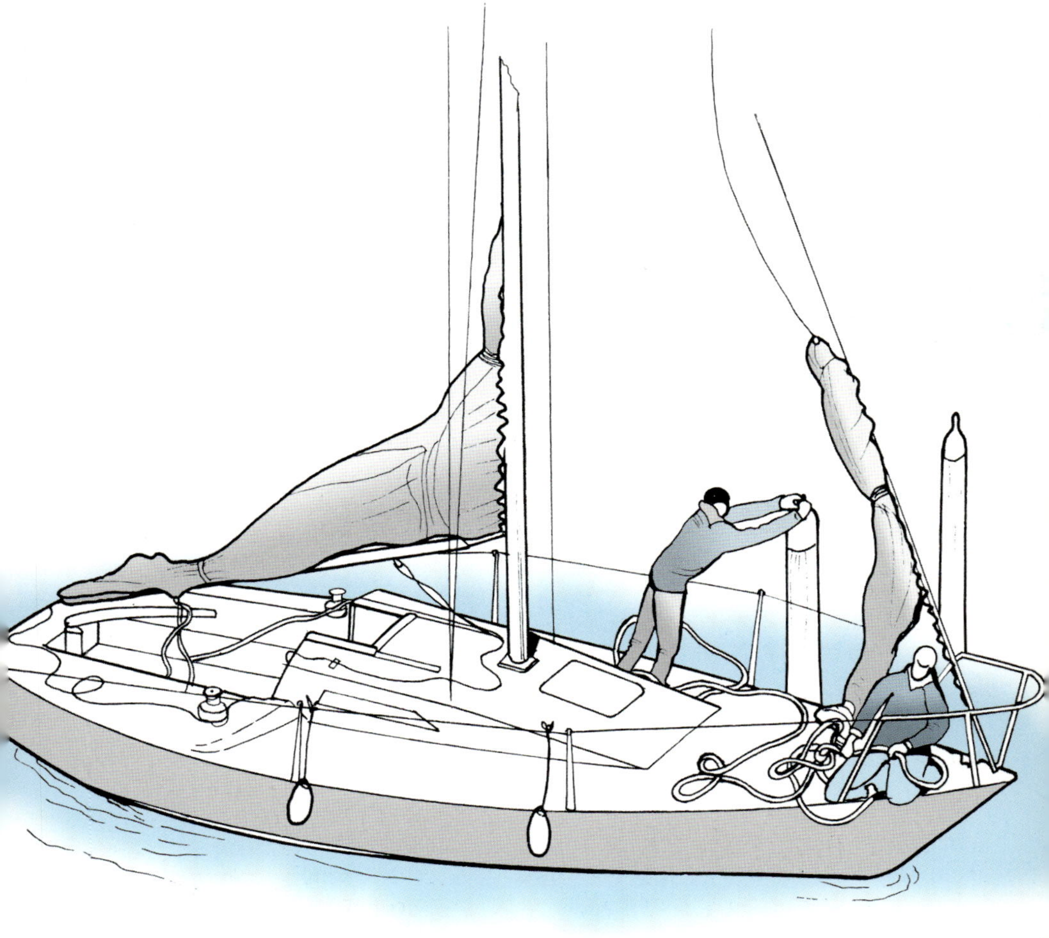

Eine weitere, häufig beobachtete Ursache für missglückte Anlegemanöver ist die falsche Einschätzung der Boxlänge. Es werden zu kurze Achterleinen ausgebracht, während das Boot einläuft. Die Vorleinen können nicht zum Steg hinübergegeben werden. Die Folgen: Das Boot treibt quer, und Havarien an den Nebenliegern sind wiederum nicht auszuschließen.

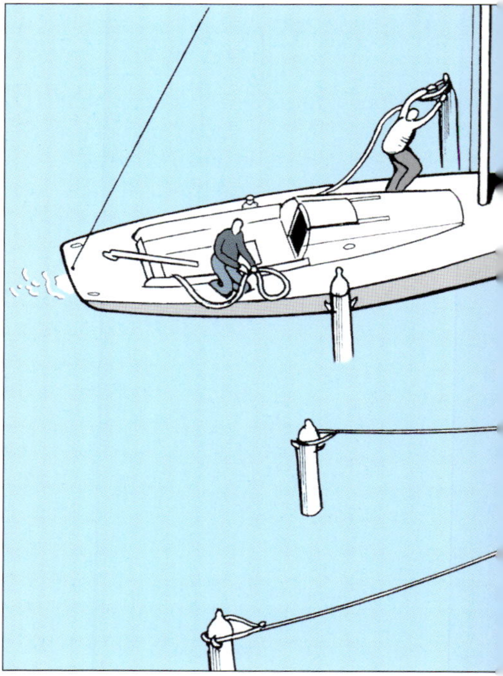

Falls man beim Einlaufen in eine Box die Achterleinen nicht rechtzeitig auf den Heckpfählen ausbringen kann, ist es richtig, zuerst eine Vorleine am Steg zu befestigen und dann mit dem Motor rückwärts zu manövrieren. Der Vordecksmann fiert dabei die Vorleine zügig auf. Hilfreich ist es, wenn der Skipper große Buchten in die Achterleinen knotet und diese mit dem Bootshaken über die Pfähle hebt. Niemals nur an den Pfahlklampen oder -haken festmachen. Sie halten gewöhnlich starkem Zug oder Schwell nicht stand.

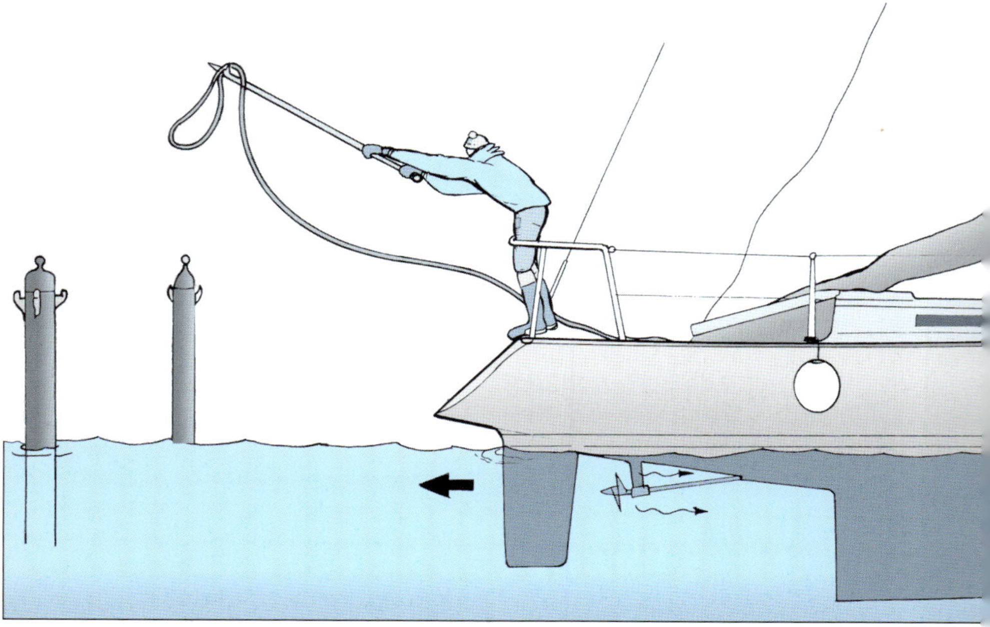

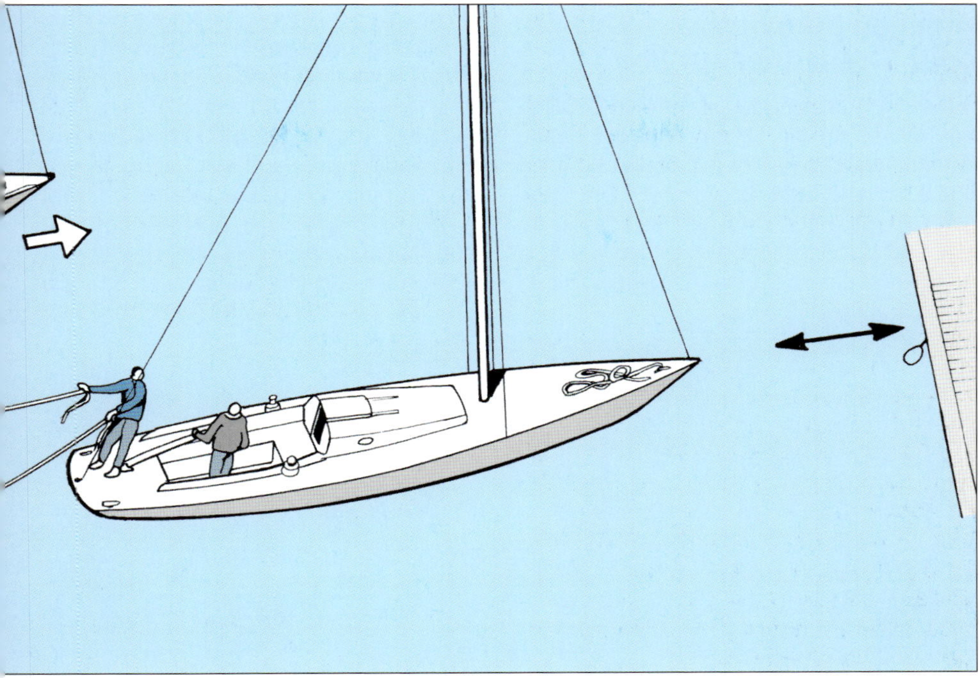

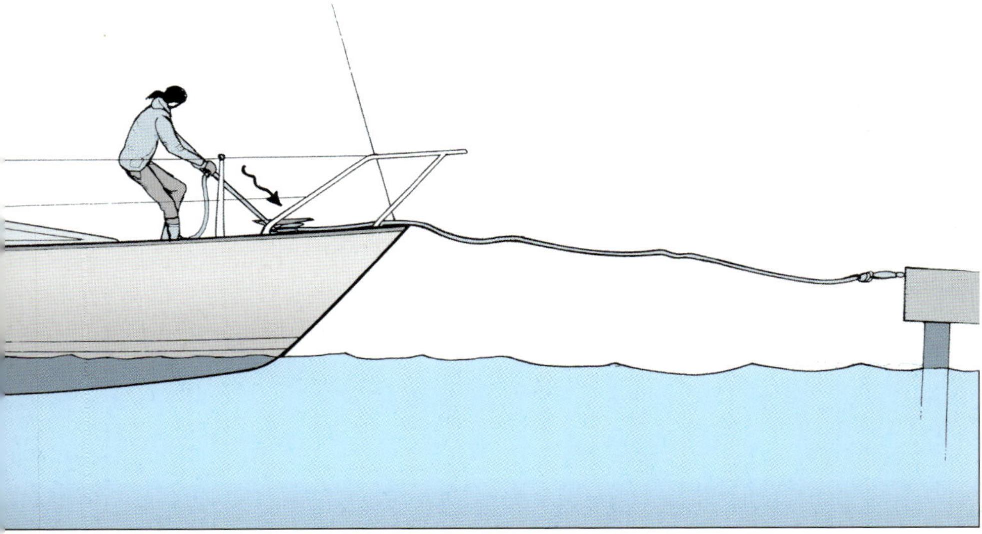

Anlegen bei Wind oder Strom quer zur Box

Schwierig ist es, bei starkem seitlichen Wind oder quersetzendem Strom in eine Box einzufahren. Versucht man es mit dem Wind oder Strom, so wird der Bug gegen den Lee-Pfahl gedrückt, das Heck schwenkt sehr schnell herum und das Boot wird wieder aus der Box gezogen. In einer derartigen Situation gelingt es kaum, die achteren Festmacher auszubringen. Das Manöver glückt jedoch sicher, wenn man das Boot unter Motor mithilfe einer Vorspring um den leewärtigen achteren Pfahl gegen den Strom oder Wind in die Box eindreht. Sobald das Heck weit genug an den Pfahl in Stromluv herangeschwojt ist, wird dort ein achterer Festmacher übergehängt. Erst wenn das Boot ganz in die Box eingeschwenkt ist, wird die Vorspring aufgefiert und nach

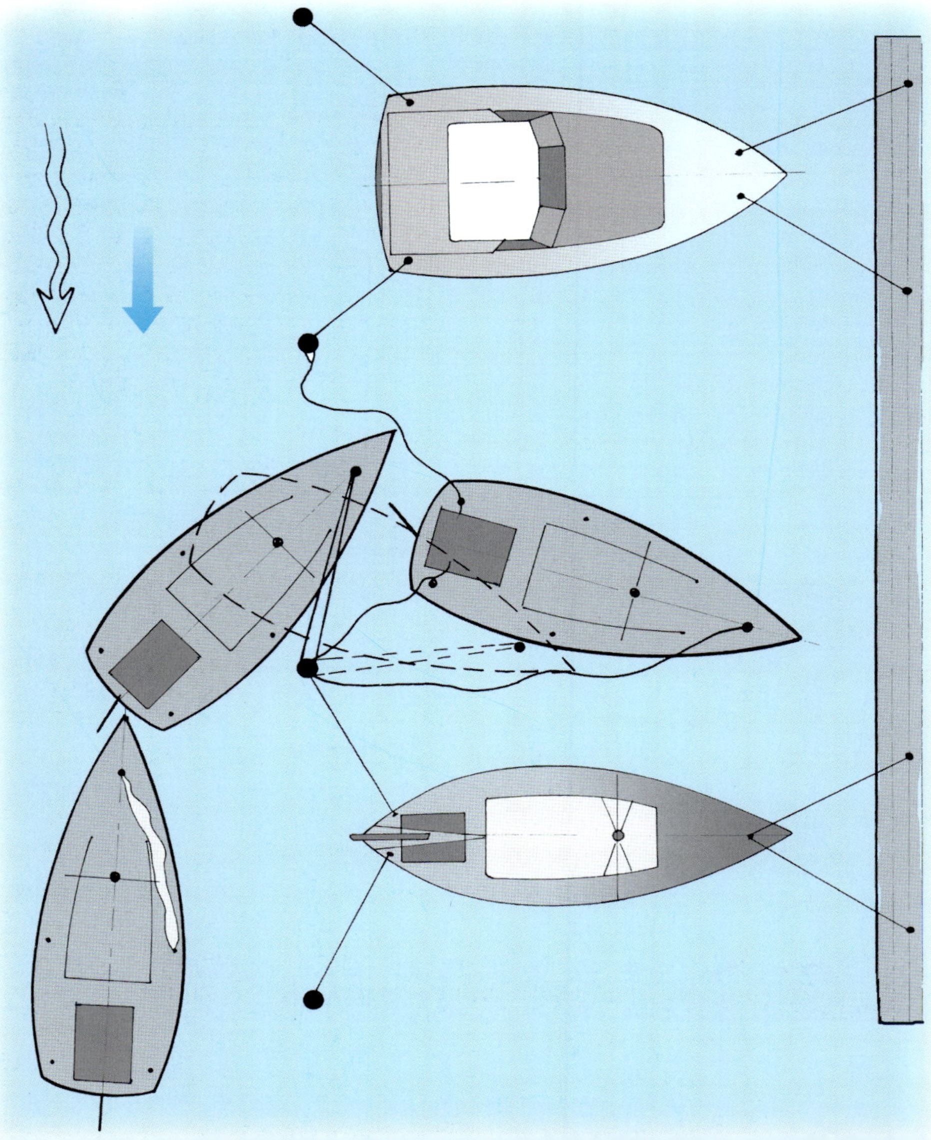

achtern genommen, wo sie als zweite Achterleine dient. Dadurch ist das Heck gesichert, während das Boot zügig an den Steg manövriert wird. Bei rauen Pfählen müssen mehrere Fender im Drehbereich ausgebracht und so fixiert werden, dass sie sich nicht beiseite schieben.

Ablegen bei Wind oder Strom quer zur Box

Das Ablegen aus einer Box bei Wind oder Strom quer ist einfacher, da hier bereits eine Leinenverbindung zu den Pfählen und zum Steg besteht, die man sich zunutze machen kann. Zuerst wird der vordere Lee-Festmacher gelöst und der luvwärtige Festmacher auf Slip gelegt. Er muss ausreichend lang sein, da er den Bug bis zur Pfahlreihe fixieren soll. Danach wird der leewärtige Heckfestmacher geslippt **(1)**. Ist dies nicht möglich, so muss damit gewartet werden.

Das Boot wird jetzt von zwei Crewmitgliedern per Hand aus der Box gezogen, wobei vorne gefiert und achtern dichtgeholt wird. Hat das Heck den Achterpfahl erreicht, wird hier der Festmacher von der Klampe genommen und per Hand nach mittschiffs geführt **(2)**. Ist der Strom zu stark, muss unter Umständen eine Hilfsleine zu einer Klampe mittschiffs geschoren werden. Falls die Lee-Achterleine noch nicht gelöst werden konnte, muss dies in dieser Position geschehen, indem man die Luvleine fiert und das Heck zum Leepfahl driften lässt. Unter Fieren der Vorleine wird das Boot so weit achteraus geholt, bis sich der achtere Festmacher mittschiffs befindet **(3)**. Erst jetzt löst man die Vorleine, legt das Ruder gegen den Strom oder Wind und zieht das Boot unter Motor in diese Richtung aus der Box heraus, wobei die Luv-Heckleine noch so lange per Hand nach vorn geführt wird, bis der Bug den Nachbarlieger beziehungsweise Leepfahl klar passiert hat **(4)**. Die Drehrichtung des Propellers ist bei diesem Manöver unwesentlich, da der Strom beziehungsweise Wind den Bug stärker nach Lee versetzt als das Heck. Beim Segelboot wirkt sich hier die Lateralfläche von Rumpf und Kiel aus, beim Motorboot ist es der meist vorlich angeordnete hohe Aufbau, der den größten Windwiderstand bietet.

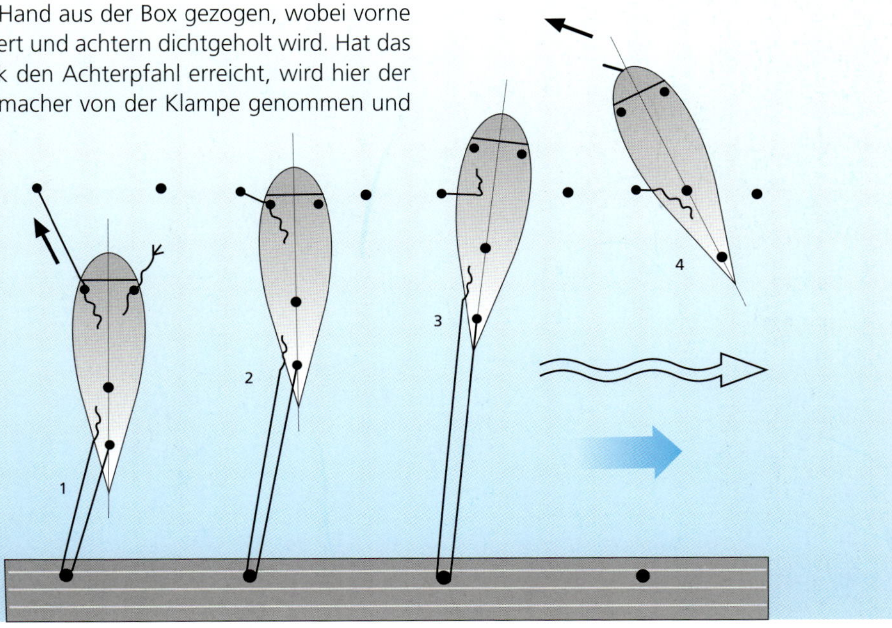

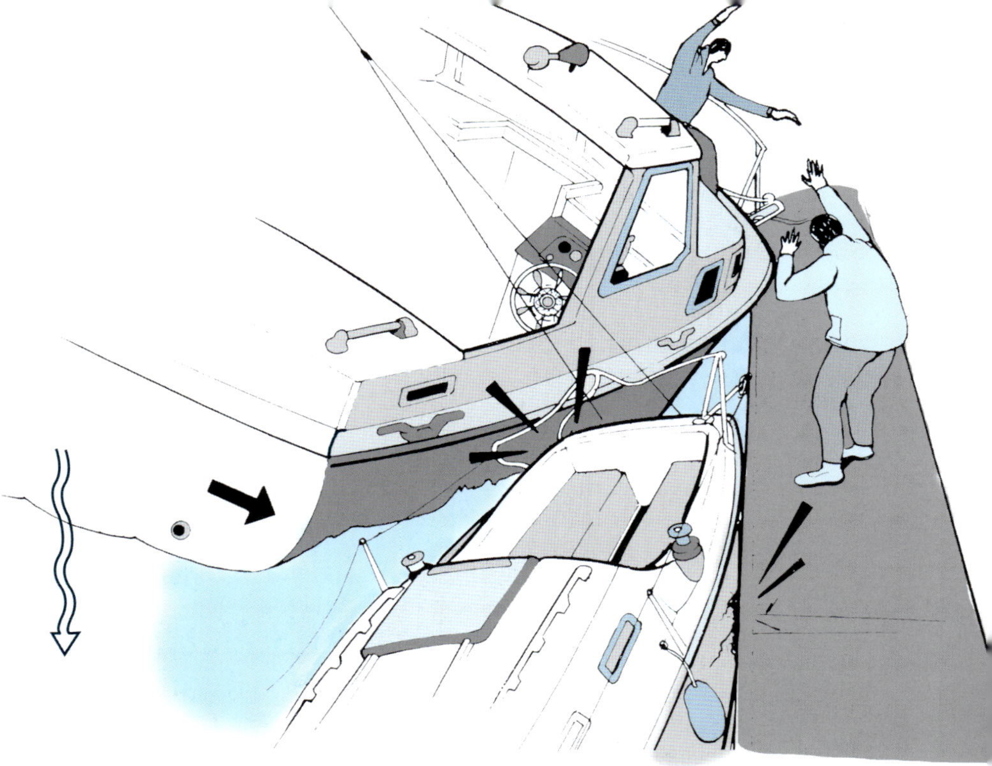

Anlegen im Strom

Ein falsch eingeleitetes Anlegemanöver seitlich an einem Schwimmschlengel bei starkem Strom kann eine schwere Havarie auslösen. Grundsätzlich gilt: Niemals mit dem Strom anlegen. Wird dies missachtet, kann folgende Situation eintreten: Nach dem Einscheren in eine Lücke wird fälschlich zuerst die Bugleine ausgebracht. Geschieht dies mit Verzögerung, kann das Heck durch den Strom vom Schlengel abgedrückt werden. Oft ist es dann bereits zu spät, noch die Heckleine auszubringen. Das Boot wird jetzt ziemlich rasch vom Strom ganz herumgedrückt werden, bis es parallel zum Schlengel liegt. Hat dicht achteraus bereits

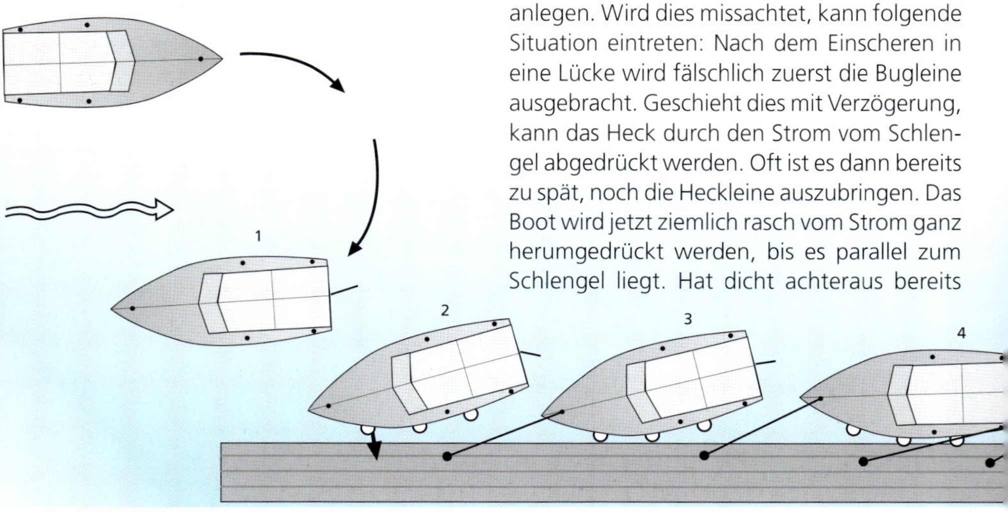

Anlegen vor Buganker

In südlichen Häfen wird überwiegend der Buganker ausgebracht und mit dem Heck zur Pier festgemacht. Damit dieses Manöver gelingt, muss man genau wissen, ob der Propeller in Rückwärtsfahrt links oder rechts herum dreht. Denn je nachdem wird das Boot beim Rückwärtsfahren mit dem Heck nach Backbord oder Steuerbord ausschwenken, sodass man die Lücke zwischen den anderen Booten unter Umständen verfehlt. Bei der Yacht **A** dreht der Propeller in Rückwartsfahrt rechts herum. Man läuft daher in einem Winkel von etwa 45 Grad über Steuerbord auf die Ankerposition zu. Nachdem der Anker gefallen ist und reichlich Kette gesteckt wurde, fährt man das Schiff aus dieser Position rückwärts zum Kai. Dabei schwenkt das Heck nach Steuerbord aus, und der Anlegeplatz wird genau getroffen.

Merke: Propeller rückwärts rechts herum – Heck schwenkt auch nach rechts (Steuerbord). Propeller rückwärts links herum – Heck schwenkt auch nach links (Backbord).

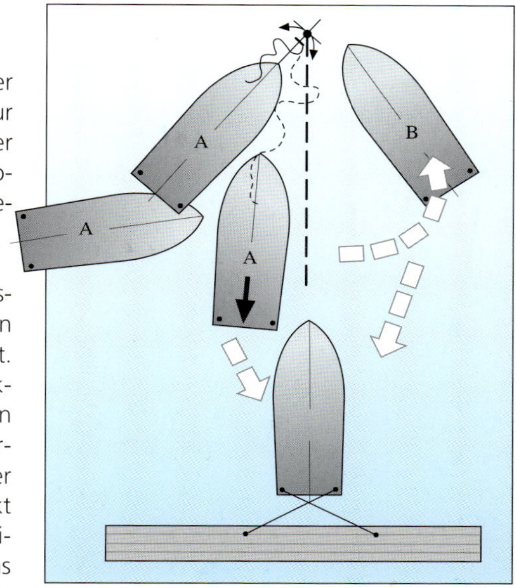

Bei der Yacht **B** dreht der Propeller in Rückwärtsfahrt links herum. Man fährt über die Mittellinie hinaus und stoppt das Boot über Backbord ebenfalls auf etwa 45 Grad. Nach dem Ausbringen des Ankers wird hier in Rückwärtsfahrt das Heck nach Backbord auswandern.

eine andere Yacht festgemacht, ist eine Kollision unvermeidbar.

Die beschriebene Havarie macht deutlich, dass grundsätzlich gegen Strom oder Wind angelegt werden muss. Der Strom hat jedoch stets Vorrang vor der Windrichtung, sofern seine Fließgeschwindigkeit wenigstens einen halben bis einen Knoten beträgt.

(1) Wird der Liegeplatz mit dem Strom angesteuert, so muss der Skipper das Boot in ausreichendem Abstand zum Steg in die entgegengesetzte Fahrtrichtung bringen.

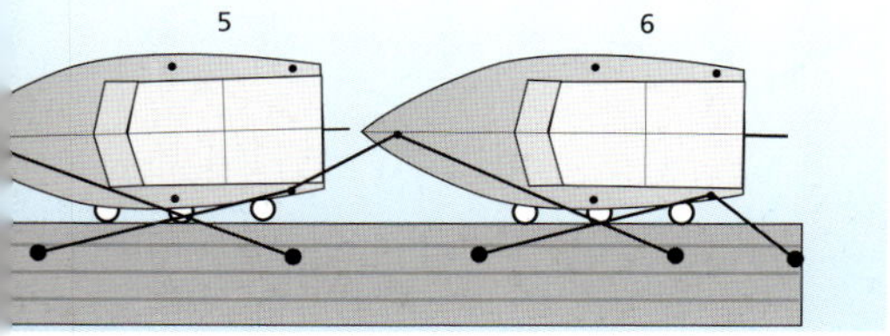

(2) Ist der freie Platz am Steg erreicht, lässt man das Boot mit langsamster Fahrt voraus und Ruderlage Richtung Steg eindriften.

(3) Der Rumpf sollte möglichst auf ganzer Länge abgefendert sein. Zuerst wird die Vorleine ausgebracht.

(4) Unmittelbar darauf muss die Achterspring festgemacht und durchgesetzt werden, da sie die Position des Bootes am Steg fixiert. Ihr fällt also die wichtigste Aufgabe zu.

(5) Danach folgt die Vorspring und schließlich die Achterleine **(6)**, die kaum auf Spannung steht.

Anlegen bei auflandigem Wind

Das Anlegen bei auflandigem Wind ist einfach, vorausgesetzt, man nutzt die Windkraft behutsam aus. Beim längsseitigen Festmachen setzt man das Boot vorsichtig im spitzen Winkel zuerst mit dem gut abgefenderten Bug gegen den Steg, da sowohl beim Motorboot als auch beim Segelboot der Bug stets zuerst nach Lee driftet **(1)**. Hier wird sofort die Vorspring ausgebracht. Der Wind versetzt dabei das Heck gegen den Steg, sodass das Boot in Ruhe festgemacht werden kann.

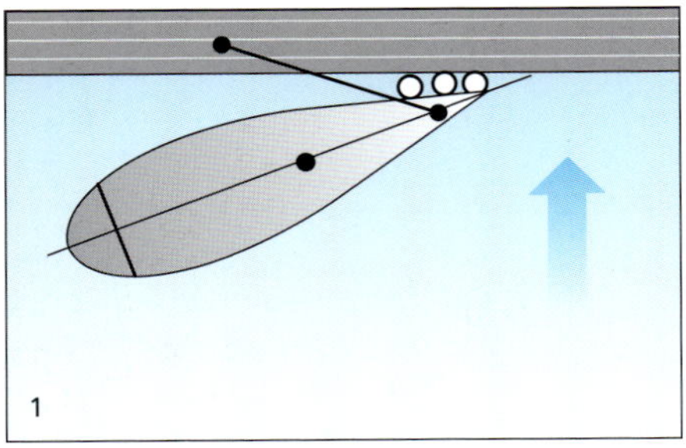

1

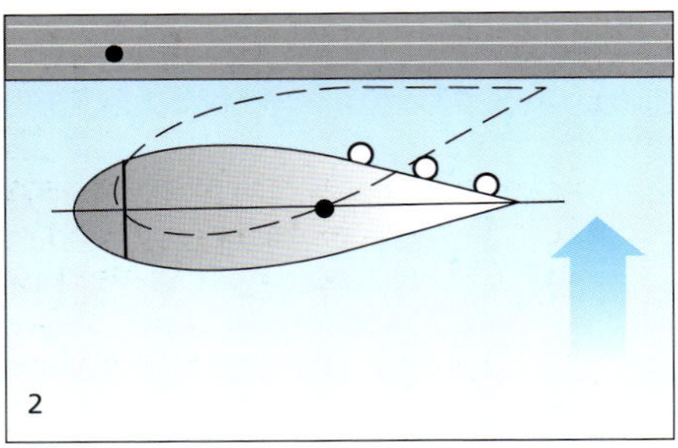

2

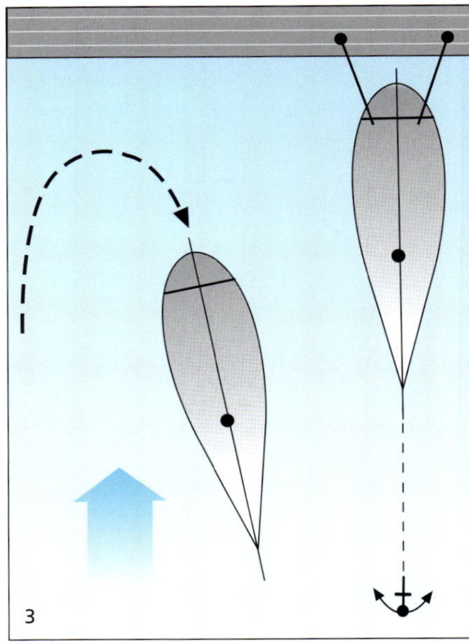

3

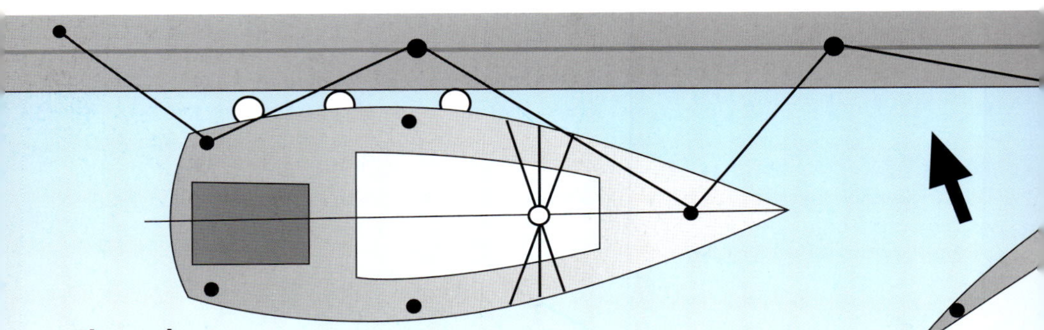

Einparken in eine schmale Lücke

Das Anlegen in stehenden Gewässern ist immer dann ein Problem, wenn der freie Liegeplatz gerade die Größe der eigenen Yacht hat. Da ist man auf die Hilfe der Vorspring angewiesen. Der gut abgefenderte Bug wird vorsichtig an

Weht der auflandige Wind sehr stark, so wird das Boot parallel zum Anlegeplatz aufgestoppt, worauf der Bug durch den Winddruck selbständig gegen den Steg versetzt wird **(2)**. Steht starker Schwell auf die Pier oder Steganlage und sind keine Heckpfähle vorhanden, so ist es besser, das Boot mit einem Aufschießer in ausreichendem Abstand vor den Buganker zu legen und an der Kette beziehungsweise Leine zurückdriften zu lassen, bis die Heckleinen ausgebracht werden können **(3)**. Allerdings beinhaltet dieses Manöver stets die Gefahr, dass der Anker im Seegang slippt und Heck oder Ruder mit dem Steg kollidieren.

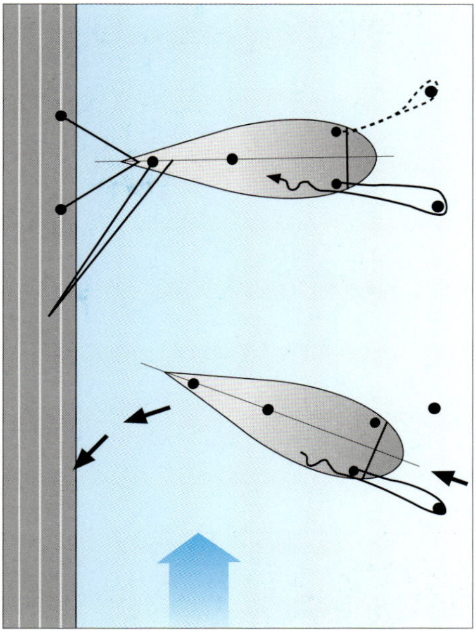

Anlegen bei seitlichem Wind

Schwierig ist es, bei starkem seitlichen Wind in eine Box einzulaufen. Man fährt mit ausreichender Fahrt möglichst nahe an den luvwärtigen Pfahl heran und legt im Vorbeifahren die luvwärtige Achterleine auf Slip. Sie wird so weit aufgefiert, bis ein Mann mit einer langen Leine auf den Steg hinüberspringen kann. Diese wird sofort weit in Luv festgesetzt. Vom Vordeck aus holt man jetzt die Yacht an der Hilfsleine in die richtige Position, bis die beiden vorderen Festmacher übergeben werden können. Erst wenn diese am Steg sicher festgemacht sind, wird das Boot unter Fieren beider Vorleinen und Dichtholen der Luv-Achterleine so weit nach achtern verholt, dass auch die leewärtige Achterleine auf den Pfahl gehängt werden kann.

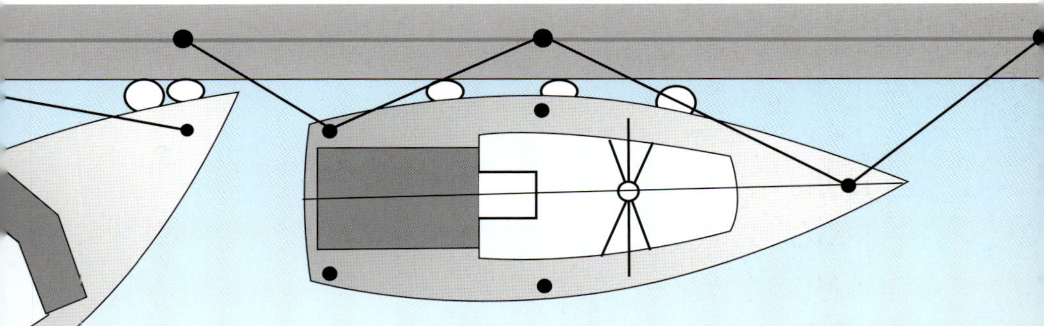

den Steg heranmanövriert, sodass der Vordecksmann übersteigen und die Vorspring – möglichst weit achterlich – festsetzen kann. Jetzt legt der Skipper das Ruder zur stegabgewandten Seite und gibt etwas Fahrt voraus. Das Heck wird dadurch langsam an den Steg herangedrückt. Man nennt dieses Manöver auch »Eindampfen in die Spring«, weil es üblich ist, Berufsschiffe so an begrenzten Plätzen anzulegen.

Ablegen bei auflandigem Wind

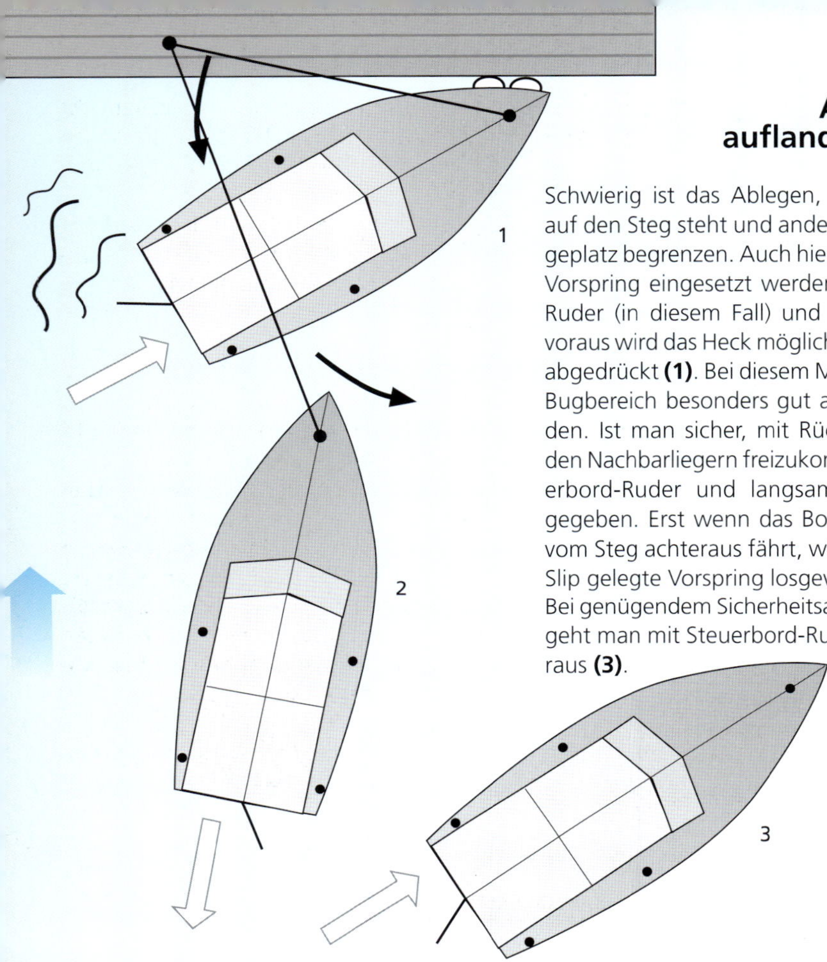

Schwierig ist das Ablegen, wenn der Wind auf den Steg steht und andere Boote den Liegeplatz begrenzen. Auch hier muss wieder die Vorspring eingesetzt werden. Mit Backbord-Ruder (in diesem Fall) und langsamer Fahrt voraus wird das Heck möglichst weit vom Steg abgedrückt **(1)**. Bei diesem Manöver muss der Bugbereich besonders gut abgefendert werden. Ist man sicher, mit Rückwärtsfahrt von den Nachbarliegern freizukommen, wird Steuerbord-Ruder und langsame Fahrt zurück gegeben. Erst wenn das Boot eindeutig klar vom Steg achteraus fährt, wird die vorher auf Slip gelegte Vorspring losgeworfen **(2)**.
Bei genügendem Sicherheitsabstand zum Steg geht man mit Steuerbord-Ruder auf Fahrt voraus **(3)**.

Ablegen gegen den Strom

Das Ablegen erfolgt ebenfalls grundsätzlich gegen den Strom – entweder in Vorausfahrt oder in Rückwärtsfahrt. Zuerst wird (bei Vorausfahrt) die Achterleine gelöst **(1)**, danach die Vorspring **(2)**. Auch die Vorleine kann jetzt ohne Schwierigkeiten eingeholt werden, da die Achterspring das Boot sicher im Strom hält **(3)**. Diese wird auf Slip gelegt, sodass sie leicht von Bord aus losgeworfen und eingeholt werden kann.
Der Vorschiffsmann drückt den Bug leicht vom Steg ab und geht mittschiffs an Bord. Der Skip-

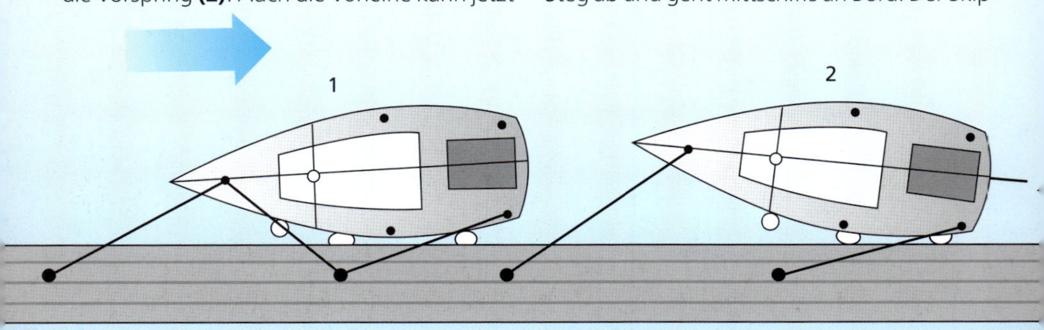

Ablegen mit Strom von achtern

Das Ablegen mit Strom von achtern ist wesentlich schwieriger als das Ablegen gegen den Strom. Auch hierbei ist die richtige Handhabung der Spring unerlässlich.

Zuerst löst man die Vorleine **(1)**. Die auf Slip gelegte Vorspring hat die Hauptarbeit zu leisten. Daher wird zuerst die Achterspring losgeworfen **(2)** und anschließend die Achterleine **(3)**.

Damit das Heck zügig vom Steg abschwenkt, gibt man mit der Maschine etwas Fahrt voraus, während das Ruder zum Steg hin zeigt **(4)**. Den Bug gut abfendern.

Der Strom wird jetzt das Heck schnell weiter herumschwenken. Daher muss zügig die Vorleine eingeholt und das Boot unter Maschine rückwärts vom Steg abgezogen werden, wobei das Ruder zum Fahrwasser hin zeigt **(5)**.

Erst wenn das Boot einen ausreichenden Abstand vom Steg erreicht hat, wird die Vorausfahrt eingeleitet **(6)**.

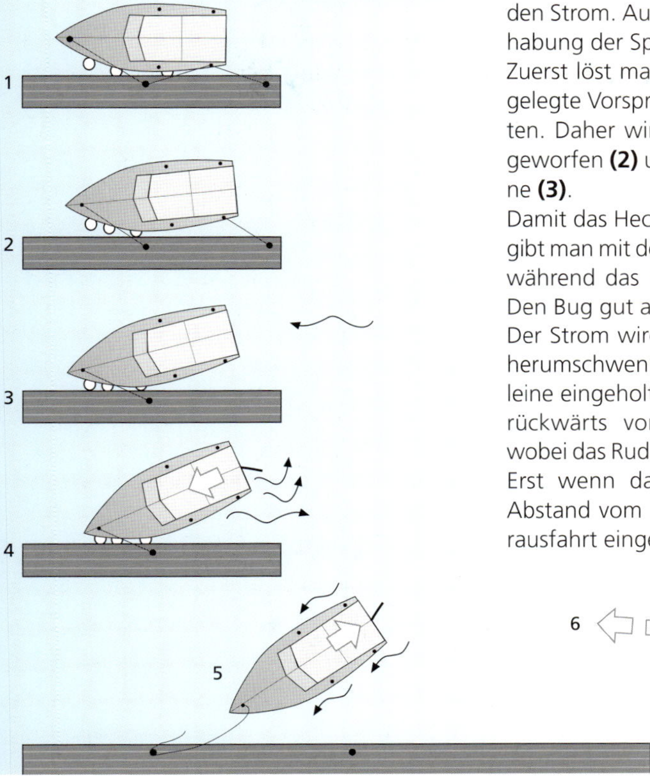

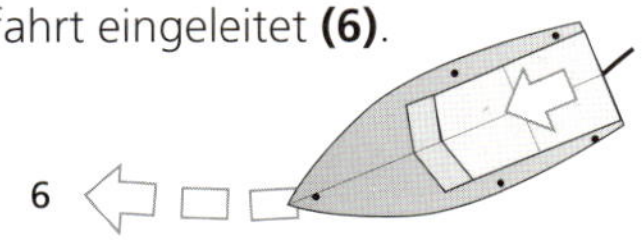

per legt Ruder zur Strommitte hin und gibt leichte Fahrt voraus **(4)**.

Erst wenn das Boot so weit abgeschwojt ist, dass ungehindert von anderen Yachten Fahrt aufgenommen werden kann, wird auch die Achterspring eingeholt **(5)**. Vorsicht, dass das Heck nicht gegen den Steg schlägt.

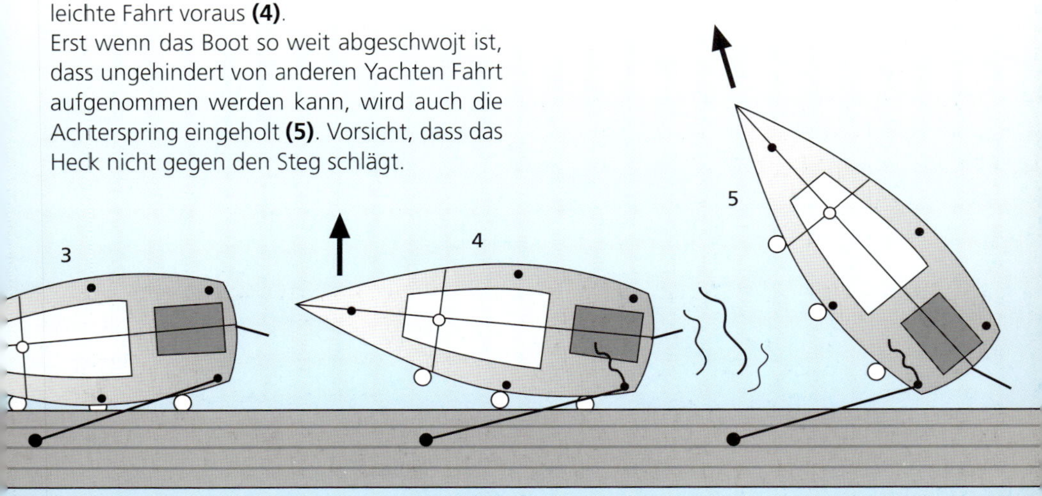

Keine Angst vor dem Festmachen

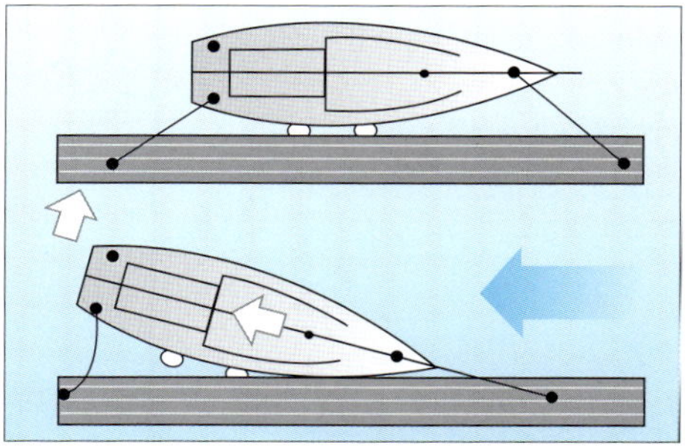

An der Vertäuung des Bootes erkennt man den erfahrenen Skipper, heißt es, und diese Weisheit ist zweifellos richtig. Sie sollten sich daher ganz besonders mit den Praktiken des Festmachens befassen und Ihr Boot stets am Steg oder an der Kaimauer so gut sichern, dass keine Havarien entstehen können. Nur wer hierbei perfekte Seemannschaft demonstriert, wird von den anderen Wassersportlern Anerkennung erhalten.

Das richtige Festmachen eines Bootes gehört zu den Grundkenntnissen beim Erwerb eines Segelführerscheines. Dennoch kann man immer wieder beobachten, dass einzelne Skipper ihr Boot nur mit Vor- und Achterleine am Steg sichern. Dies reicht nicht aus, denn durch den Strom- oder Winddruck kann das Boot hin- und herschwojen, wodurch die Fender verrutschen beziehungsweise eine Kollision mit dem Steg oder Nebenliegern erfolgt.

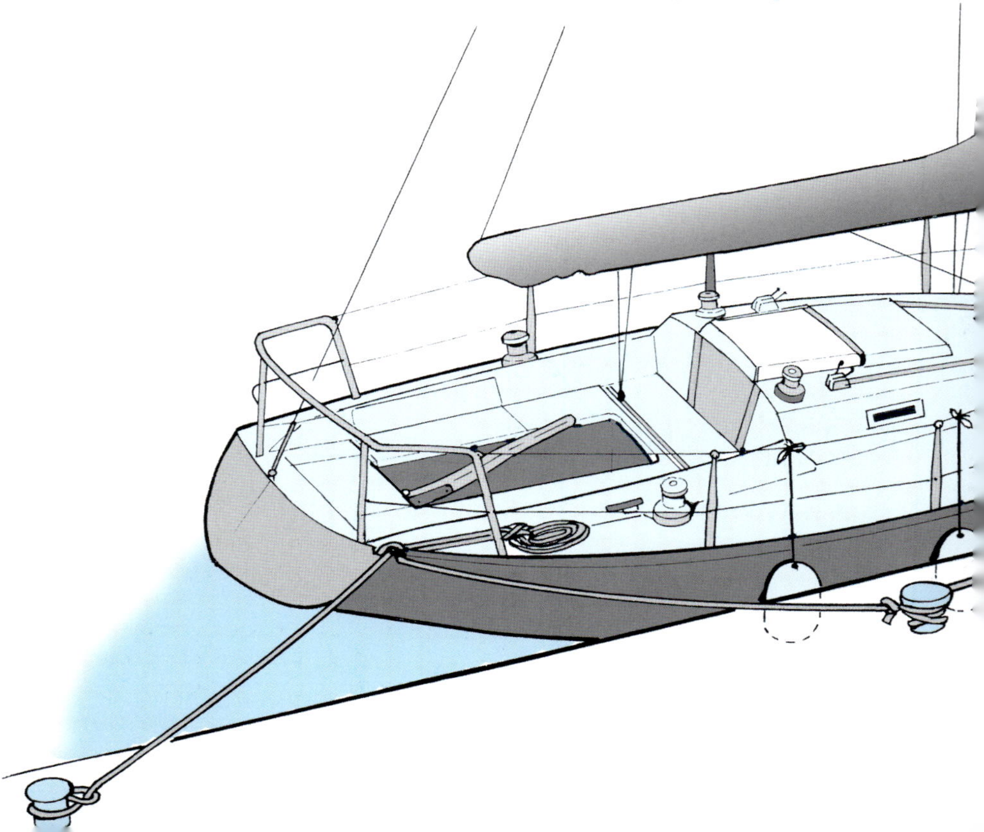

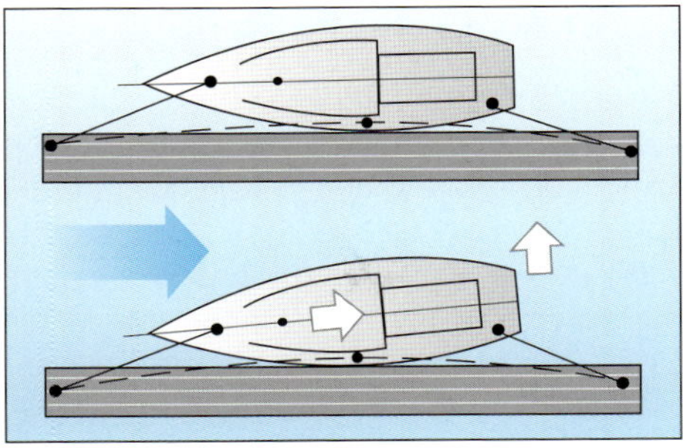

Nicht viel sicherer ist das Festmachen mit so genannten »falschen« Springs (gestrichelt), die von einer Mittschiffsklampe aus nach vorn und achtern auf die Stegpoller geführt werden. Auch hier bleibt dem Boot noch zu viel Spielraum, sodass es mit dem Bug beziehungsweise Heck schwojen kann. Wenn weitere Boote längsseits anlegen, reichen »falsche« Springs zum sicheren Festmachen keinesfalls aus.

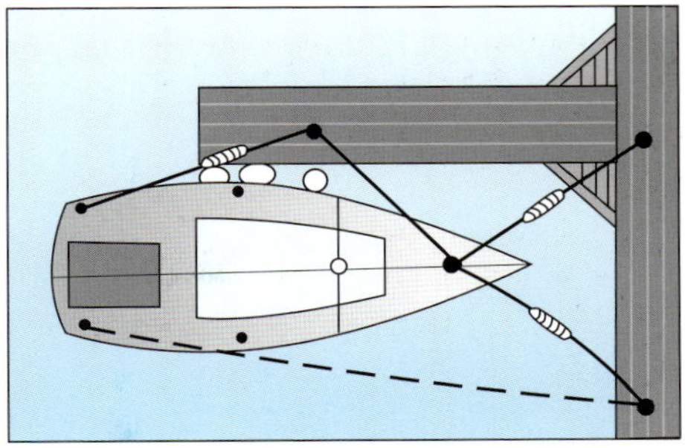

So wird eine Yacht zweckmäßig einseitig an einem Stegausleger vertäut: Zum Bug führen zwei Vorleinen, die direkt auf dem Hauptsteg angeschlagen sind. Gummifedern mildern das Rucken bei Schwell. Die Vor- und die Achterspring werden auf eine Klampe am Ende des Auslegers geführt, wobei die Achterspring wiederum ein Federelement erhält. Zusätzlich kann eine Leine auf der entgegengesetzten Seite des Auslegers vom Heck zum Steg geführt werden, um die Auflage der Fender zu mildern, sofern hierfür Platz ist.

Gummifeder

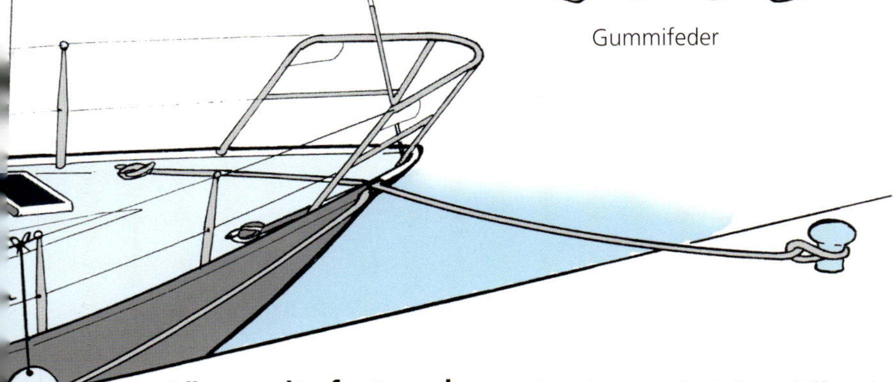

Längsseits festmachen

So wird eine Yacht optimal längsseits festgemacht: Drei Fender sichern in richtiger Position und Höhe die Bordwand. Alle Festmacherleinen sind durch Lippklampen zu den Stegpollern geführt. Vor- und Achterspring laufen vom Vor- beziehungsweise Achterschiff zu einem mittleren Poller auf dem Steg. Der Abstandswinkel zur Bordwand ist groß genug, sodass die Springs nicht am Rumpf scheuern. Die Poller für Vor- und Achterleine haben einen ausreichend großen Abstand zum Boot. Schwellbewegungen werden gut ausgeglichen.

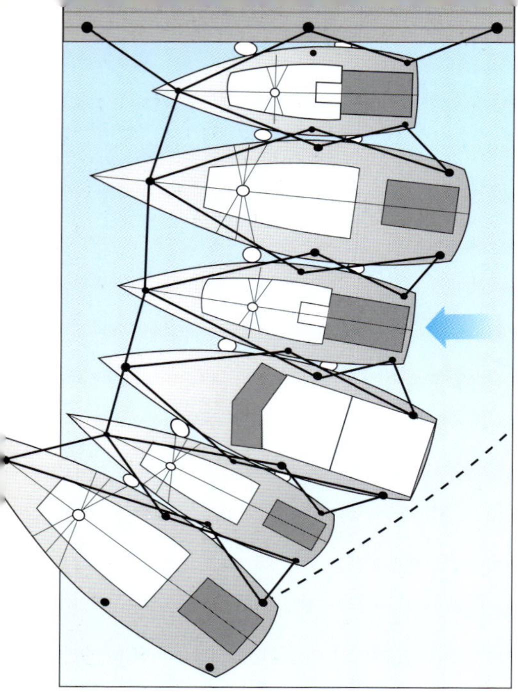

Festmachen im Päckchen

Boote, die nebeneinander »im Päckchen« festgemacht haben, bieten seitlichem Wind oder Strom eine große Angriffsfläche. Sie müssen daher besonders sorgfältig mit Springs gesichert werden. Häufig »vergessen« die Skipper der außen liegende Boote, zusätzliche lange Festmacherleinen (gestrichelt) zum Kai oder Steg auszubringen. Dadurch kann es zu Kollisionen mit vorausliegenden Booten kommen.

Und so werden mehrere, im Päckchen nebeneinander liegende Yachten richtig festgemacht: Steht Schwelll im Hafen, legt sich das jeweils hinzukommende Boot in die andere Fahrtrichtung neben den Innenlieger. So wird vermieden, dass die Masten mit den Salingen zusammenschlagen. Das jeweils außen liegende Boot bringt die Vor- und Achterleine direkt zum Steg aus, um den Winddruck abzufangen. Bei größeren Päckchen ist es ausreichend, wenn nur die Außenlieger zusätzlich lange Leinen zum Steg ausbringen. Die Innenlieger machen dann ihre Vor- und Achterleine am Nebenlieger fest.

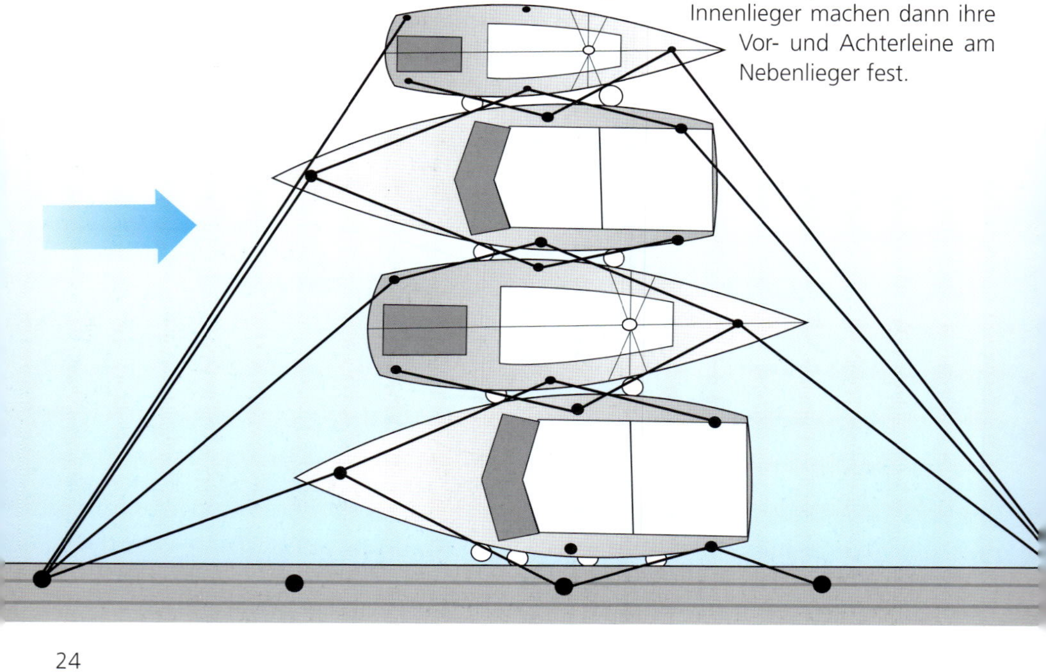

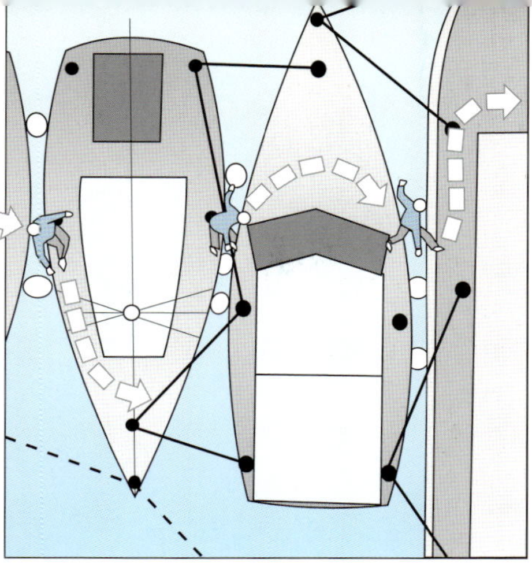

Wenn nun das Boot sorgfältig und richtig vertäut ist, so muss noch die »Yacht-Etikette« beachtet werden. Das Vonbordgehen bei Booten, die im Päckchen liegen, erfordert eine bestimmte Zeremonie, will man sich nicht den Zorn der Nachbarn einhandeln: Grundsätzlich führt der Weg über das Vorschiff und nicht durch die Plicht, wo sich die Crew durch neugierige Blicke belästigt fühlt. Auch bei einem Berufsschiff ist es üblich, über das Vordeck zu gehen. Natürlich trägt man zum Landgang weiche Bordschuhe, die keinen Krach an Deck verursachen. Will man auf feste Schuhe nicht verzichten, so zieht man diese erst an Land an. Ebenso zieht man festes Schuhzeug aus, bevor das erste Boot nach dem Landgang betreten wird.

Wenn zwei Mann zugleich auf eine Bootsseite steigen, wird der Eigner hocherfreut reagieren – vermutlich ist der Morgenkaffee über Stag gegangen. Merke daher: Man betritt erst dann ein fremdes Deck, wenn ein weiteres Crewmitglied bereits die andere Seite des Bootes erreicht hat, um möglichst wenig Krängung zu erzeugen. Niemals mit zwei oder mehreren Personen zugleich eine Schiffsseite belasten!

Festmachen in der Box

Wesentlich erleichtern kann man sich die An- und Ablegemanöver in einer Box, die als ständiger Liegeplatz dient, indem von den Heckpfählen zum Steg Leinen ausgebracht werden. Sie verhindern, dass das Boot seitlich gegen die Nebenlieger treibt. Die Crew kann sich daran festhalten und das Boot bei seitlichem Wind an der Luvseite entlangführen. In der Box liegt das Boot am ruhigsten, wenn die Achterleinen über Kreuz geführt werden. Dabei entsteht das Problem des Schamfilens. Es lässt sich lösen, indem über die Leinen an den betroffenen Abschnitten Plastikschläuche gezogen werden, die man von Zeit zu Zeit austauschen kann. Das Auffischen beziehungsweise Anbordnehmen der Festmacher wird wesentlich vereinfacht, wenn sie durch Leinen mit den Heckpfählen verbunden sind (gestrichelt). Die Leinen liegen bei leerer Box auf dem Grund, werden nach dem Festmachen aber an Deck genommen.

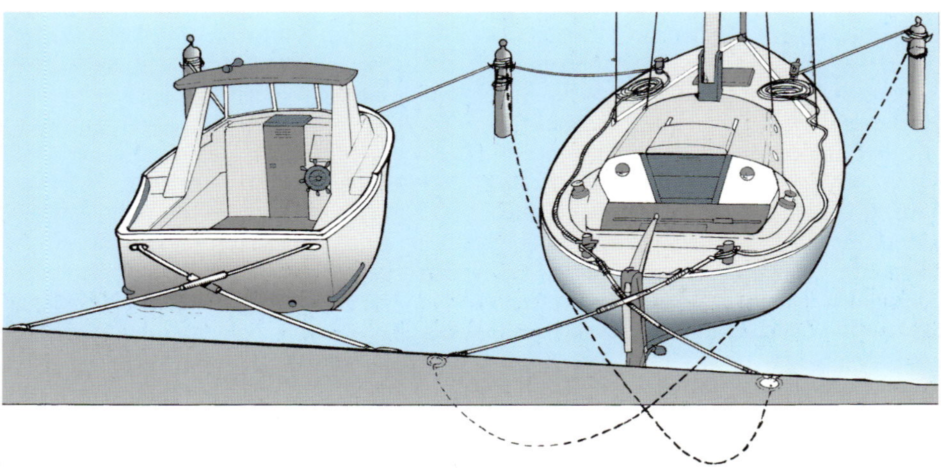

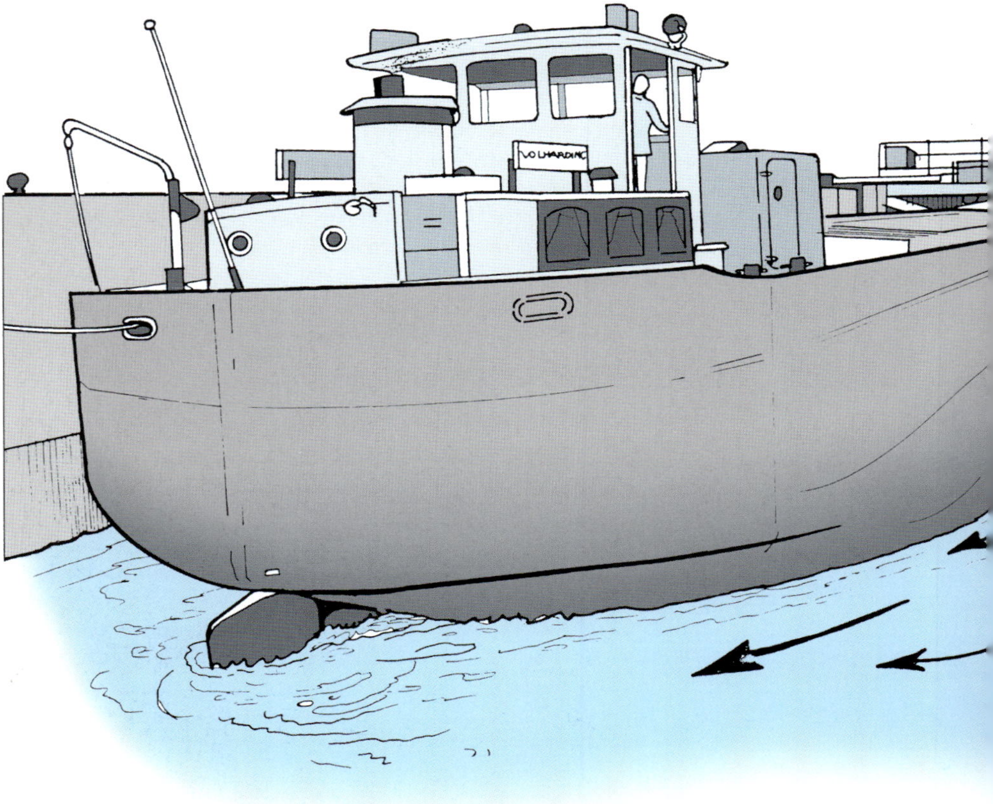

Festmachen in Schleusen

Das Einlaufen und Festmachen in unbekannten Schleusen ist besonders dann problematisch, wenn sie auch von Berufsschiffen frequentiert werden. Diese laufen stets zuerst ein. Grundsätzlich gilt, dass Sportbootfahrer erst nach den entsprechenden Schleusensignalen beziehungsweise Anweisungen des Schleusenpersonals einlaufen dürfen. Verantwortungsbewusste Lotsen und Kapitäne der Berufsschiffe lassen die Maschine stoppen, wenn sich Sportboote nähern. Häufig aber wird dies missachtet, und der Propeller verursacht dann eine starke Sogwirkung und Querströmung, die jedem kleineren Schiff gefährlich werden kann **(1)**. Daher ist es auch ratsam, an dem Berufsschiff vorbeizufahren und im vorderen Schleusenbereich festzumachen, da dann die Möglichkeit besteht, ohne Behinderung sofort beim Öffnen der Schleusentore auszulaufen.

Auf keinen Fall darf man hinter dem Heck des Berufsschiffes festmachen und darauf warten, dass dieses zuerst ausläuft. Der Propellerstrom würde die Yacht gegen die Kaimauer drücken, wodurch ernste Beschädigungen entstehen können. Nicht minder gefährlich ist der Wind, der in Schleusenkammern durch die Düsenwirkung bei geöffneten Toren sehr stark einfallen und die Yacht ebenfalls gegen die Schleusenmauern oder andere Schiffe treiben kann **(2)**. Schließlich erzeugt das abfließende oder hinzukommende Wasser von den Schleu-

sentoren her eine starke Strömung, die das An- und Ablegen erschwert **(3)**. Man sollte sich daher vor jeder Schleusung in einem unbekannten Revier über die günstigsten Plätze zum Festmachen informieren. Wer neben einem Berufsschiff anlegt, hat die geringsten Probleme, da hier der fallende beziehungsweise steigende Wasserstand nicht berücksichtigt werden muss. Beim Festmachen selbst sind die nachfolgend beschriebenen Maßnahmen zu beachten.

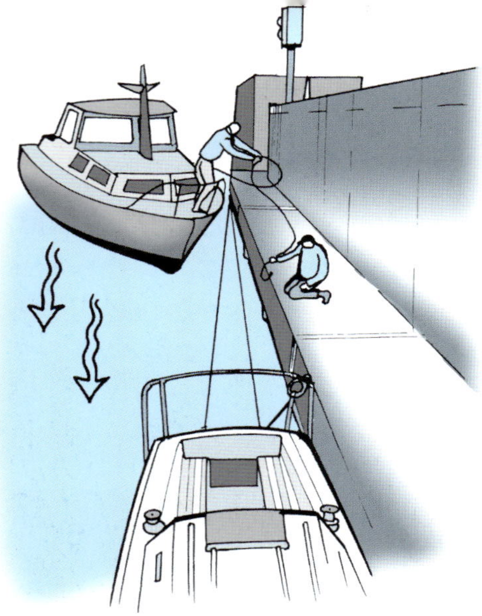

Das Einfahren in die Schleusenkammern mit Winddruck und – unter Umständen – Strom von achtern ist ein Problem für sich. Häufig wird dabei der Fehler gemacht, dass die Mannschaft zuerst den vorderen Festmacher zum Schwimmschlengel ausbringt statt der Achterleine. Dadurch ist das Heck ungesichert und kann unter dem Einfluss von Wind, Strom und einer möglichen Restfahrt vom Schlengel abschwojen. Ist das Boot aber erst einmal unter derartigen Einflüssen verdriftet, wird der Skipper es schwer haben, die vorgesehene Position am Schwimmschlengel wieder einzunehmen.

Am günstigsten ist es, wenn nach dem Einfahren in die Schleusenkammer die Achterleine um den Poller oder Ring in der Schleusenwand gelegt wird **(1)**. Die restliche Fahrt des Bootes wird dann genutzt, um den vorderen Festmacher-Poller zu erreichen, wobei die Achterleine zügig aufgefiert wird. Notfalls kann das Manöver mit Maschine voraus unterstützt werden.

Die Vorleine liegt derweil klar auf dem Vordeck, wobei der Tampen auf dem Schlepppoller festgesetzt ist, damit der Festmacher nicht unbeabsichtigt auslaufen kann **(2)**. Je nachdem, ob das Wasser stark fallen oder steigen wird, führt man die Vorleine unter dem Bugkorb hindurch oder darüber hinweg **(3)**.

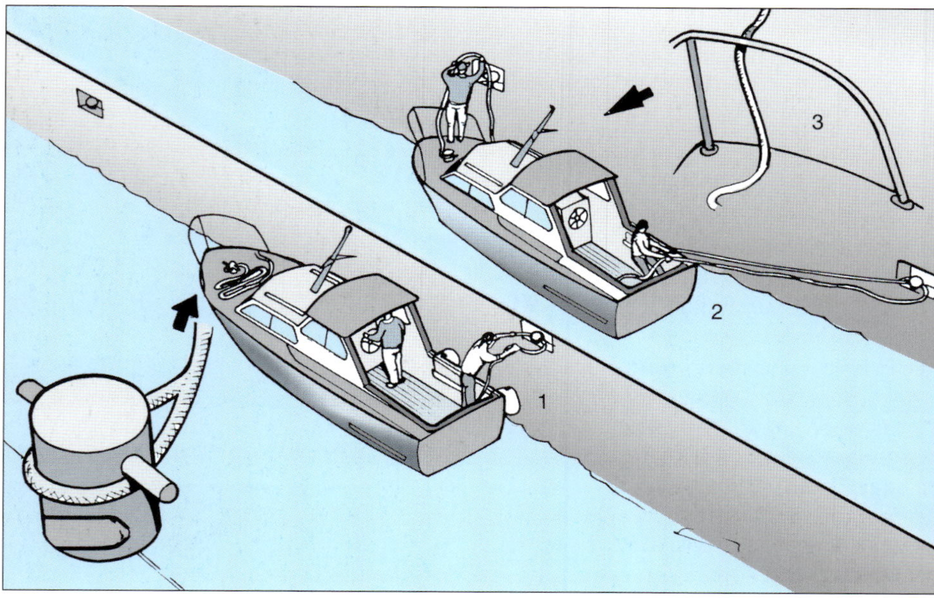

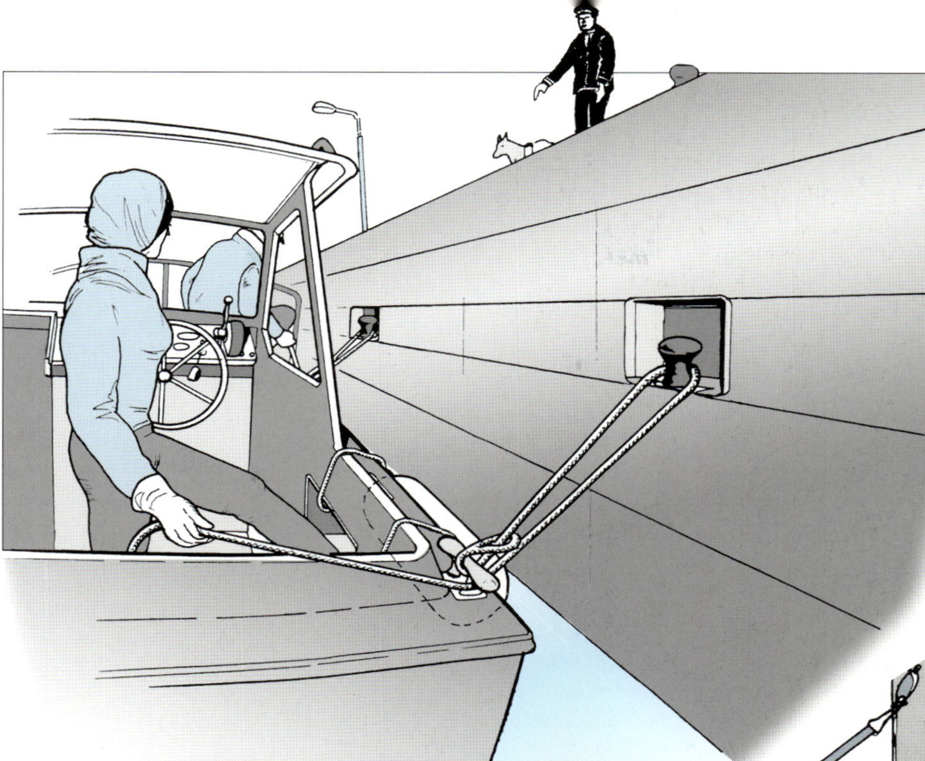

So sieht die zweckmäßige Führung der Festmacherleinen aus: Die Tampen werden (hier mithilfe eines eingespleißten Auges) auf der vorderen beziehungsweise achteren Decksklampe belegt. Die Leinen legt man um den Poller oder Ring in der Schleusenmauer und führt sie auf Deck zu den Festmacherklampen zurück, wo sie untergehakt werden. Die Besatzung hält die Tampen in der Hand und ist so in der Lage, die auf Slip gelegten Leinen durch Dichtholen oder Fieren dem jeweiligen Wasserstand anzupassen.

In Schleusen mit geringer Wasserturbulenz beziehungsweise geringen Niveau-Unterschieden ist es auch möglich, auf die Festmacher einen ganz zu verzichten und die Yacht stattdessen mit Bootshaken an der Kammermauer festzuhalten.

Bei wenig fallendem Wasser ist es günstig, die Fender horizontal auszubringen, damit sie nicht in die durch Algen verschmutzte Zone an der Schleusenmauer gelangen.

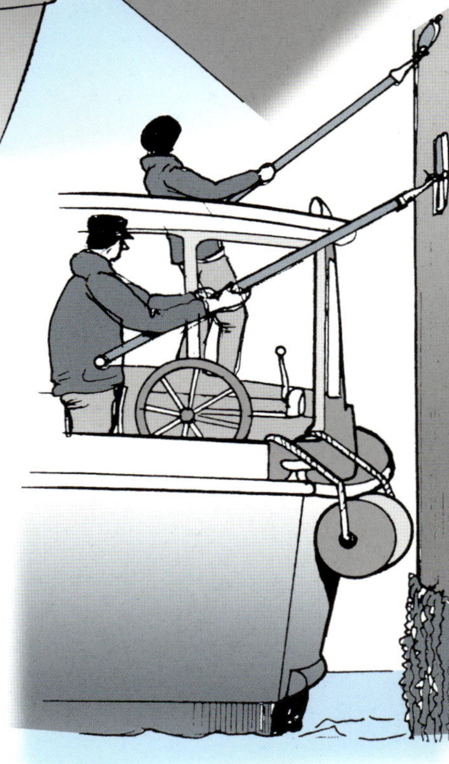

Wie ein Boot von nur einer Person beim Schleusen in Kammern ohne Schwimmschlengel auf Position gehalten werden kann, zeigt diese Zeichnung: Die Vor- und die Achterleine werden durch einen Ring an der Schleusenmauer gezogen und mittschiffs wieder an Deck geführt, wo man sie je nach Wasserstand auffiert oder dichtsetzt. Hierfür lässt sich auch ein spezieller Haken verwenden.

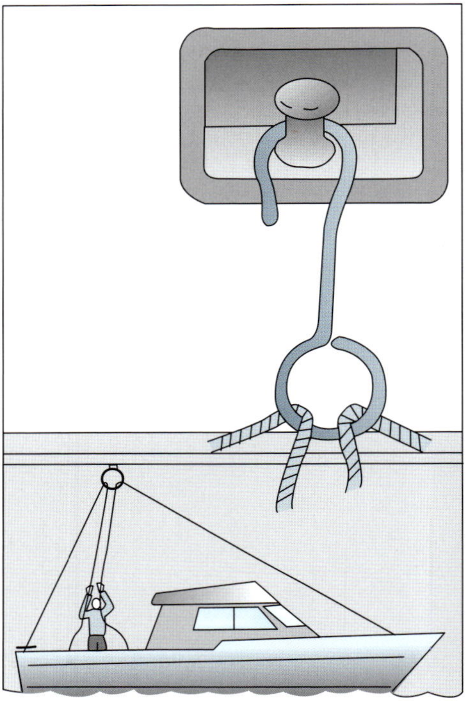

So macht man richtig an Schwimmschlengeln in Tidengewässern oder Schleusen fest: Grundsätzlich werden nur die Klampen oder Ringe auf den Schlengeln zum Belegen der Festmacher benutzt. Auf keinen Fall dürfen die Ketten oder Pfähle, an denen die Schlengel befestigt sind, zum Festmachen verwendet werden.

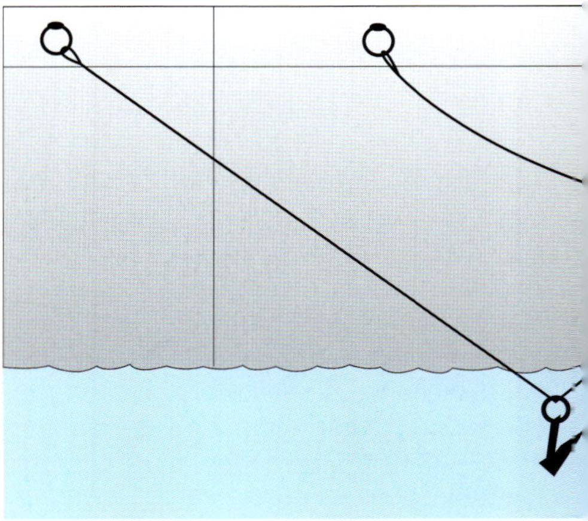

Festmachen in Tidengewässern

Beim Festmachen längsseits an einer Kaimauer auf einem Tidengewässer ist stets damit zu rechnen, dass sich die Yacht zur Seeseite überlegt, wenn der Kiel auf den Grund stößt. Dieses lässt sich vermeiden, wenn zusätzlich zu den Festmacherleinen ein Klappläufer an ein stramm durchgesetztes Fall gesteckt wird, der über einen möglichst kurzen Stropp mit einem Poller oder Ring auf der Kaimauer verbunden ist. Der Klappläufer wird mit sinkendem Wasserstand an dem Fall nach oben rutschen und das Boot aufrecht halten.

Muss man im Tidenbereich an einer Kaimauer festmachen, so ist es unerlässlich, Vor- und Achterleine sowie die Springs so lang wie möglich auszubringen, sodass sie den Tidenhub ausgleichen können. Als Faustregel gilt, dass ein Meter Differenz im Wasserstand etwa eine halbe Schiffslänge zusätzliche Trossenlänge zur normalen Festmacherlänge erfordert. Damit die Vor- und Achterleine bei steigendem Wasser nicht ihre Haltekraft verlieren, werden sie mit Gewichten beschwert.

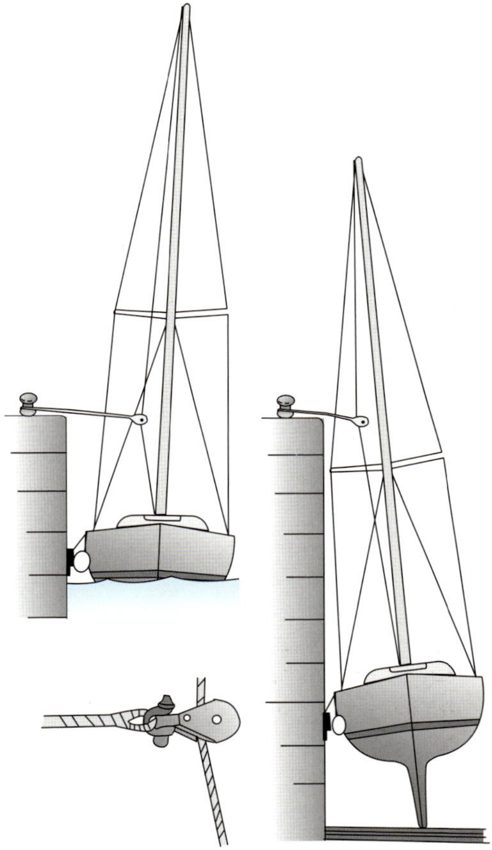

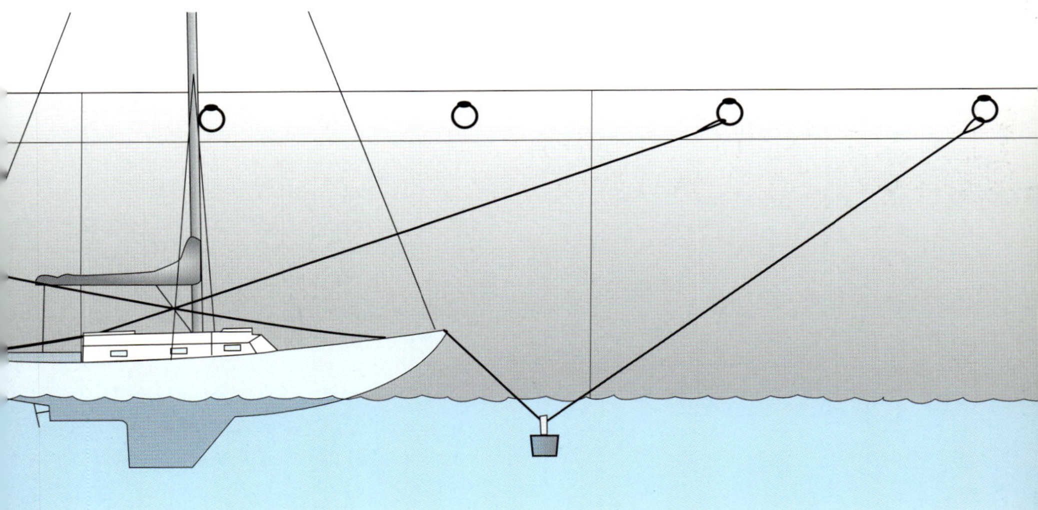

Klar bei Anker

Einen Anker für jede Art von Ankergrund gibt es nicht. Daher ist es ratsam, wenigstens zwei Anker an Bord mitzuführen, von denen jeder einen möglichst großen Wirkungsgrad auf verschiedenen Bodenstrukturen hat. Grundsätzlich sollte ein konventioneller Gewichtsanker an Bord sein, der auch in steinigem oder mit Seegras bewachsenem Grund hält, und ein moderner Leichtgewicht-Plattenanker, dessen großformatige Flunken in lockerem Boden genügend Widerstand bieten.

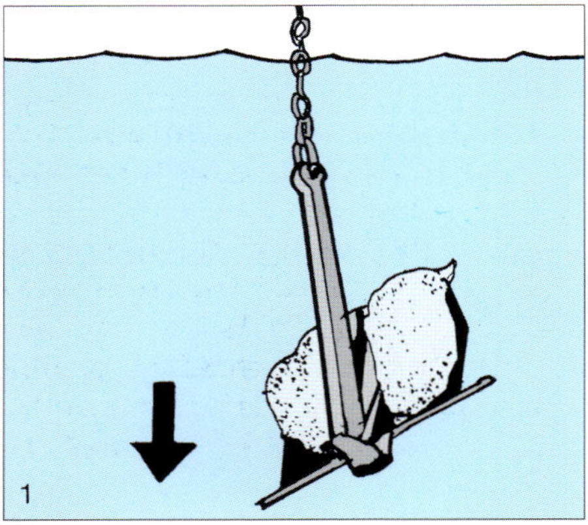

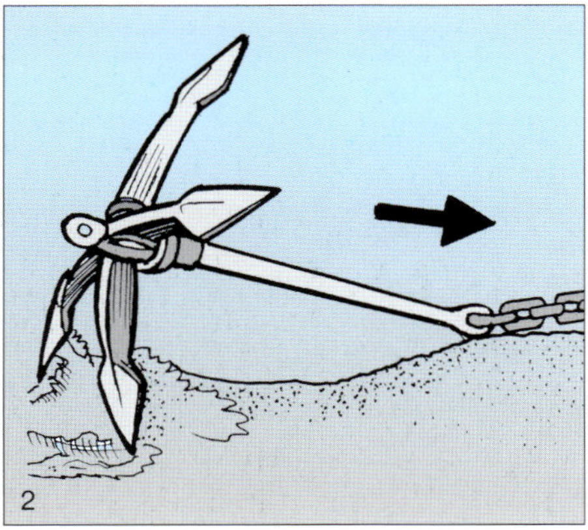

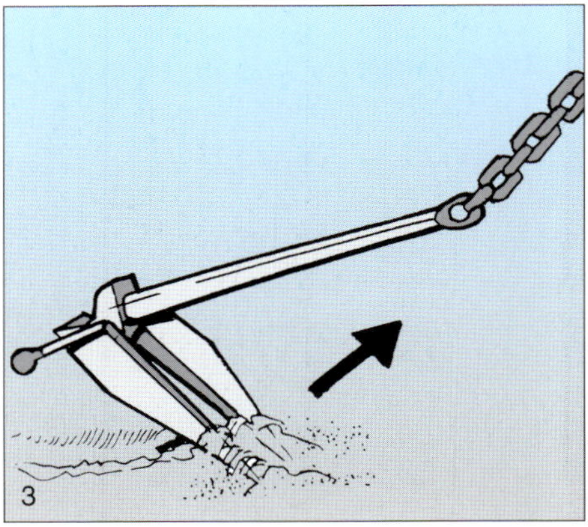

Warum hält der Anker nicht?

Ankermanöver können ihre Tücken haben. Mancher Skipper ist erstaunt, dass sein Boot nach dem Ausbringen des Ankers vertreibt, obwohl das vorher niemals der Fall war. Warum hält der Anker nicht? Die unterschiedlichsten Gründe können ursächlich dafür sein:

1: Häufig wird zum Beispiel der Anker nicht ganz aufgeholt, wenn das Ankermanöver wiederholt werden muss, weil man zu dicht an einen Nebenlieger geraten ist. Der Vordecksmann bemerkt dadurch nicht, dass größere Schlickballen auf den Flunken haften geblie-

Das unerklärliche Vertreiben einer Yacht in Tidengewässern kann auch eine andere Ursache haben: Zäher Kleie- beziehungsweise Tonboden bleibt beim Ausbrechen des Plattenankers häufig als Ballen auf den großflächigen Flunken haften. Nach der Stromkenterung und damit entgegengesetzter Zugrichtung des Bootes klappen die Flunken auf die andere Seite um, werden dort aber durch die Tonballen am Eingraben gehindert. Der Anker rutscht also auf diesen Polstern über den Grund.

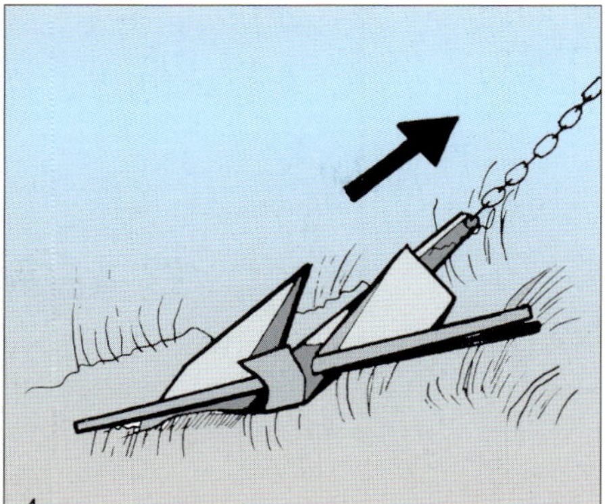

4

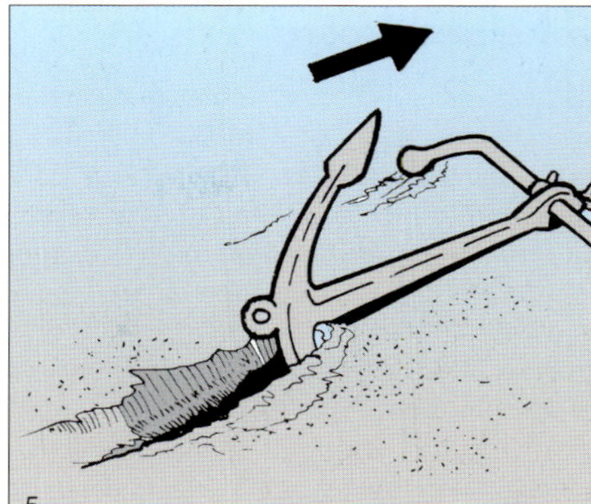

5

ben sind, die dann beim erneuten Ausbringen verhindern, dass der Anker sich ausreichend tief eingräbt.

2: Klappdraggen, deren vier Arme fächerartig vom Schaft abgespreizt werden können, graben sich häufig schlecht ein, wenn die Flunken einen zu großen Anstellwinkel haben.

3: Die Ankerkette beziehungsweise -leine sollte so lang ausgebracht werden, dass der Ankerschaft möglichst parallel zum Grund zu liegen kommt, der Zug also horizontal erfolgt. Wird der Schaft dagegen infolge einer zu kurzen Kette angehebelt, so können sich die Flunken nicht eingraben, sondern furchen mit den Spitzen durch den Grund.

4: Besonders empfindlich reagieren leichtgewichtige Patentanker auf zu kurze Ketten oder Trossen. Ebenso ist die Beschaffenheit des Grundes von besonderer Bedeutung, denn Grasbewuchs oder Steine, Korallen und Geröll verhindern, dass sich die breiten Flunken festsetzen. Über Seegras rutschen Plattenanker häufig einfach hinweg.

5: In zu weichen, muttigen Gründen greifen andererseits die kleinen Flunken eines Stockankers nicht zuverlässig. Es kann passieren, dass der Anker durch den Schlick gezogen wird, wenn Strom oder Wind einen starken Druck auf das vor Anker liegende Boot ausüben.

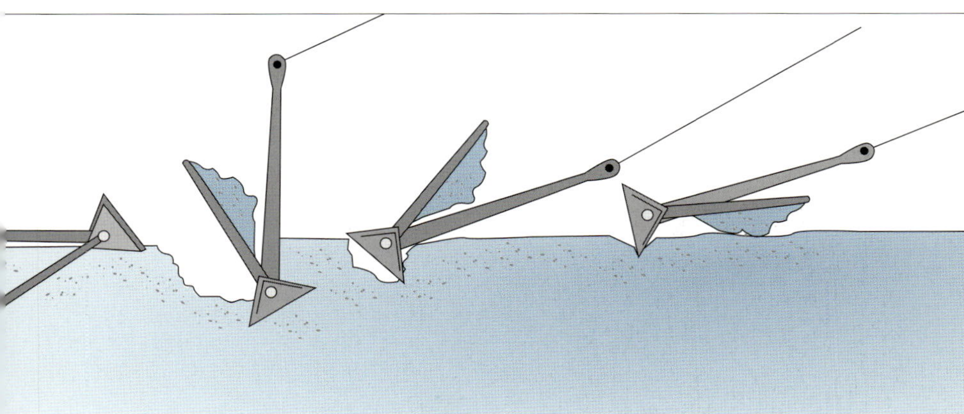

Kette und Trosse

Die Länge der Ankerkette beziehungsweise Ankerleine ist von zwei Faktoren maßgeblich abhängig: von der Wassertiefe und vom Materialgewicht. Eine Kette ist naturgemäß schwerer als eine Leine und hält somit eher den Ankerschaft parallel zum Grund, sodass der Anker nicht ausbrechen kann. Wer nur mit einer Kette ankert, sollte wenigstens die vierfache Länge der herrschenden oder (in Tidengewässern) der zu erwartenden Wassertiefe stecken. Mit einem Kettenvorlauf, der nicht kürzer als die Schiffslänge sein sollte, ist zumindest die sechsfache Wassertiefe zu stecken, und beim Ankern nur mit einer Leine ist bereits eine Länge erforderlich, die der zehnfachen Wassertiefe entspricht.

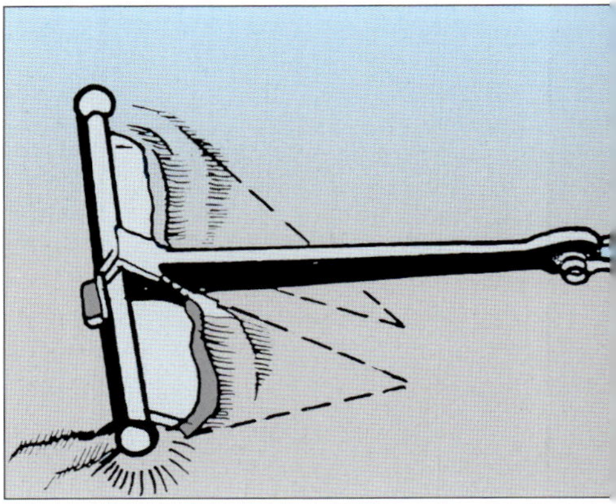

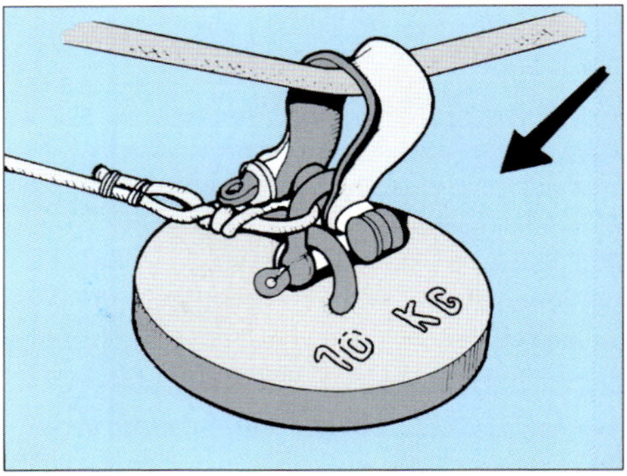

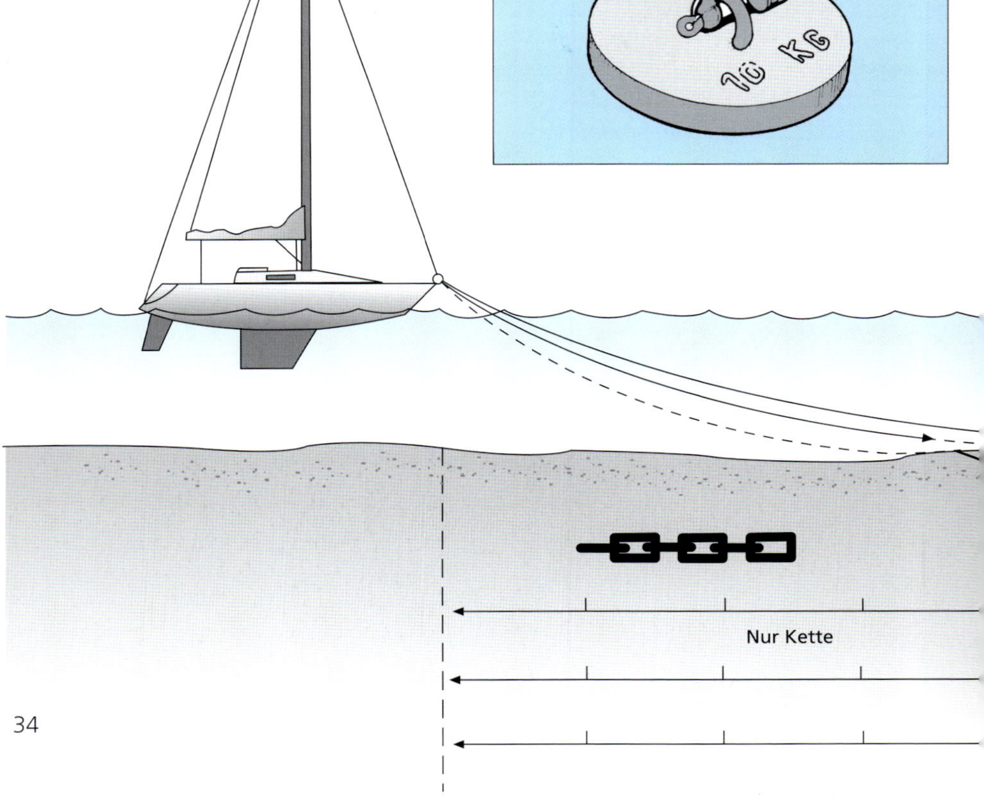

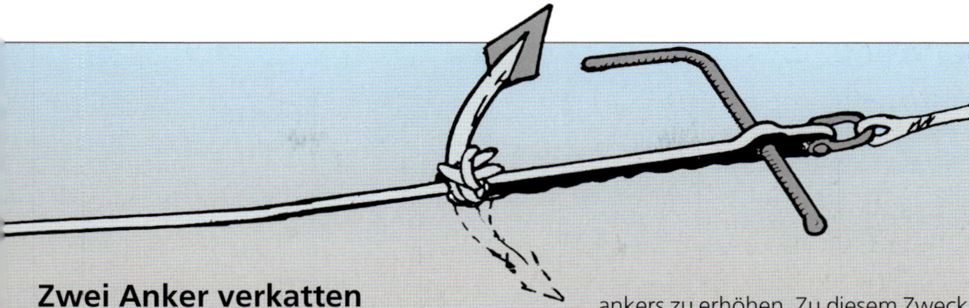

Zwei Anker verkatten

Das Verkatten mit einem – meist leichteren – Zweitanker ist eine Möglichkeit, um bei Starkwind oder Seegang die Haltekraft des Hauptankers zu erhöhen. Zu diesem Zweck wird der Kattanker über ein wenigstens fünf Meter langes Ende mit dem Hauptanker verbunden.

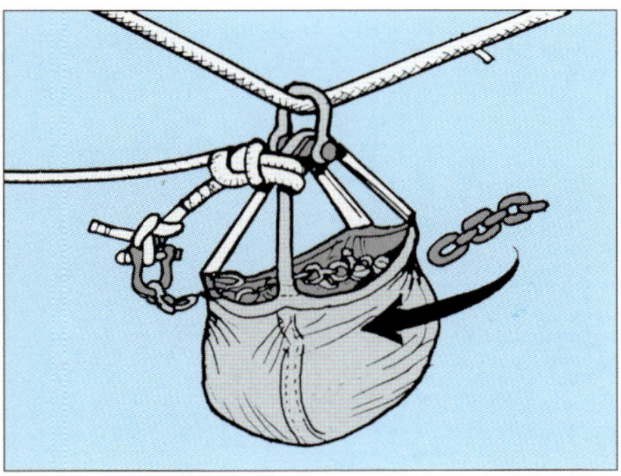

Reitgewichte

Ein Reitgewicht, das auf die Kette gehängt und bis zum Grund hinabgelassen wird, kann die Haltekraft des Ankers wirkungsvoll erhöhen beziehungsweise die Leinen- oder Kettenlänge verringern. Hierfür gibt es Gleitschäkel, die groß genug bemessen sind, um über die Kettenglieder rutschen zu können. Eine dünne, angesteckte Leine ermöglicht das Aufholen des Reitgewichtes vor dem Anker-auf-Manöver. Der Zubehörhandel bietet heute speziell konstruierte Reitgewichte an. Wer ein solches nicht an Bord hat, kann sich mit einem Segelsack oder einer Tasche behelfen, die mit einem Stück Kette oder mit Steinen beschwert wird.

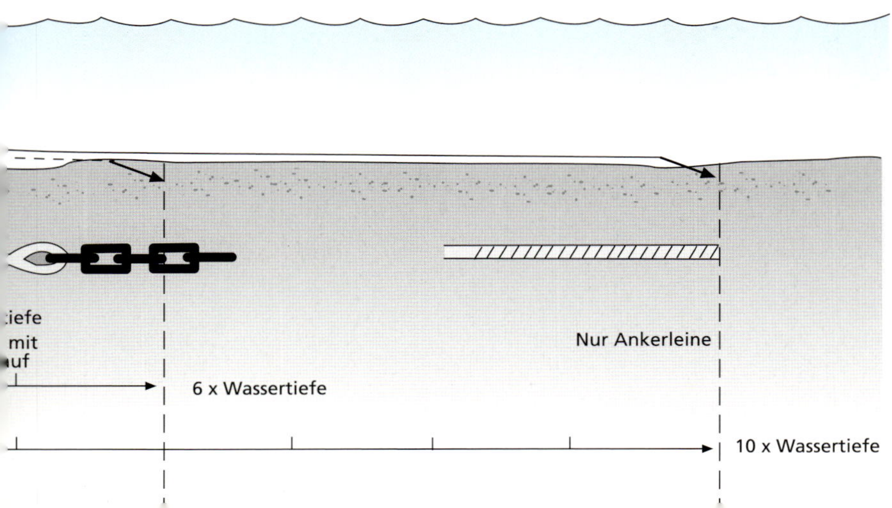

Ankermanöver mit Aufschießer

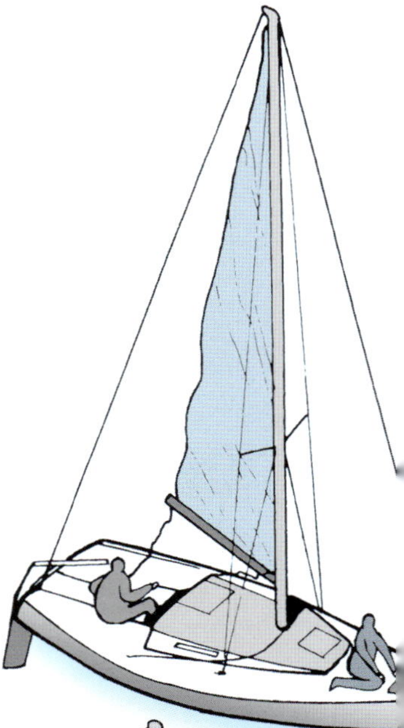

Das Ankermanöver unter Segeln wird nur mit dem Großsegel gefahren. Nachdem der geeignete Ankerplatz feststeht, birgt man die Fock und führt die Ankerleine beziehungsweise -kette über die Ankerrolle im Bugbeschlag nach außenbords und von dort über den Bugkorb wieder an Deck, wo der Anker angesteckt wird **(1)**.

Der Rudergänger fährt einen Aufschießer gegen den Wind oder Strom und beobachtet durch Landpeilungen, wann die Fahrt über Grund gestoppt ist **(2)**.

Dann gibt er das Kommando: »Lass fallen Anker!« Die Ankerkette wird zügig Hand über Hand gesteckt, jedoch nicht unkontrolliert über Bord geworfen, sobald das Boot rückwärts driftet. Auf keinen Fall darf sie bereits jetzt aufgestoppt werden **(3)**.

Erst wenn die als ausreichend erachtete Kettenlänge nahezu vollständig ausgelaufen ist, darf sie vorsichtig gestoppt werden **(4)**.

Dann steckt man den Rest und beobachtet, ob das Boot in den Wind dreht. Dies ist ein Zeichen dafür, dass der Anker gefasst hat. Zur Sicherheit ist es empfehlenswert, das Eingraben des Ankers durch kurzes Rückwärtsgehen mit der Maschine zu verstärken. Dabei peilt man – sofern vorhanden – über zwei hintereinanderliegende Landmarken, ob die Ankerposition beibehalten wird **(5)**.

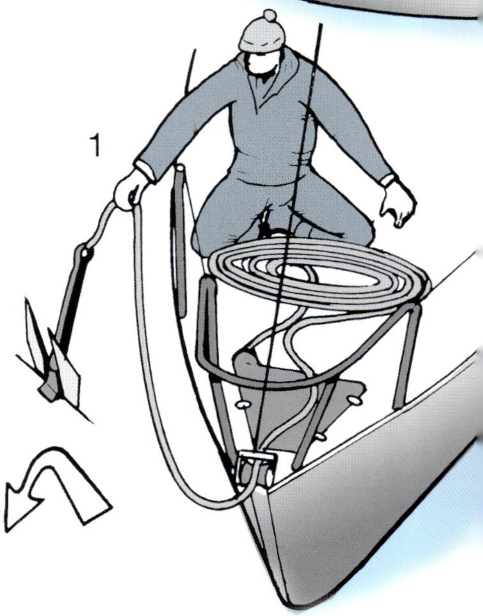

Steht der Wind gegen den Strom, so wird vor dem Ausbringen des Ankers ebenfalls ein Aufschießer gefahren, um das Segel im Wind zu bergen. Dann fiert man den Anker seitlich an der Bordwand Hand über Hand weg, bis er den Grund berührt. Jetzt werden zügig einige weitere Meter Kette oder Leine gesteckt.

Danach stoppt man das weitere Auslaufen durch Belegen der Leine auf der Bugklampe. Der Anker wird ruckweise fassen, wodurch das Boot herumschwojt und sich in den Strom legt. Erst jetzt wird die restliche Kette oder Leine gesteckt und nach dem sicheren Fassen des Ankers endgültig belegt.

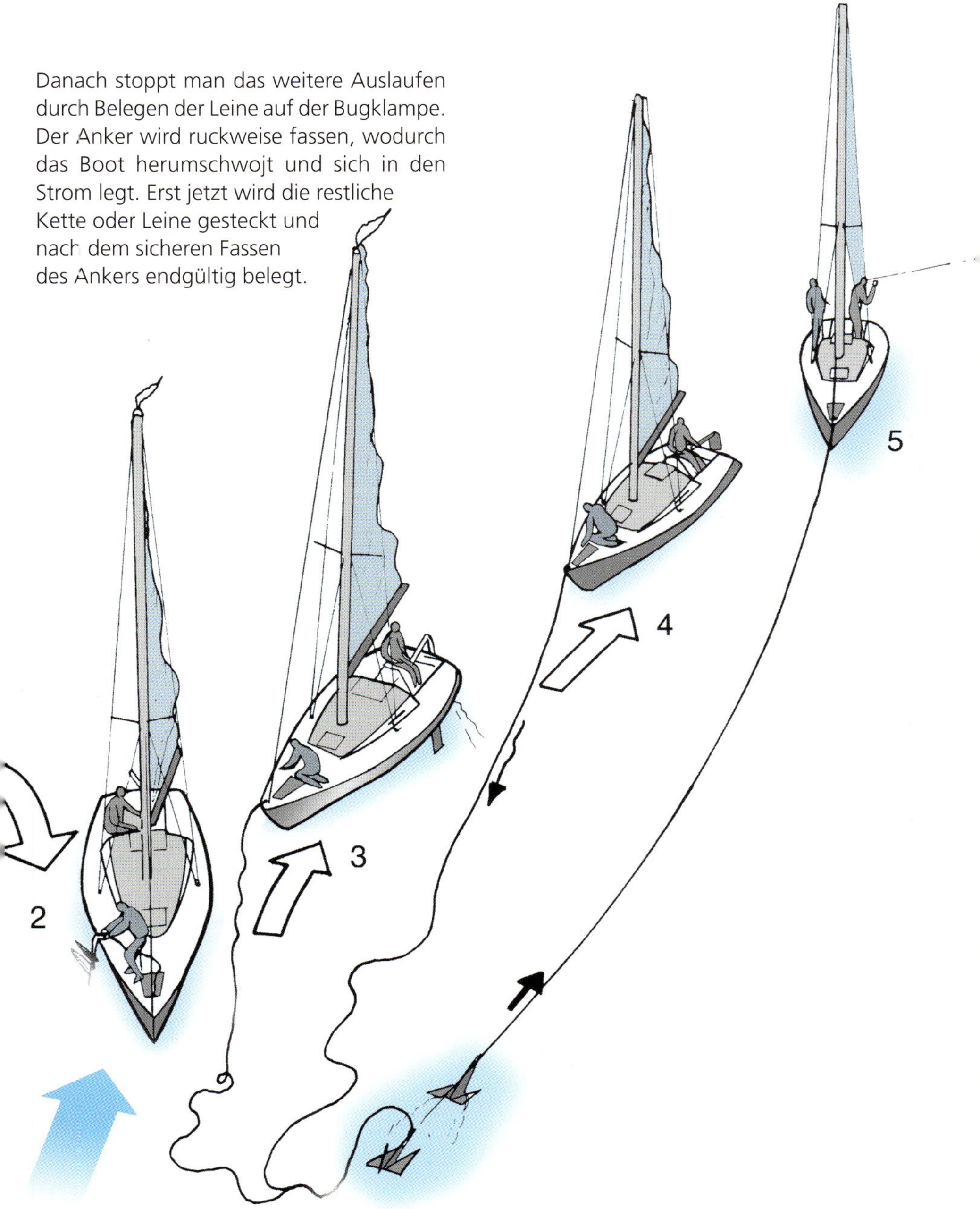

Ankern mit dem Motorboot

Auch mit dem Motorboot oder mit der Segelyacht unter Motor wird das Ankermanöver grundsätzlich gegen den Wind beziehungsweise Strom gefahren **(1)**.
Sobald das Boot im Wind liegt, stoppt der Rudergänger die Fahrt durch Rückwärtsgehen **(2)** und gibt das Kommando »Lass fallen Anker!«, wenn das Boot achteraus driftet.
Der Anker wird auf kleineren Motorbooten seitlich vom Deck gefiert, da es bei einem niedrigen Bugkorb gefährlich werden kann, wenn man sich über den Bug beugt und der Rudergänger aus Versehen ruckartig die Rückwärtsfahrt forciert. Daher ist es wichtig, dass die Ankerleine oder -kette vorher sorgfältig außen um den Bugkorb herum klargelegt und der Tampen auf der Vordecksklampe belegt wird **(3)**.

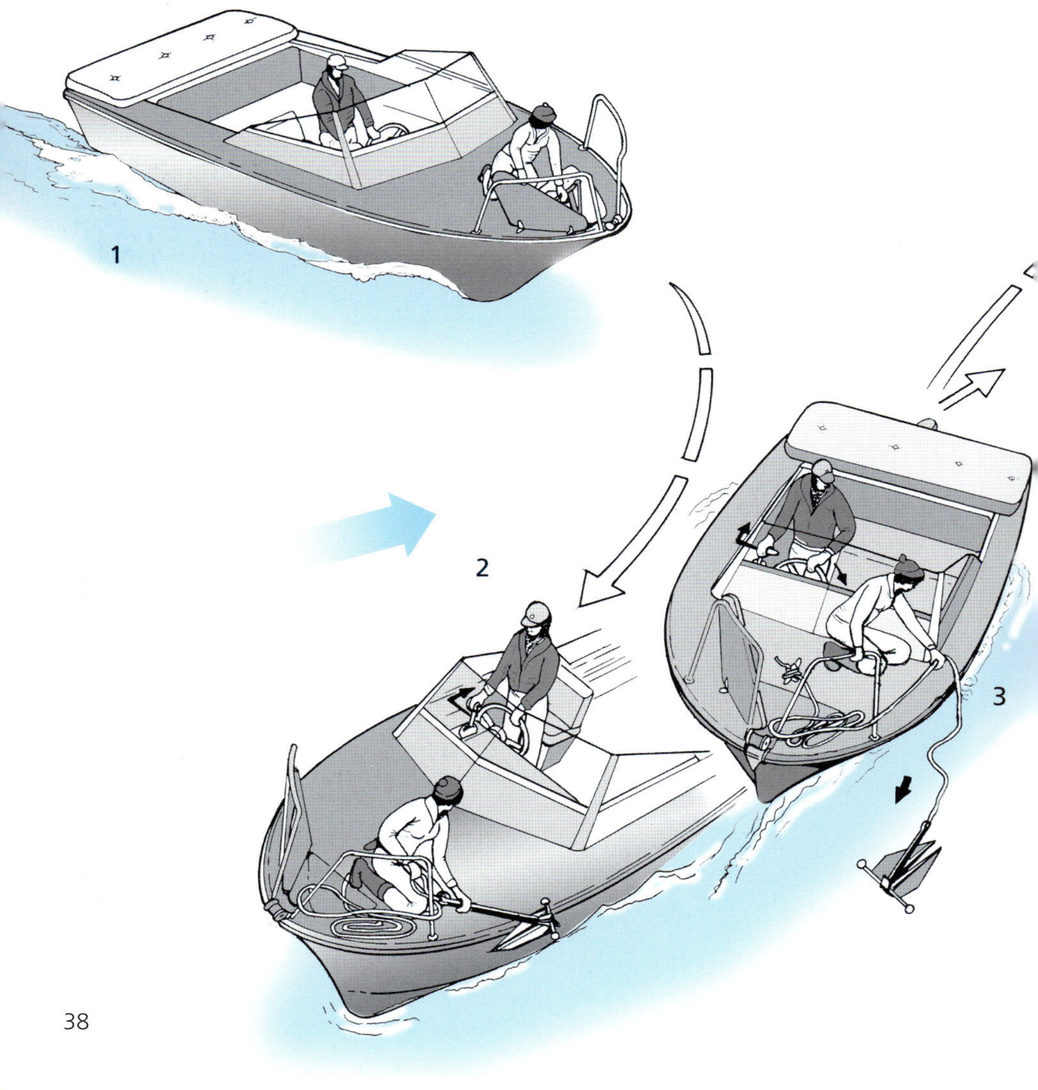

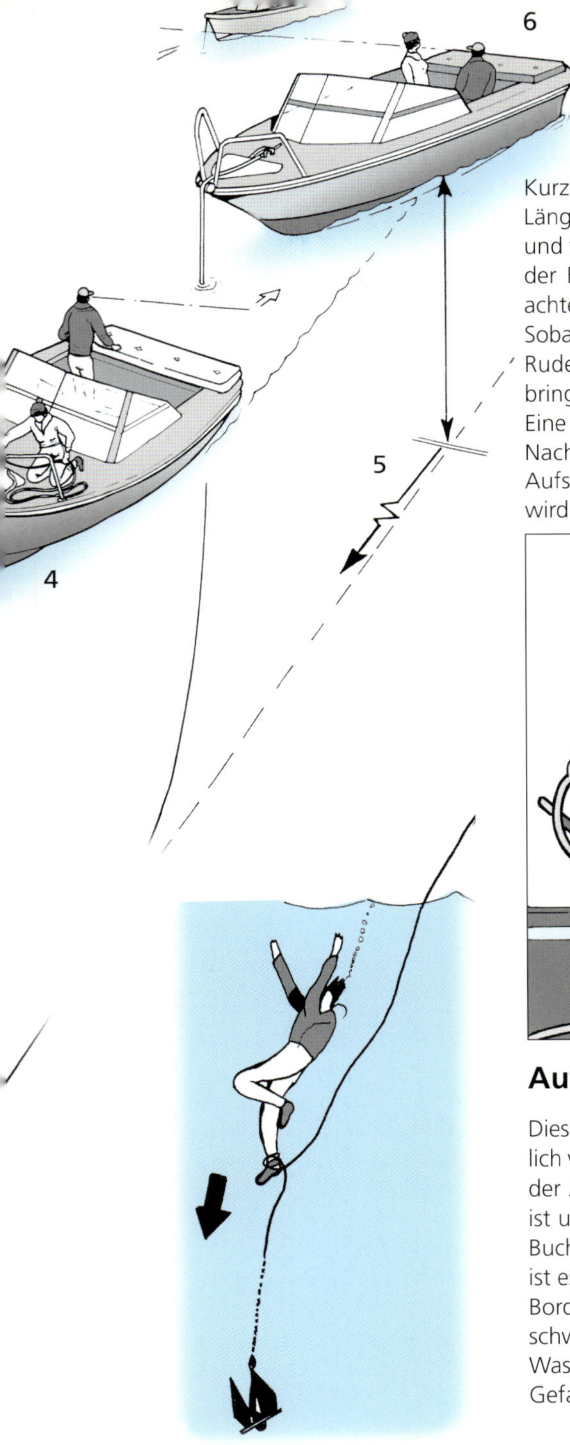

Kurz vor dem Ausgeben der erforderlichen Länge stoppt der Vordecksmann die Leine ab und fiert den Rest Hand über Hand, während der Rudergänger den Kurs achteraus beobachtet **(4)**.
Sobald die Ankerleine sicher belegt ist, gibt der Rudergänger verstärkt rückwärts Gas und bringt so den Anker zum Eingraben **(5)**.
Eine anschließende Seitenpeilung über einen Nachbarlieger oder zwei Landmarken gibt Aufschluss darüber, ob die Position gehalten wird **(6)**.

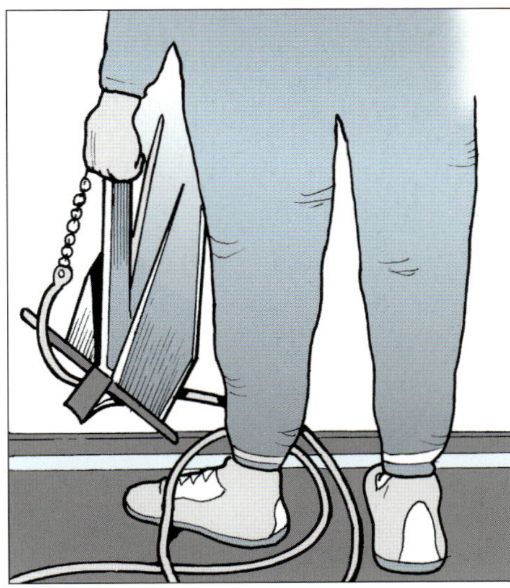

Auf Kinken achten

Dieses Ankermanöver kann besonders gefährlich werden: Der Vordecksmann hat einen Teil der Ankertrosse an Deck aufgeschossen und ist unbeabsichtigt mit dem Fuß zwischen die Buchten getreten. Beim Wegfieren des Ankers ist es immerhin denkbar, dass der Mann über Bord gerissen wird und sich nicht von dem schweren Anker befreien kann, der ihn unter Wasser zieht – für Einhandsegler eine tödliche Gefahr.

Das Vermuren einer Yacht

Das Hin- und Herschwojen einer ankernden Yacht lässt sich reduzieren, indem man sie vor zwei Anker legt. Der schwerere Anker dient auch hier als Hauptanker. Man bringt ihn zuerst aus und fixiert seine Position mit einer Ankerboje **(1)**.

Nachdem der Hauptanker sicher gefasst hat, fährt man in einem Winkel von etwa 35 Grad zur Ankerboje mit Motorkraft voraus, bis diese querab peilt **(2)**.

Hier darf der zweite Anker noch nicht weggefiert werden, da er dann auf gleicher Höhe neben dem Hauptanker zu liegen kommt und sich mit diesem vertörnen kann, falls sich beide Anker bei aufkommendem Starkwind zusammenziehen sollten.

Man fährt daher noch einige Bootslängen weiter, bevor der zweite Anker ausgebracht wird **(3)**. Jetzt lässt man das Boot im Wind zurücktreiben. Auf halber Strecke wird die Kette oder Leine durch Belegen aufgestoppt. Mit Maschine rückwärts gräbt sich der zweite Anker fest ein **(4)**.

Danach lässt man das Boot ganz zurücksacken, bis beide Anker gleichmäßig auf Zug liegen **(5)**.

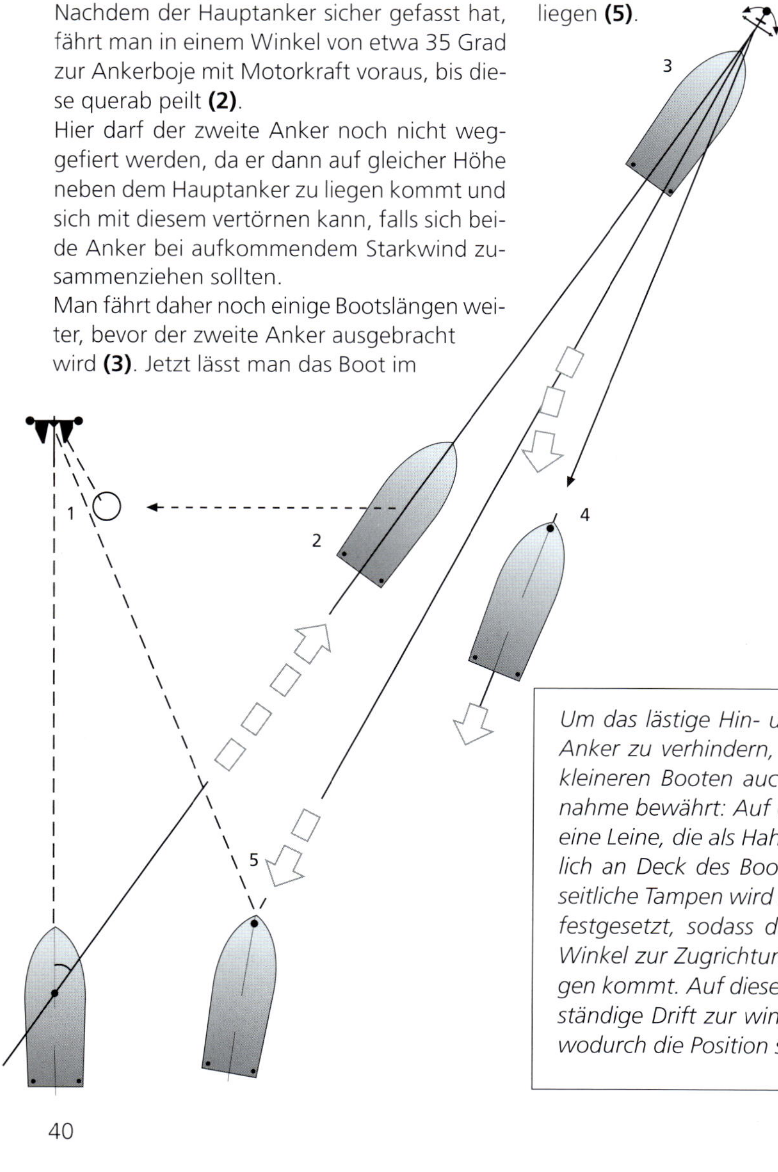

Um das lästige Hin- und Herschwojen vor Anker zu verhindern, hat sich speziell auf kleineren Booten auch eine andere Maßnahme bewährt: Auf die Kette steckt man eine Leine, die als Hahnepot vorn und seitlich an Deck des Bootes belegt wird. Der seitliche Tampen wird dabei etwas verkürzt festgesetzt, sodass das Boot im leichten Winkel zur Zugrichtung des Ankers zu liegen kommt. Auf diese Weise erhält es eine ständige Drift zur windabgekehrten Seite, wodurch die Position stabilisiert wird.

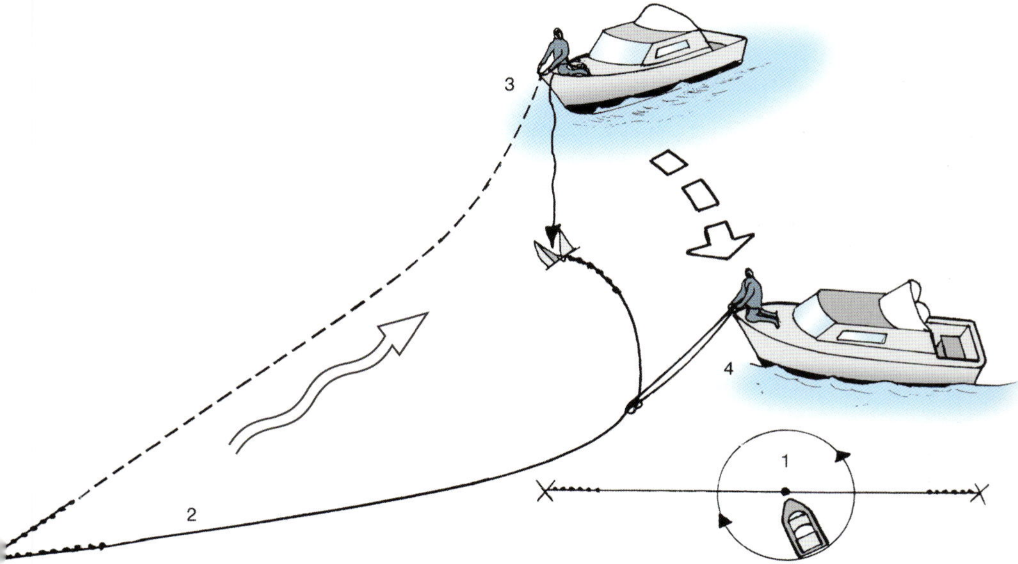

In Tide-abhängigen Naturhäfen der Nordseeküste werden Boote häufig mit zwei Ankern vermurt, um den Schwojkreis zu verkleinern **(1)**.

Der Hauptanker wird gegen die Stromrichtung ausgebracht **(2)**. Dann lässt man das Boot so weit zurückdriften (gestrichelt), bis die doppelte Leinen- oder Kettenlänge als normalerweise notwendig gesteckt ist **(3)**.

Jetzt wird der zweite Anker weggefiert und ebenfalls reichlich Kette beziehungsweise Leine gegeben.

Anschließend holt man das Boot an der Kette des zuerst ausgebrachten Ankers gegen den Strom zurück, bis es sich etwa in der Mitte zwischen den beiden Ankern befindet. Hier schäkelt oder lascht man beide Ketten beziehungsweise Leinen in einer solchen Tiefe zusammen, dass das Boot an einem kurzen Tampen darüber hinwegschwojen kann **(4)**.

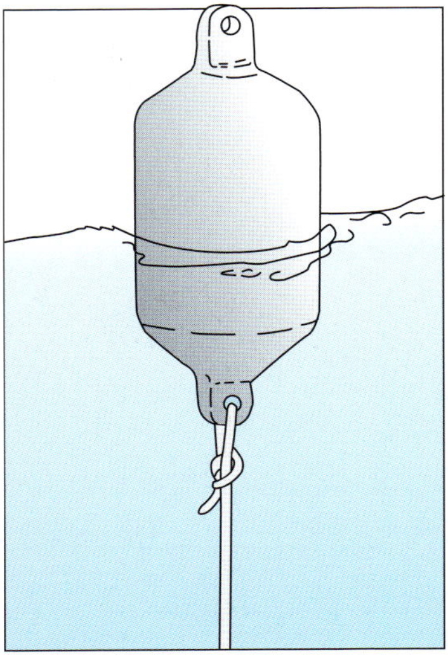

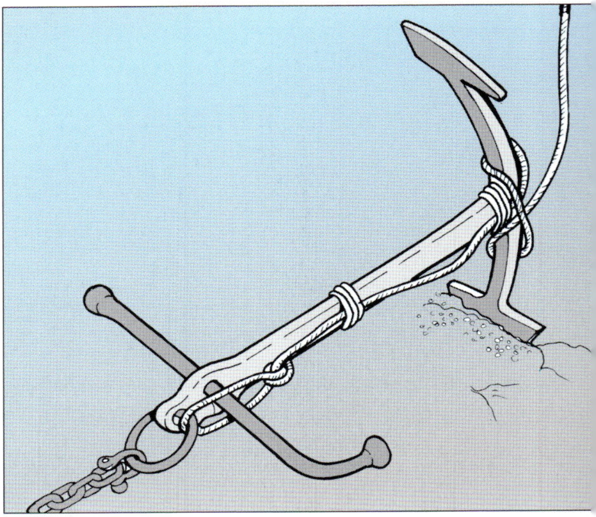

Die Ankerboje

Eine Ankerboje sollte man immer dann ausbringen, wenn mehrere Yachten dicht beieinander ankern. Sie signalisiert anderen Skippern, wo der Anker liegt und ermöglicht das Aufholen, falls eine fremde Kette eingefangen wurde. Dieses ist aber nur möglich, wenn die Bojenleine direkt im Kreuz des Ankers festgelascht wird, da sich die Flunken anderenfalls nicht unter der Kette hervorziehen lassen. Als Ankerboje eignet sich gut ein Fender, sofern er genügend Auftrieb besitzt.

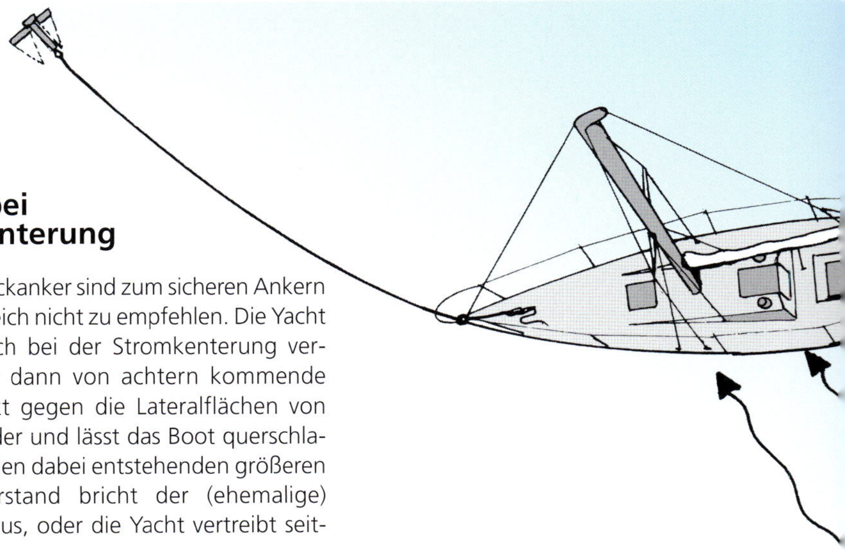

Gefahr bei Stromkenterung

Bug- *und* Heckanker sind zum sicheren Ankern im Tidenbereich nicht zu empfehlen. Die Yacht kann dadurch bei der Stromkenterung vertreiben. Der dann von achtern kommende Strom drückt gegen die Lateralflächen von Kiel und Ruder und lässt das Boot querschlagen. Durch den dabei entstehenden größeren Wasserwiderstand bricht der (ehemalige) Heckanker aus, oder die Yacht vertreibt seitlich.

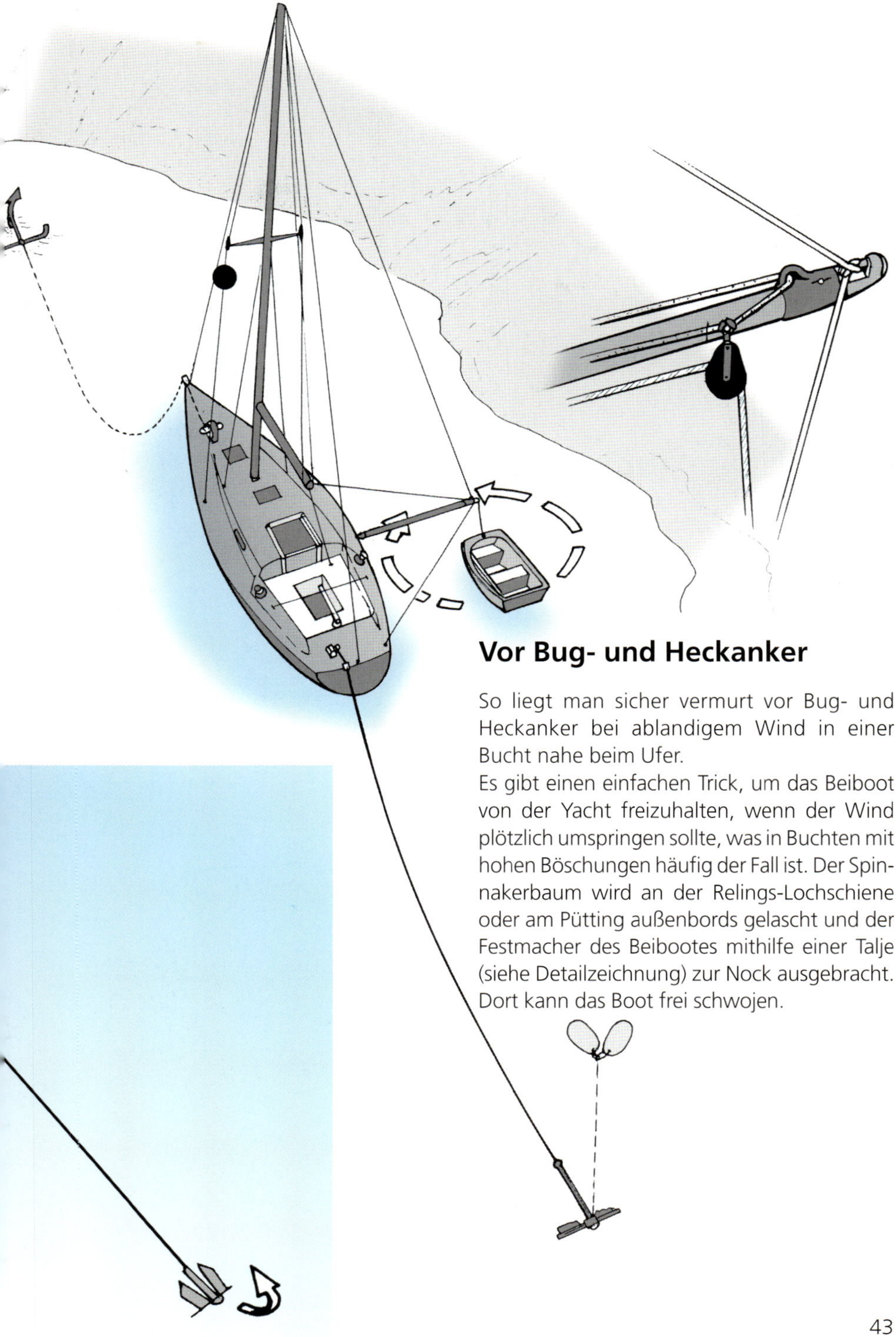

Vor Bug- und Heckanker

So liegt man sicher vermurt vor Bug- und Heckanker bei ablandigem Wind in einer Bucht nahe beim Ufer.

Es gibt einen einfachen Trick, um das Beiboot von der Yacht freizuhalten, wenn der Wind plötzlich umspringen sollte, was in Buchten mit hohen Böschungen häufig der Fall ist. Der Spinnakerbaum wird an der Relings-Lochschiene oder am Pütting außenbords gelascht und der Festmacher des Beibootes mithilfe einer Talje (siehe Detailzeichnung) zur Nock ausgebracht. Dort kann das Boot frei schwojen.

Abstand halten

Um Strandungen zu vermeiden, sind die Wahl des Ankerplatzes sowie die Bemessung der Ketten- beziehungsweise Trossenlänge von besonderer Bedeutung. Man sollte nach Möglichkeit nur dort ankern, wo ein ungehindertes Schwojen um 360 Grad möglich ist. Die Distanz zum Ufer sollte dabei so groß sein, dass die Yacht noch eine Strecke vertreiben kann, bevor es zur Strandung kommt.

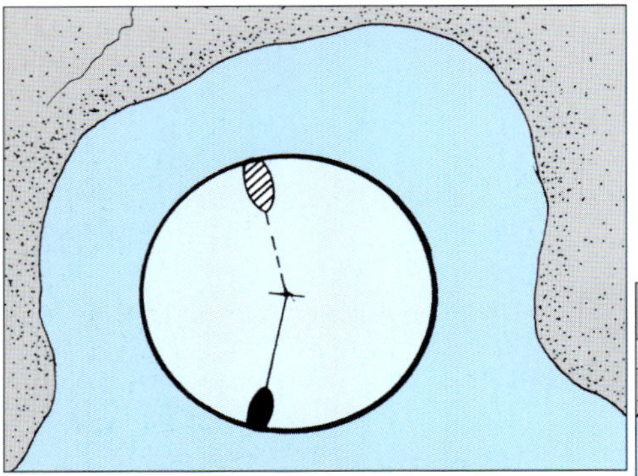

Der Anker muss so geworfen werden, dass beim Schwojen um 360 Grad kein anderer Ankerlieger im Schwojradius berührt wird **(1)**. Das ist meistens allerdings illusorisch, da der Platz zum Ankern für mehrere Yachten gewöhnlich zu knapp ist. Zur Kollision muss es deswegen aber nicht kommen, da bei Winddrehung alle Yachten gleichzeitig schwojen – vorausgesetzt, dass kein Strom gegen den Wind steht **(2)**.

Wichtig ist, dass achteraus, zum Ufer hin, keine Kollisionsgefahr mit Achteraus-Liegern besteht, die möglicherweise vor zwei Ankern liegen oder direkt am Ufer festgemacht haben.

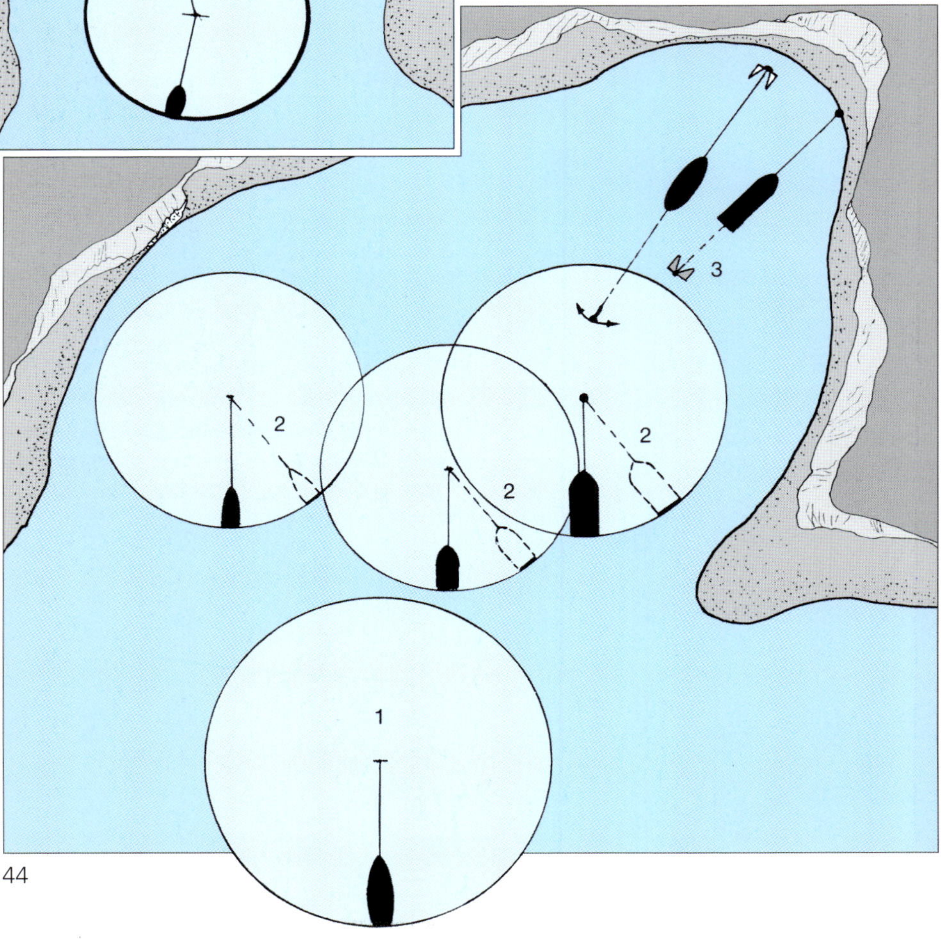

Nach dem Ankern in unbekannten Buchten, deren Wassertiefen nicht in der Seekarte angegeben sind, muss der Schwojradius mit dem Beiboot ausgelotet (Handlot) beziehungsweise nach Unterwasserhindernissen abgesucht werden. Stellt man hierbei Untiefen fest oder ist der Uferbereich zu nahe, sollte entweder ein größerer Abstand zur Küste gewählt oder ein Heckanker ausgebracht werden, der das Schwojen verhindert.

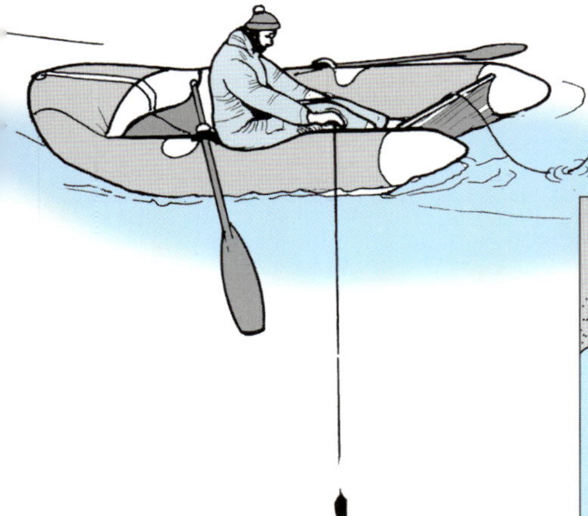

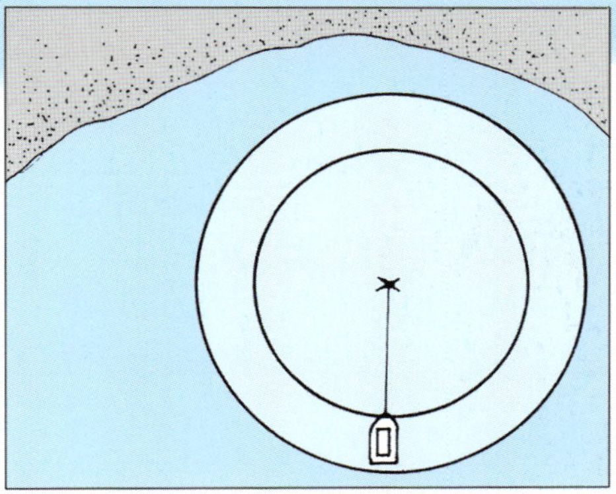

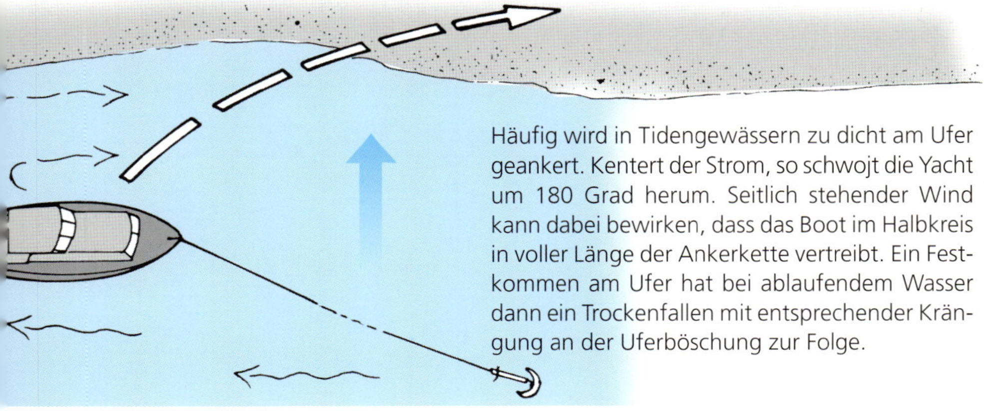

Häufig wird in Tidengewässern zu dicht am Ufer geankert. Kentert der Strom, so schwojt die Yacht um 180 Grad herum. Seitlich stehender Wind kann dabei bewirken, dass das Boot im Halbkreis in voller Länge der Ankerkette vertreibt. Ein Festkommen am Ufer hat bei ablaufendem Wasser dann ein Trockenfallen mit entsprechender Krängung an der Uferböschung zur Folge.

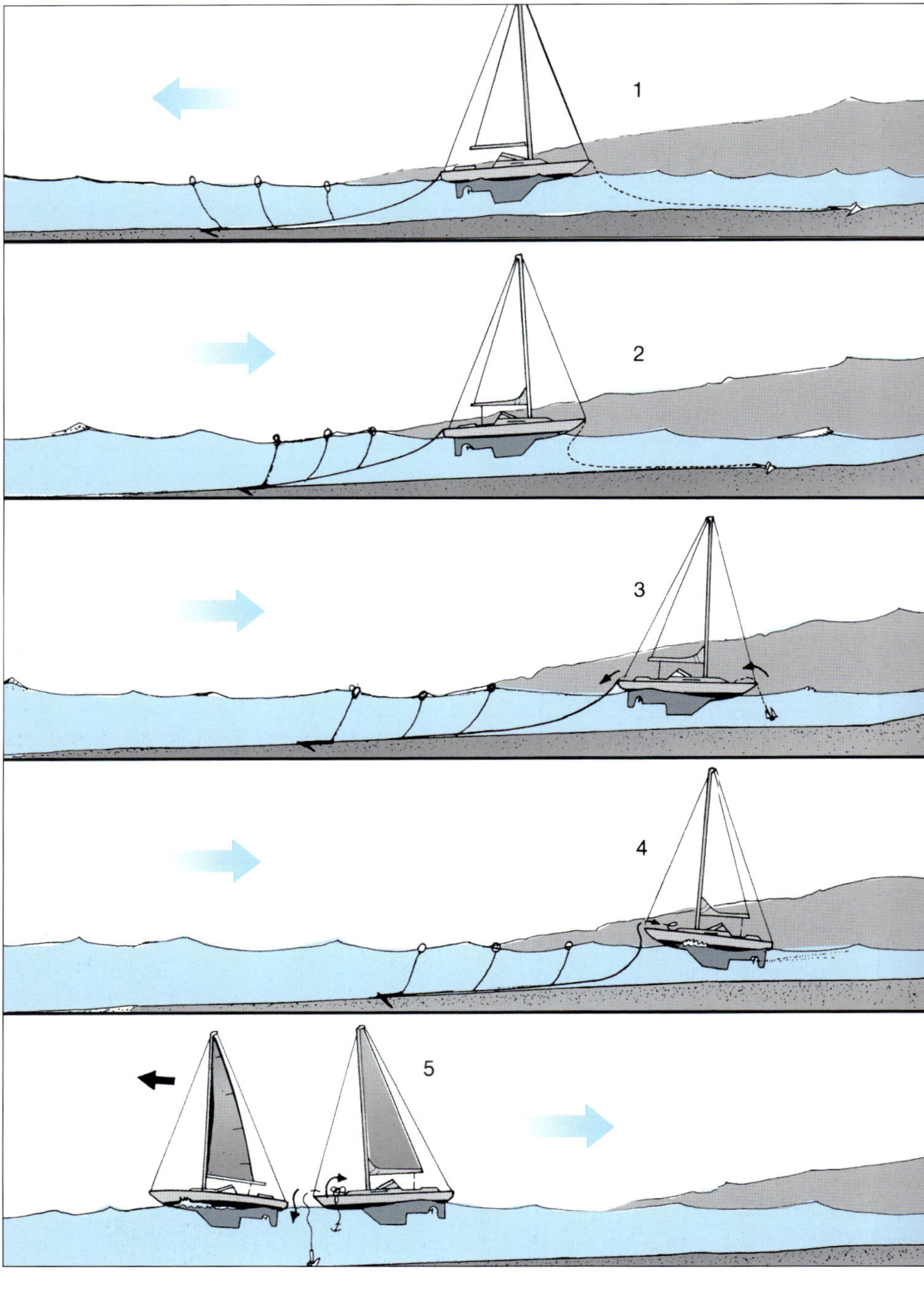
1
2
3
4
5

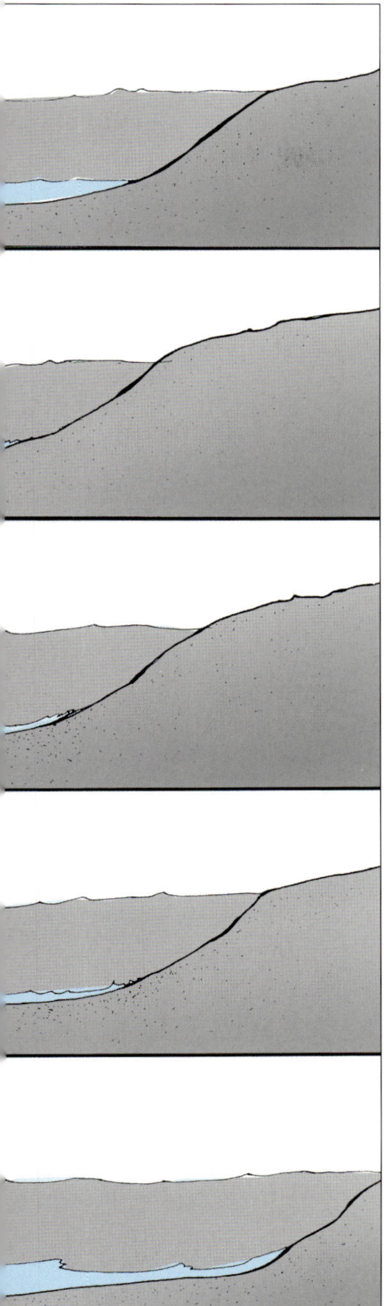

Weg von Legerwall: Unter Motor ...

In engen Buchten wird das Boot grundsätzlich mit Heckanker vorbeugend gegen eine Winddrehung und Schwojen auf Legerwall gesichert. Da hierfür im Allgemeinen ein zweiter, leichterer Anker genommen wird und die Wassertiefe nach See hin oft stark zunimmt, wird dieser Heckanker mit Kettenvorlauf und doppelt so langer Ankertrosse als normal ausgebracht. Dies geht nur, wenn keine Yachten in dieser Richtung ankern. Die Lage des Ankers kennzeichnet man durch eine Boje, besser noch durch eine Bojenkette (drei bis vier Fender), damit neu hinzukommende Yachten auf den Heckanker aufmerksam werden. Wichtig: Der Anker und die gesamte Kette werden vor dem Ausbringen ins Beiboot verladen, da man sich andernfalls mit nachschleppender Kette nicht von der Yacht freirudern kann **(1)**.
Wenn der Wind auf Legerwall dreht, muss der kleinere Heckanker das Schiff auf Position halten. In einer solchen Situation sollte man sofort ankerauf gehen **(2)**.
Dazu wird noch mehr Ankertrosse für den Heckanker gesteckt, bis der Buganker aufgeholt werden kann **(3)**. Jetzt wird das Boot vor Heckanker gedreht und mit dem Motor Fahrt voraus aufgenommen. Dabei wird die Ankertrosse immer mit Gefühl und auf leichten Zug eingeholt **(4)**.
Wenn die Anker-Markierungsboje erreicht ist, wird der ehemalige Heckanker aufgeholt und der Ankerplatz unter Maschine und stehendem Großsegel verlassen **(5)**. Wie das Drehen der Yacht ausgeführt wird, zeigt die Detailzeichnung. Auf die Ankertrosse des Heckankers wird eine Leine mit einem Stopperstek aufgesteckt. Diese Leine führt man außenbords zum Vorschiff und belegt sie auf der Bugklampe. Jetzt wird die Heckanker-Trosse losgeworfen und so weit aufgefiert, bis das Heck herumgeschwojt ist und die Hilfstrosse auf Zug liegt.

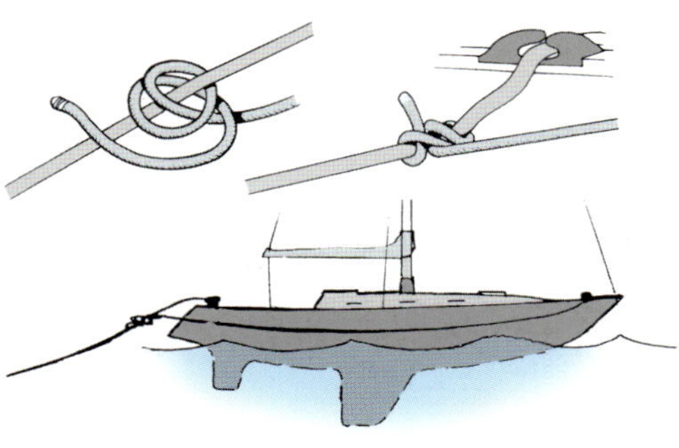

... und unter Segeln

Lässt sich der Motor aus irgendeinem Grund nicht starten, so muss der Ankerplatz unter Segeln verlassen werden. Dabei wendet man folgende Taktik an:

1: Zuerst wird das Großsegel gesetzt, während die kleinere Arbeitsfock (auch bei leichtem Wind) auf dem Vordeck fertig angeschlagen liegen bleibt.

2: Jetzt nimmt man das Großsegel dicht und holt langsam, nicht ruckartig, die Kette beziehungsweise Trosse ein, bis vom Vorschiff das Kommando »Anker auf und nieder« kommt.

3: Der Anker ist aus dem Grund gebrochen. Danach wird das Großsegel sofort bis auf Halbwind aufgefiert und auch ein Halbwindkurs gesteuert, soweit dies aufgrund der Uferstruktur möglich ist, um Fahrt aufzunehmen.

4: Ist diese ausreichend vorhanden, geht man langsam höher an den Wind, wobei das Groß gleichzeitig dichter gesetzt wird. Mit Fahrt wird die Wende eingeleitet **(5)** und auf dem neuen Bug möglichst schnell die Fock gesetzt **(6)**.

Das beschriebene Manöver zur Befreiung aus einer Legerwall-Ankersituation unter Segeln ist bei größeren Yachten mit schwerem Anker wesentlich schwieriger, da die Ankerwinsch überlastet sein kann und der Anker daher mithilfe der Fahrt unter Segeln ausgebrochen werden muss.

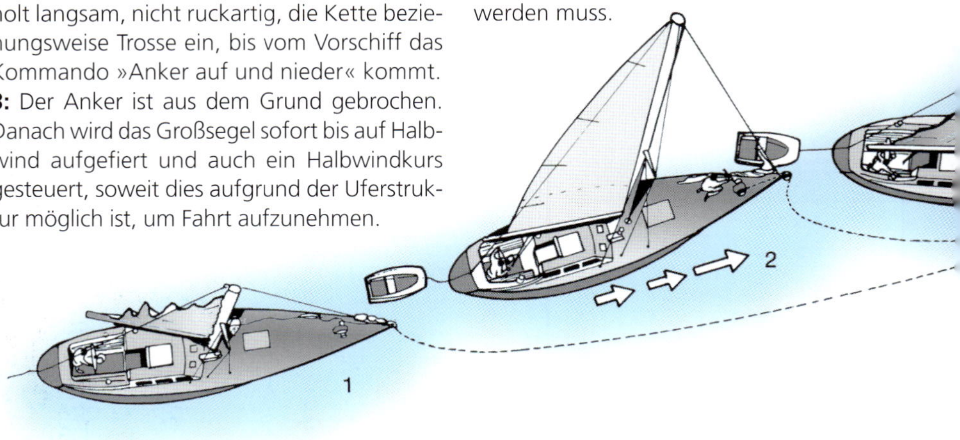

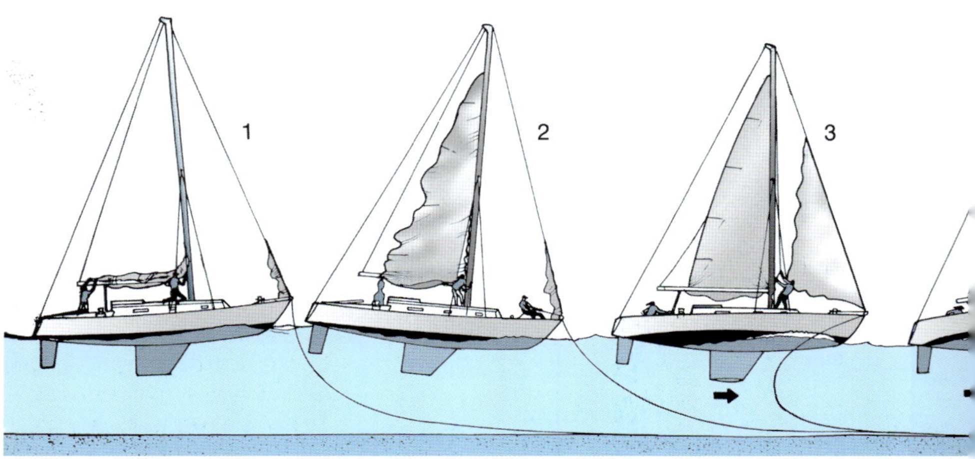

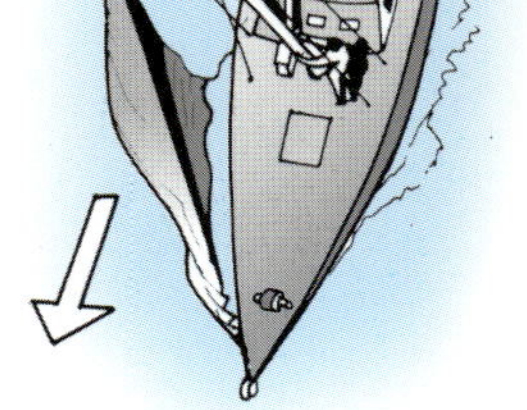

1: Bei Starkwind wird ein Reff ins Groß gesteckt und die Arbeitsfock angeschlagen.
2: Unmittelbar vor Beginn des Trosseneinholens setzt das zweite Crewmitglied das Großsegel.
3: Danach begibt es sich sofort wieder ans Ruder, nimmt das Groß dicht und fällt etwas ab.
4: Sobald das Schiff etwas Fahrt voraus macht, stoppt der Mann auf dem Vordeck das Einholen der Kette beziehungsweise Trosse und setzt die Fock, deren Schot vom Crewmitglied in der Plicht sofort dichtgenommen wird.

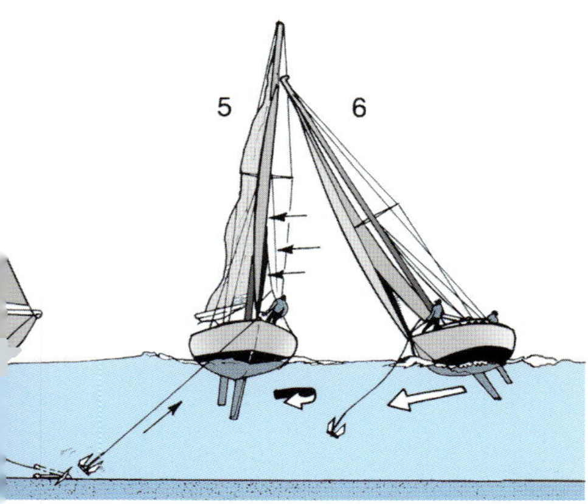

5: Jetzt holt man die Trosse oder Kette so weit wie möglich auf. Sobald sie steif kommt, muss eine Wende eingeleitet und die Fock backgehalten werden. So driftet die Yacht über ihren Anker.
6: Sobald keine Lose mehr einzuholen ist, sollten Kette oder Trosse gesichert werden. Die Fock wird jetzt auf dem neuen Bug dichtgenommen und die Yacht bricht, unterstützt durch Segeldruck und Fahrt, den Anker aus dem Grund. Daraufhin kann das Aufholen des Ankers ohne Schwierigkeiten fortgesetzt werden, während die Yacht bereits einen sicheren Kurs unter Segeln steuert.

Schleppen mit Verstand

Abschleppen ist bei ruhigem Wetter ein Vorgang, über den man nicht viele Worte zu verlieren braucht, vorausgesetzt, die Schleppgeschwindigkeit stimmt. Anders sieht es freilich aus, wenn hoher Seegang hinzukommt. Dann kann nämlich durch ruckartige Belastungen ein Bruch der Schlepptrosse die Folge sein. Auch können Beschläge ausreißen. Eine zurückschnellende Trosse aber wird zur tödlichen Gefahr für die Besatzung auf Schlepper und geschlepptem Boot.

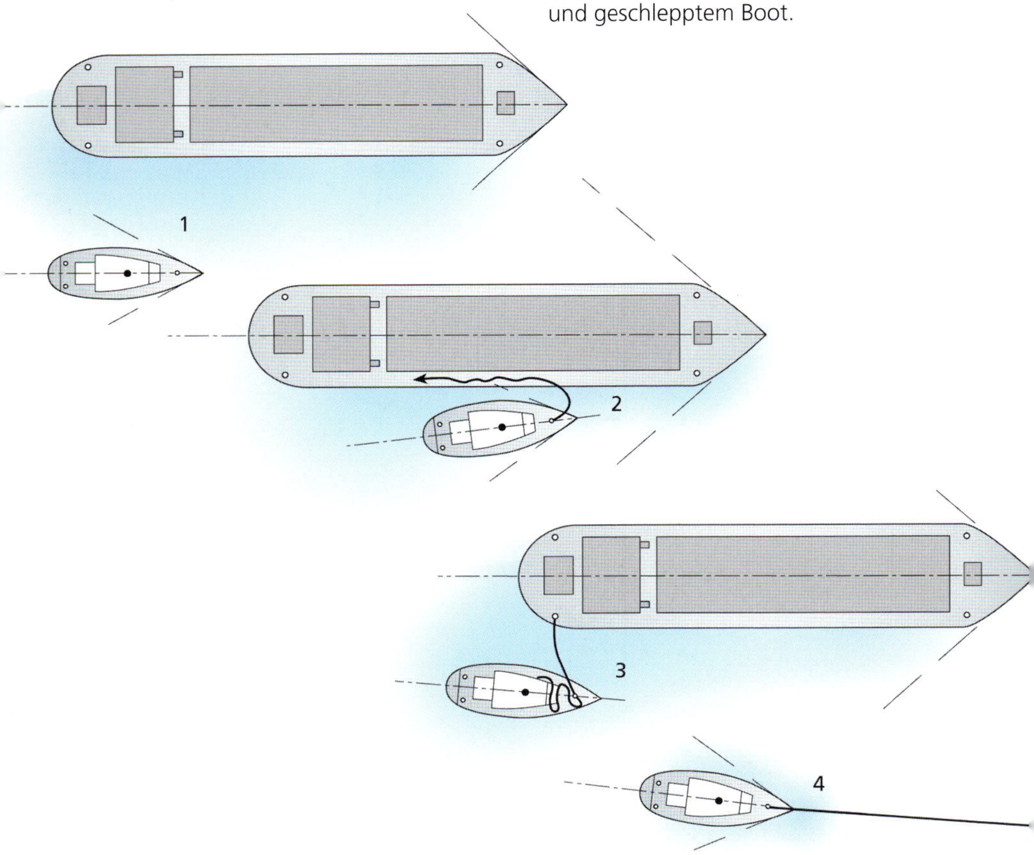

Leinenübergabe an ein Berufsschiff

Soll der Schlepp durch ein Berufsschiff erfolgen, kann man nicht erwarten, dass dieses das Anlaufmanöver fährt, um die Schleppleine zu übernehmen. Vielmehr muss sich eine Yacht mit der nötigen Vorsicht dem großen Bruder nähern. Wer stellt die Schlepptrosse? Hier gilt allgemein die Regel, beim »Gefälligkeitsschlepp« immer derjenige, der sich schleppen lassen will. In Notsituationen, beim Abbergen zum Beispiel, wird eine ausreichend starke Trosse vom Schlepper an den Havaristen übergeben. Im Normalfall nähert sich die Yacht mit ausreichendem seitlichem Sicherheitsabstand von achtern dem Berufsschiff, das mit langsamer Fahrt weiterfährt **(1)**. In Mittschiffsposition steuert man etwas näher an den Schlepper heran und wirft auf kurzer Distanz die ersten, sorgsam aufgeschossenen Meter der Schleppleine hinüber **(2)**. Nicht die ganze Schleppleine überwerfen! Der Mann auf dem Schlepper fabriziert garantiert eine Wuling.

Jetzt geht man mit der Fahrt zurück, lässt sich langsam achteraus sacken und steckt immer nur soviel Leine, wie notwendig ist. Der Schlepptampen darf nicht durchsacken oder etwa unter das Boot geraten **(3)**! Erst wenn die ganze Schleppleine ausgesteckt ist, gibt man das Zeichen zum Anschleppen **(4)**.

In der Praxis drehen die Kümoschipper leider meistens sofort auf, wenn die Schleppleine belegt ist. Man muss sich daher bemühen, die Endposition achteraus möglichst schnell zu erreichen beziehungsweise die letzten Meter Hand über Hand aufzustoppen. Natürlich muss die Schleppleine an Bord der Yacht bereits vor diesem Manöver sorgfältig belegt worden sein, denn unter Zugbelastung ist dieses kaum noch möglich.

Das Aufschießen und Werfen einer Leine ist eine Kunst, die sich aber erlernen lässt. Je nachdem, ob man Links- oder Rechtshänder ist, schießt man zuerst die gesamte Leine in gleichmäßig großen Buchten in der Hand auf, mit der man nicht wirft. Dann nimmt man mit der Wurfhand gerade so viele Buchten ab, wie zur Überbrückung der Distanz notwendig sind. Diese Buchten werden mit seitlichem Armschwung, im Wesentlichen aber von unten nach oben gezielt zum Mann auf dem Nebenschiff hinübergeworfen. Die Buchten entrollen sich, während die Leine durch die Luft fliegt. Nur ein kurzes Stück des Tampens sollte drüben ankommen. Erst nach dem Auffangen wird weitere Leine gesteckt.

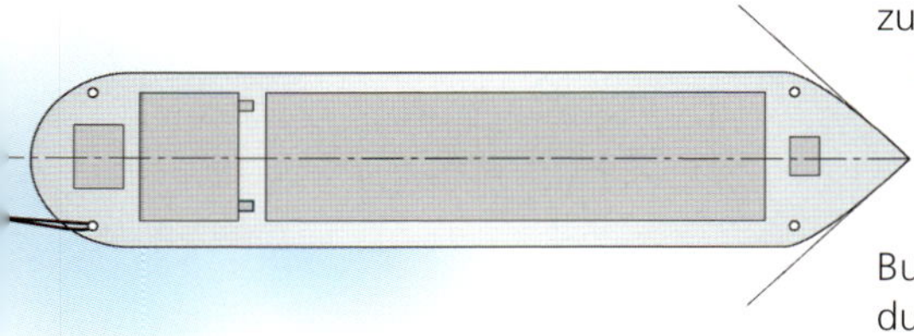

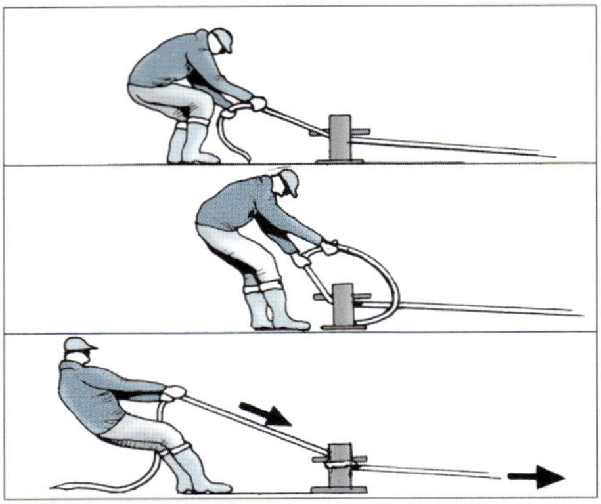

Umgang mit der Schlepptrosse

Ein gefühlvolles Aufstoppen der Schlepptrosse ist nur bei einem Poller möglich, da man bereits mit ein bis zwei Rundtörns die auftretenden Kräfte sicher im Griff hat. Nachdem die endgültige Länge der Schleppleine erreicht ist und die Schiffe Fahrt aufgenommen haben, lässt sich die Trosse immer noch sorgfältig belegen.

Die Zeichnungen zeigen, wie die Schleppleine auf dem Schlepppoller richtig belegt wird: entweder durch einen Webeleinstek **(1)** oder, bei vorhandenem Pollerstock, mit einem Rundtörn und mehreren halben Schlägen **(2)**.

Da der Webeleinstek sich sehr fest zieht, können auch mehrere Rundtörns um den Poller gelegt und mit einem halben Schlag gesichert werden, wobei der Tampen vor dem Belegen unter der Zugpart hindurchgeholt wird **(3)**.

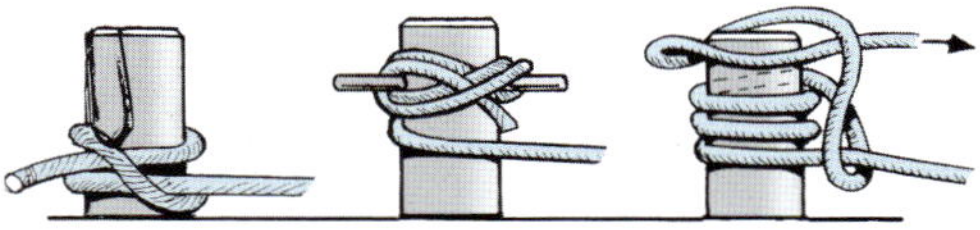

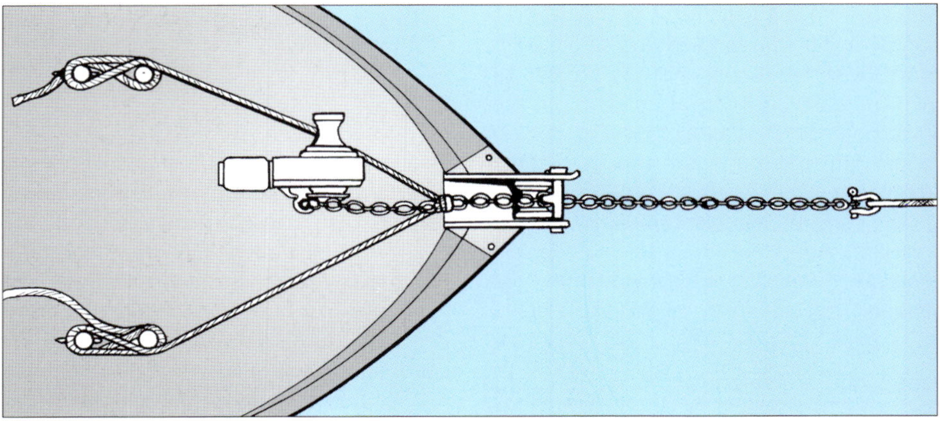

Auf schweren Motoryachten werden die Zugkräfte der Schlepptrosse am besten durch die Ankerkette aufgefangen. Hilfsleinen mindern die Belastungen auf der Ankerwinsch und wirken als Feder. Allerdings darf die Ankerkette nur wenige Meter gesteckt werden, da sonst die Schockbelastungen zu groß werden. In jedem Fall muss die größte Distanz zwischen Schlepper und Yacht durch die angesteckte Schleppleine überbrückt werden. Auch ist es wichtig, dass die Ankerkette auf der Bugrolle durch einen Bolzen gesichert wird.

Handzeichen

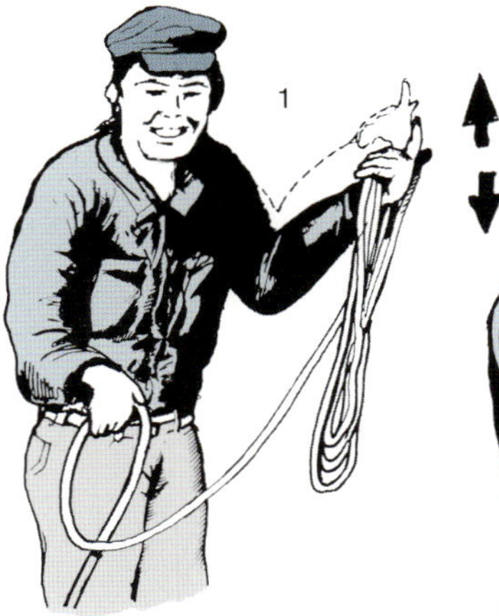

Vorgeschriebene Handsignale für Schleppmanöver gibt es nicht, jedoch haben sich in der Praxis einige Gesten bewährt:

1: Wer geschleppt werden möchte, stellt sich ins Boot und schwenkt mit einer Hand die aufgeschossene Schleppleine auf und nieder.

2: Ist die Leine belegt, werden die Arme gespreizt vor dem Bauch gekreuzt.

3: Das Signal zum Anschleppen (Andrehen) ist eine kreisende Bewegung der erhobenen Hand.

4: Das Auf- und Niederbewegen der gestreckten Arme mit abwärts gehaltenen Händen wird allgemein als Aufforderung zur Fahrtdrosselung verstanden.

5: Das Kreuzen der Arme vor der Brust und einmalige Auseinanderziehen bedeutet das Ende der Schleppfahrt beziehungsweise Lösen der Schleppleine.

6: Die ausgestreckte Faust mit erhobenem Daumen wird international als zustimmende Geste, alles o. k., verstanden.

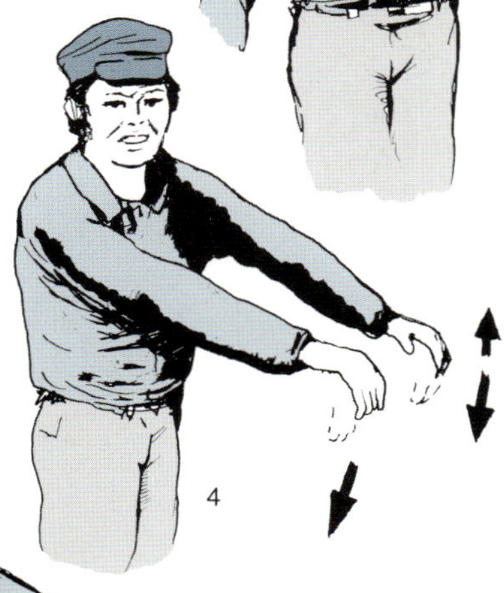

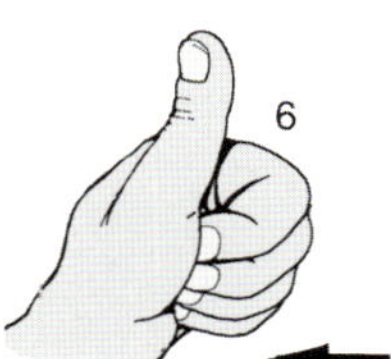

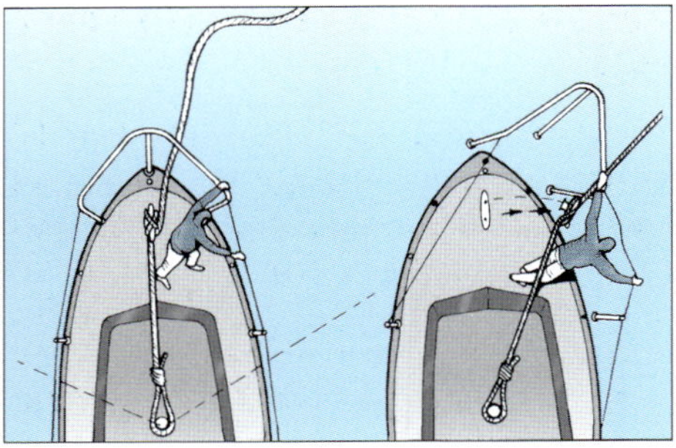

Raus aus dem gefährlichen Sektor

Wenn der Schlepper Fahrt aufnimmt, können sich schwere Unfälle ereignen. Besonders gefährlich ist es, wenn das schleppende Fahrzeug seitlich anzieht. Dann treten starke Seitenkräfte (Scherkräfte) auf, die häufig zum Ausbrechen der Schleppklampe führen und nicht selten Bugkorb und Reling demolieren. Füße und Beine eines Crewmitglieds, das sich in diesem Bereich aufhält, sind äußerst gefährdet. Die gestrichelte Linie zeigt den Winkel, in dem man sich beim Anschleppmanöver nicht aufhalten sollte.

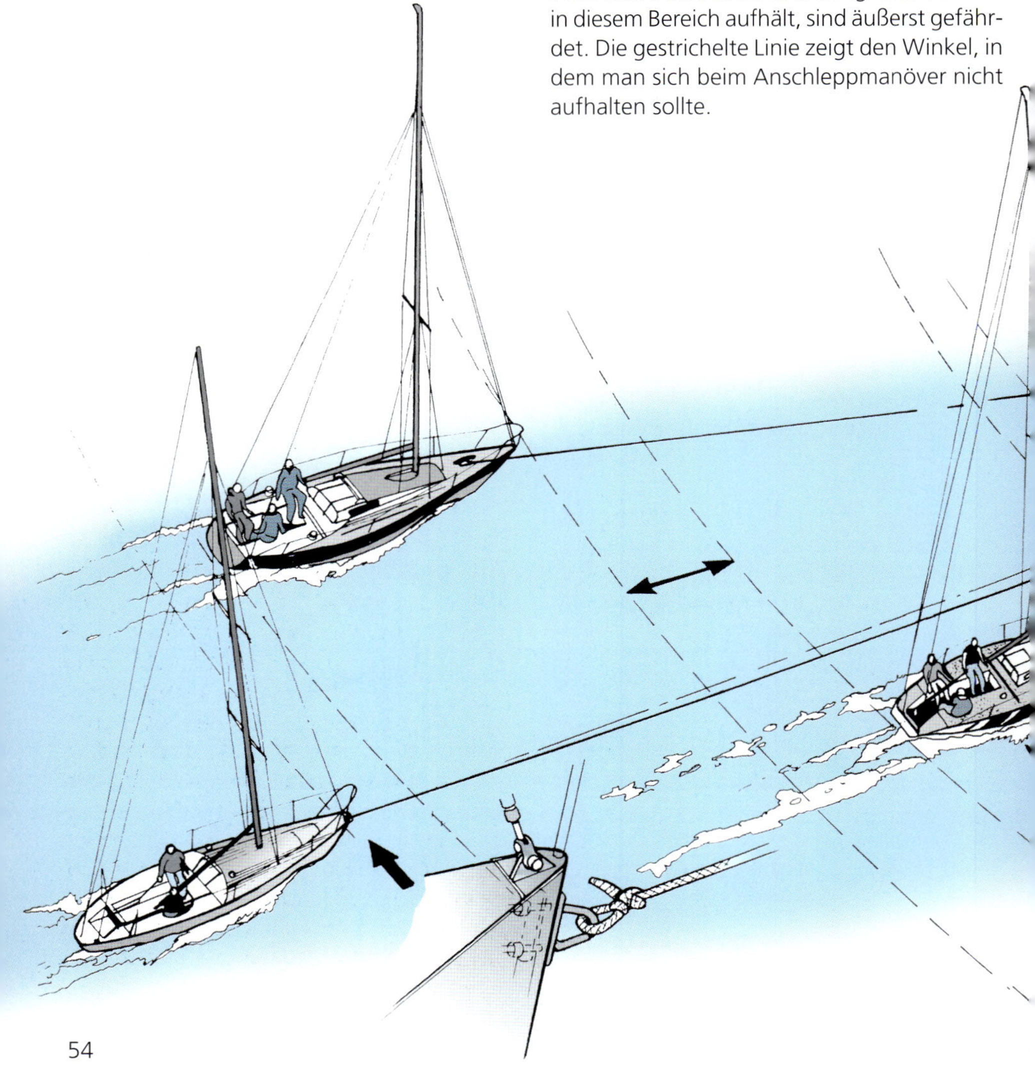

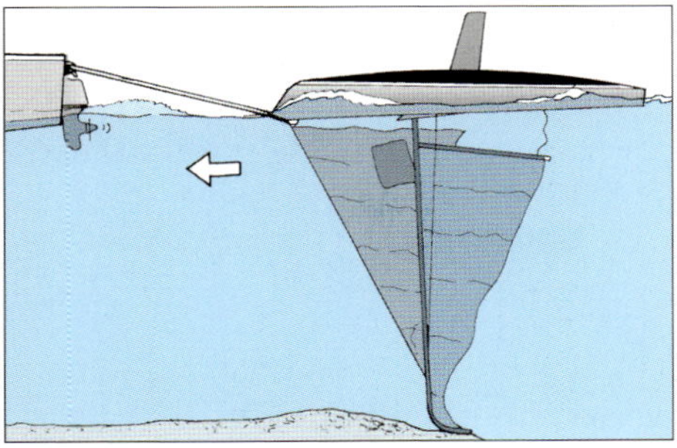

Jollen vor dem Schleppen erst aufrichten

Aus Unkenntnis werden durchgekenterte Jollen häufig in den Hafen zurückgeschleppt, ohne sie vorher aufzurichten. Dabei sind Grundberührungen mit dem Mast und entsprechende schwere Schäden im Rigg fast unvermeidlich. Außerdem kann durch den Wasser-Staudruck der Rumpf teilweise zerstört werden.

Der Schleppverband

Leichte Regattayachten werden häufig von einem Begleitboot zum Regattastart geschleppt. Damit es keine Kollisionen oder andere Havarien gibt, bringt man die Schleppleinen so aus, dass sich keines der Boote überlappt. Da diese Yachten meistens keinen Bugbeschlag mit Ankerrolle haben, wird der Tampen zwischen Vorstag und Bugkorb-Stütze zur Vordeckklampe geführt. Um ein Schamfilen der Schleppleine am Vorstag zu vermeiden, schert der Steuermann ein wenig zur entgegengesetzten Seite der Tampendurchführung aus. Lediglich Yachten mit Stevenauge oder -rolle halten ihren Kurs in Kiellinie.

Worauf zu achten ist

Elf wichtige Punkte sind zu beachten, wenn eine etwa zehn Meter lange Segelyacht in einer schwierigen Situation, zum Beispiel bei Grundberührung oder in schwerer See, von einem starken Schlepper auf den Haken genommen werden soll.

1: Falls der Motor noch intakt ist, sollte er zwar startklar, der Propeller aber nicht eingekuppelt sein.

2: Der Steuermann nimmt eine stehende Position ein, um den größtmöglichen Überblick zu haben.

3: Das Niedergangsluk wird geschlossen und das untere Steckschott eingesetzt. Die übrige Crew geht unter Deck und achtet auf den Steuermann.

4: Baum und Großschot werden zur Seite gelascht, um dem Steuermann möglichst freie Sicht voraus zu geben.

5: Alle Lüfter und Luks werden geschlossen.

6: Ein starkes Ende wird seitlich durch die Schotleitblöcke zu den Winschen ausgebracht und an den Vordeckklampen beigebunden. Die Laschungen an den Klampen fangen bereits einen Teil der Zugkräfte auf. Hier muss die Leine gegen Schamfilen umwickelt werden **(7)**.

Beide Tampen werden so zusammengebunden, dass sich das Auge etwa zwei bis drei Meter vor dem Bug befindet. An das Auge wird die Schlepptrosse mit einem Palstek oder einem Schotstek gesteckt. Es ist empfehlenswert, einen derartigen Schlepptrossen-Vorlauf fertig vorbereitet an Bord zu fahren.

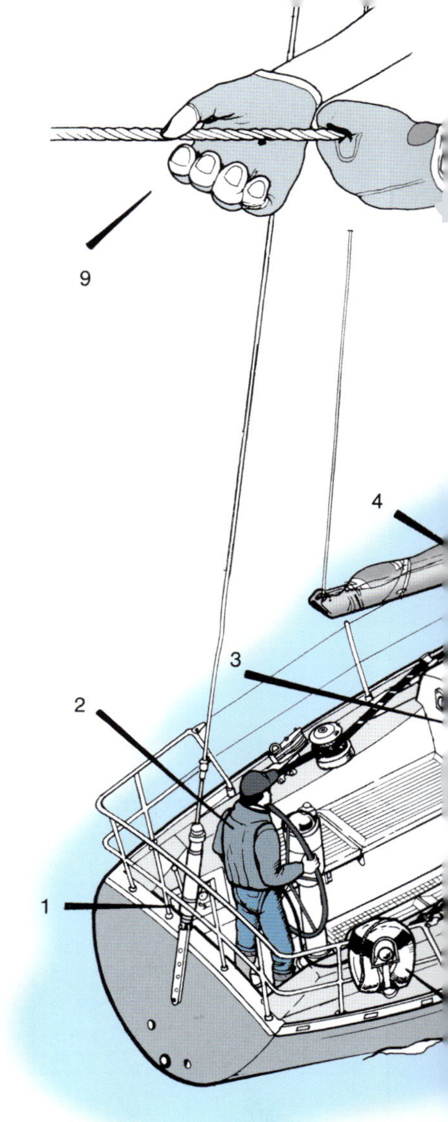

Diese Befestigung des Ringtampens erfordert großformatige Schotwinschen und solide Unterbauten. Die oft propagierte Lösung, das Ende achtern um den Kajütaufbau zu legen, ist indessen selten praktikabel und auch gefährlich, da häufig das Achterschott der Kajüte schräg gestellt ist, die Trossenbucht also hochrutschen kann. Bei starker Zugbelastung können außerdem die Ecken des Kajütaufbaus eingedrückt werden. Ähnlich verhält es sich mit der Lösung, die Ringleine um das Heck zu legen. Der Spiegel ist ebenfalls bei vielen Booten schräg gestellt, eine Sicherung der Trossenbucht kann kaum durchgeführt werden. Auch das Belegen der Schlepptrosse um den Mastfuß oder Mastkoker ist bei Masten, die auf dem Kajütdach ste-

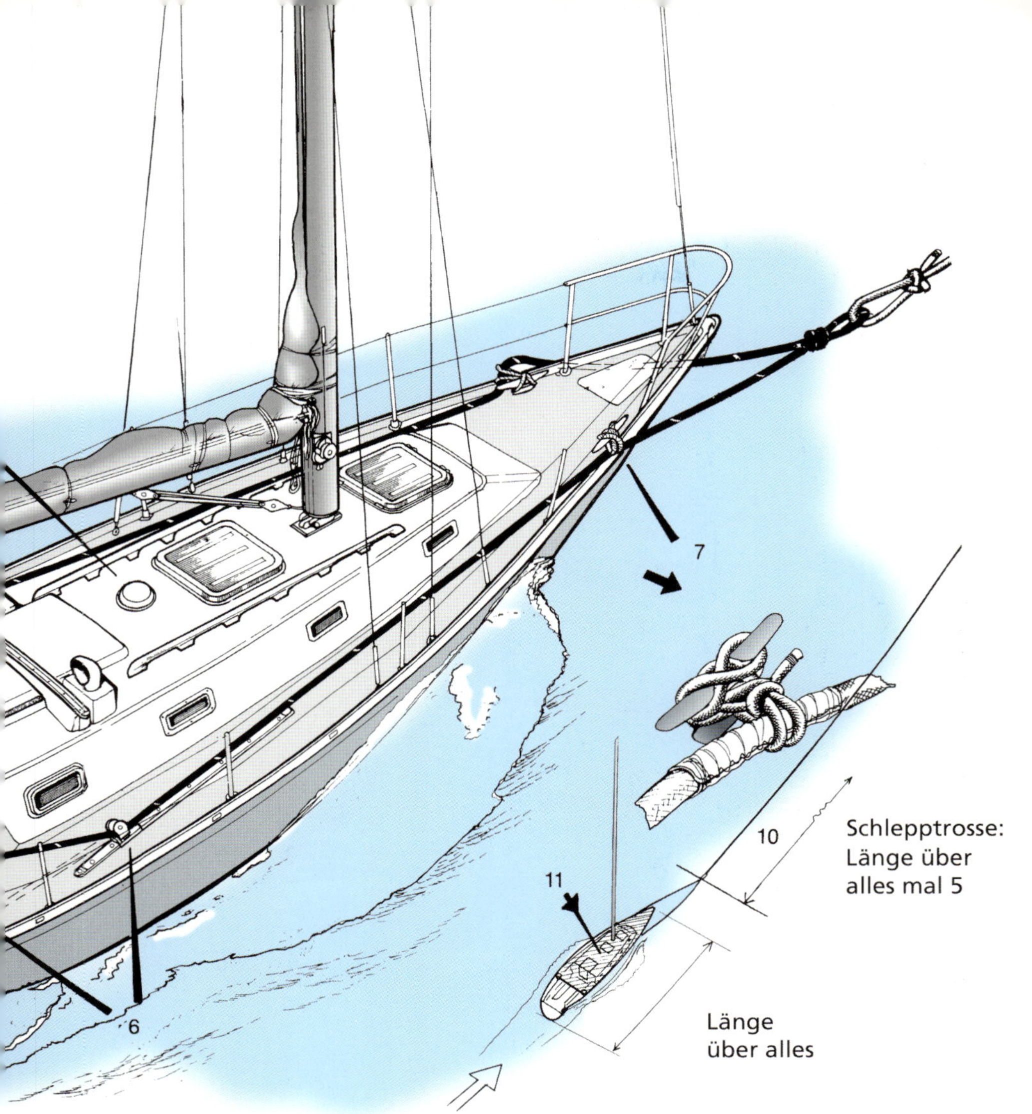

hen, nicht empfehlenswert, da sie aus dem Deck brechen können.

8: Als weitere Vorbereitungen müssen der Schwimmkragen mit angesteckter Wurfleine zum Einsatz klariert und

9: Arbeitshandschuhe angezogen werden.

10: Die Schlepptrosse sollte wenigstens fünfmal so lang wie die Yacht sein.

11: Der Aufenthalt im schraffierten Sektor ist gefährlich. – Moderne Kunststoff-Trossen sind zwar sehr elastisch, entwickeln aber bei einem Bruch durch das plötzliche Zurückschnellen eine enorme Energie. Dadurch haben sich schon viele schwere Unfälle, zum Teil mit tödlichem Ausgang ereignet.

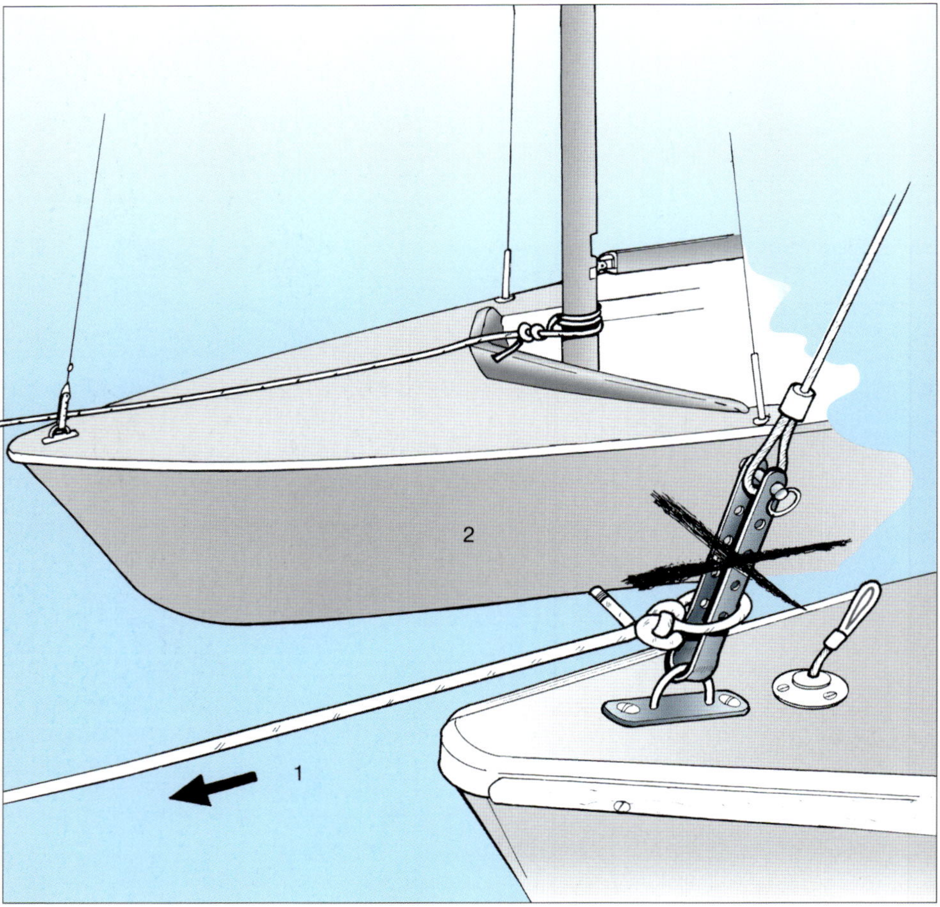
2
1

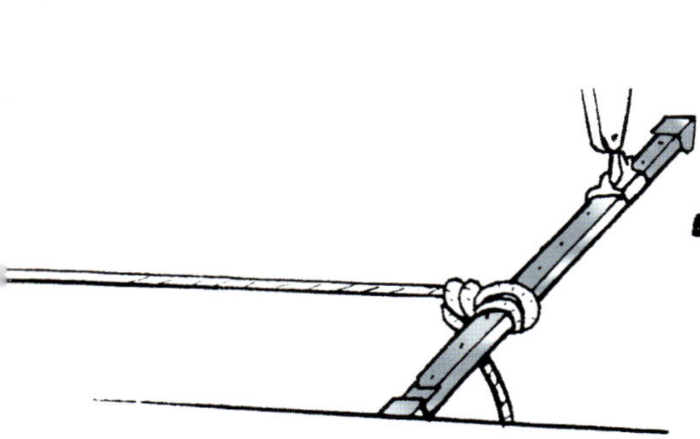

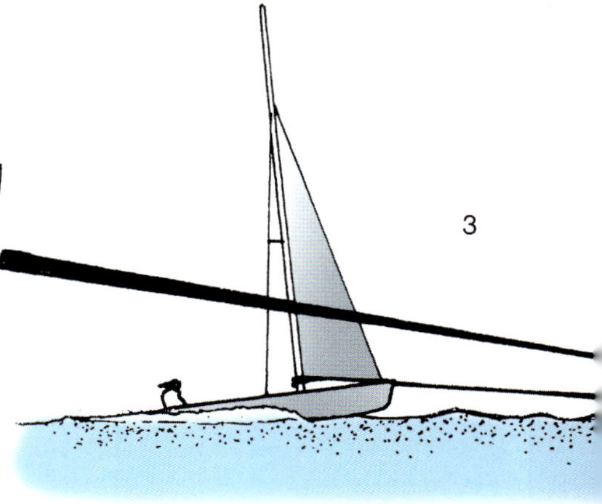
3

Wie man Jollen schleppt

1: Moderne Jollen haben häufig überhaupt keine Schleppklampe an Deck. So wird der Schlepptampen aus Unwissenheit anstatt um den Mast um den Vorstag-Beschlag geknotet, der für diese Belastungen nicht ausgelegt ist. Es kann zum Bruch des Beschlages oder zu einem Ausbrechen aus dem Deck kommen, was wiederum nicht selten den Verlust des Mastes und andere Havarien nach sich zieht.
2: Der Schlepptampen wird mit zwei Rundtörns um den Mast gelegt und mit zwei halben Schlägen gesichert. Dabei ist darauf zu achten, dass er in Deckshöhe angeschlagen wird, damit der Mast kein Biegemoment erhält. Steht dieser frei im Schiff, was bei vielen Leichtbaujollen der Fall ist, muss der Schlepptampen um den Mast herum zum Großschot-Fußbeschlag oder zum Reitbalken geführt und dort belegt werden.
3: Sollen mehrere Jollen geschleppt werden, so ist es meistens schwierig, die Schleppleine des Hintermannes festzusetzen, da moderne Jollen gewöhnlich keine Klampen an Deck haben. Die Leine wird daher mit zwei Rundtörns und zwei halben Schlägen zur Sicherung auf dem Reitbalken belegt, und zwar möglichst nahe an der Deckhalterung, damit er nicht verbiegen kann.
4: Günstiger ist es indessen, wenn auf dem Motorboot eine lange Schleppleine mit mehreren Augen, jeweils im Abstand von mehr als einer Bootslänge, vorbereitet worden ist. In diese Schlaufen brauchen dann die Regattacrews nur hineinzugreifen, oder kurze Hilfsleinen werden eingebunden und am Mastfuß festgesetzt.

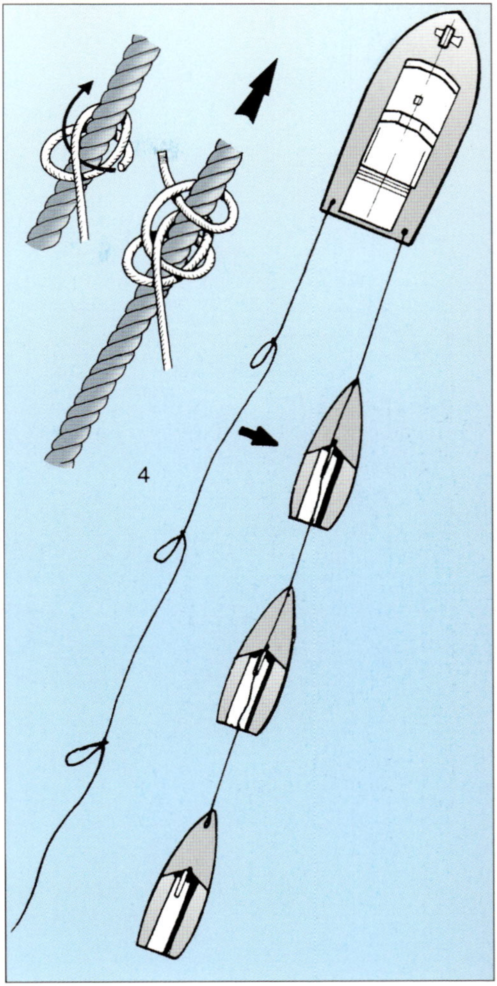

Der Schlepp des Dingis

Feste Beiboote lassen sich in der Regel unproblematisch schleppen, während Schlauchboote mit dem Heck eine starke Sogwirkung erzielen und leicht von achtern volllaufen oder vom Wind umgeworfen werden. Die Schleppleine sollte allerdings so weit aufgefiert werden, dass der Bug des Beibootes die Heckwelle der schleppenden Yacht »hinauffährt«. Andernfalls ist es möglich, dass der Bug sich in die Hecksee bohrt und das Boot voll schlägt.

Gleitfähige Jollen und Yachten sind im Schlepp weniger gefährdet, da sich der Rumpf bei schneller Geschwindigkeit auf die Wasseroberfläche hebt und dadurch der Wasserwiderstand überwunden wird. Allerdings können bereits kleine Unachtsamkeiten des Steuermanns zur Kenterung führen, speziell dann, wenn das Schwert gesteckt ist. Schon ein leichtes Ausscheren aus der Zugrichtung erzeugt am Schwert einen starken Auftrieb, der das Boot blitzartig krängen lässt. Daher sollte das Schwert bei hoher Schleppgeschwindigkeit stets ganz oder bis auf wenige Zentimeter aufgeholt sein.

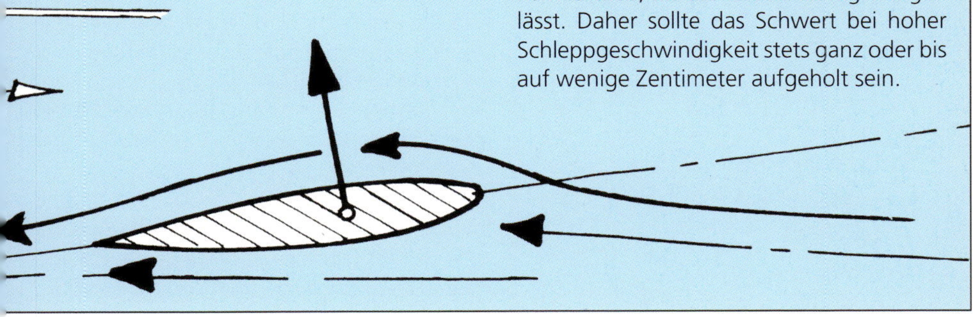

Längsseits schleppen

Ist auf beiden Booten keine ausreichende Schleppleine vorhanden, oder zwingt ein enges Fahrwasser (Schleusen) zu schwierigen Manövern, so ist auch das Schleppen längsseits empfehlenswert. Dazu werden beide Boote sehr gut abgefendert. Die Schlepplast wird hauptsächlich von der Achterspring aufgefangen, die vom Achterdeck des geschleppten Bootes zum vorderen Seitendeck des Schleppers führt. Die Vorleine reguliert den Anpressdruck der beiden Boote. Sie wird während der Schleppfahrt so weit aufgefiert, dass beide Schiffe sich mit den Fendern gerade berühren.

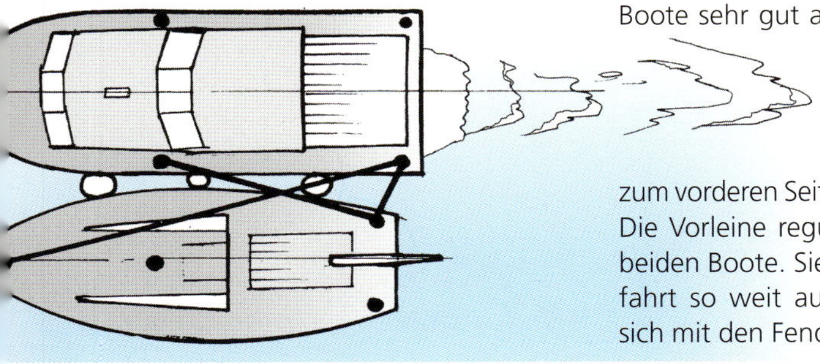

Komplikationen unter dem Kiel

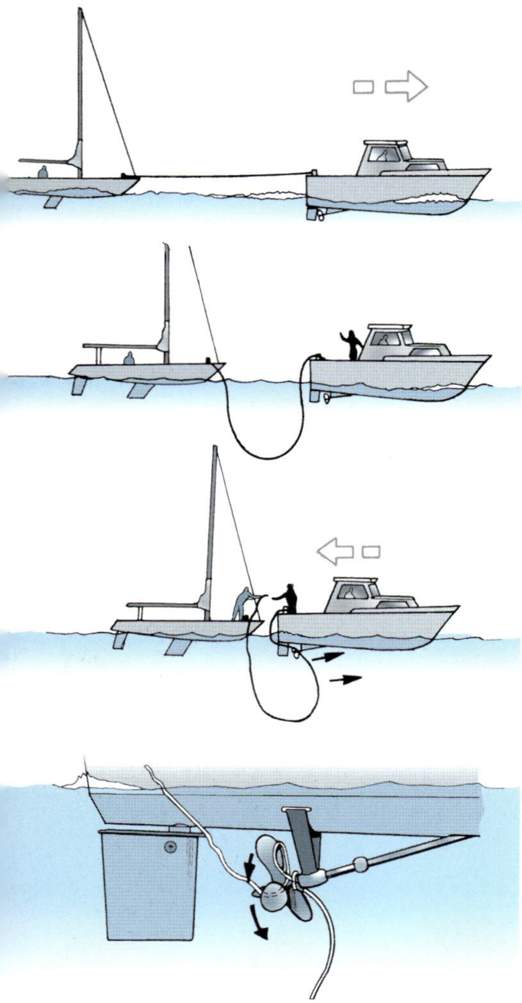

An Schwierigkeiten, die ein blockierter Propeller verursacht, ist nicht selten die Crew selbst schuld, denn häufig genug ist es ein über Bord gerutschter Tampen des eigenen Schiffes, der den Motor zum Stillstand bringt. Auch Treibgut kann für Ärger sorgen. Besonders gefürchtet ist im Wasser schwebendes Plastik, das trotz aller Appelle an das Umweltbewusstsein noch häufig anzutreffen ist. Gefährlich sind auch ausgebrachte Angeln in Ufernähe. Speziell bei Kanalfahrt heißt es wachsam zu sein. Gerade Anfänger auf dem Wasser unterschätzen leicht, wie weit die Angelsehne ins Fahrwasser hineinreichen kann (oder übersehen sie überhaupt). Deshalb ist es beim Sichten von Anglern stets ratsam, so viel Abstand wie möglich von der Uferböschung zu halten.

Crews von Booten, die ein Tauchgerät an Bord mitführen, sind gut dran, wenn ihnen ein Tampen in der Schraube die Maschine stilllegt. Falls auch noch geeignetes Werkzeug an Bord ist, dürfte es kein Problem sein, den Schaden in kürzester Zeit zu beheben. Es kann aber auch sein, dass der Taucher die Reparatur nicht schafft. Dann bleibt nur ein Ausweg: abschleppen lassen und aufslippen.

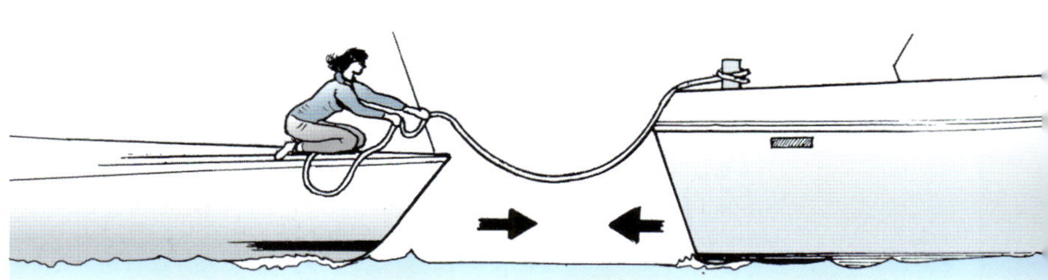

Tampen im Propeller

Die häufigste Ursache für das Vertörnen einer Leine im Propeller ist ein unfachmännisch aufgestopptes Abschleppmanöver. Sobald das schleppende Fahrzeug auf Rückwärtsfahrt geht, läuft das geschleppte Boot von achtern auf. Dabei wird die Schlepptrosse durch den Propellerstrom direkt in die Schraube gezogen. Und so wird dies verhindert: Ein Crewmitglied holt auf dem Vorschiff des geschleppten Bootes die lose kommende Schleppleine Hand über Hand ein, bis die Verbindung zwischen beiden Booten gelöst wird.

Wachsam muss man auch bei An- und Ablegemanövern im Hafen sein, insbesondere, wenn nur ein Mann an Bord ist. Beim rückwärtigen Ausscheren aus einer Box kommt es häufig vor, dass die achteren Festmacherleinen unter den Bootsrumpf gedrückt werden und sich im Propeller vertörnen. Dies passiert besonders dann, wenn die Pfähle einen großen Abstand zum Steg haben und das Boot im Verhältnis zur Boxlänge relativ klein ist, die Festmacherleinen folglich lang ausgebracht sind.

Deshalb ist es am sichersten, die Achterleinen per Hand einzuholen, sie an Bord zu nehmen oder auf die Pfähle zu hängen. Korrekt und ruhig führt man das Manöver ohne Motorhilfe aus. Nach dem Loswerfen der Vorleinen wird zuerst das Heck des Bootes per Hand an einen der Pfähle herangezogen und der Festmacher aufgeschossen. Danach wird das Heck zum anderen Pfahl hinübergezogen und der Festmacher ebenfalls gesichert. Erst jetzt manövriert man das Boot langsam heraus.

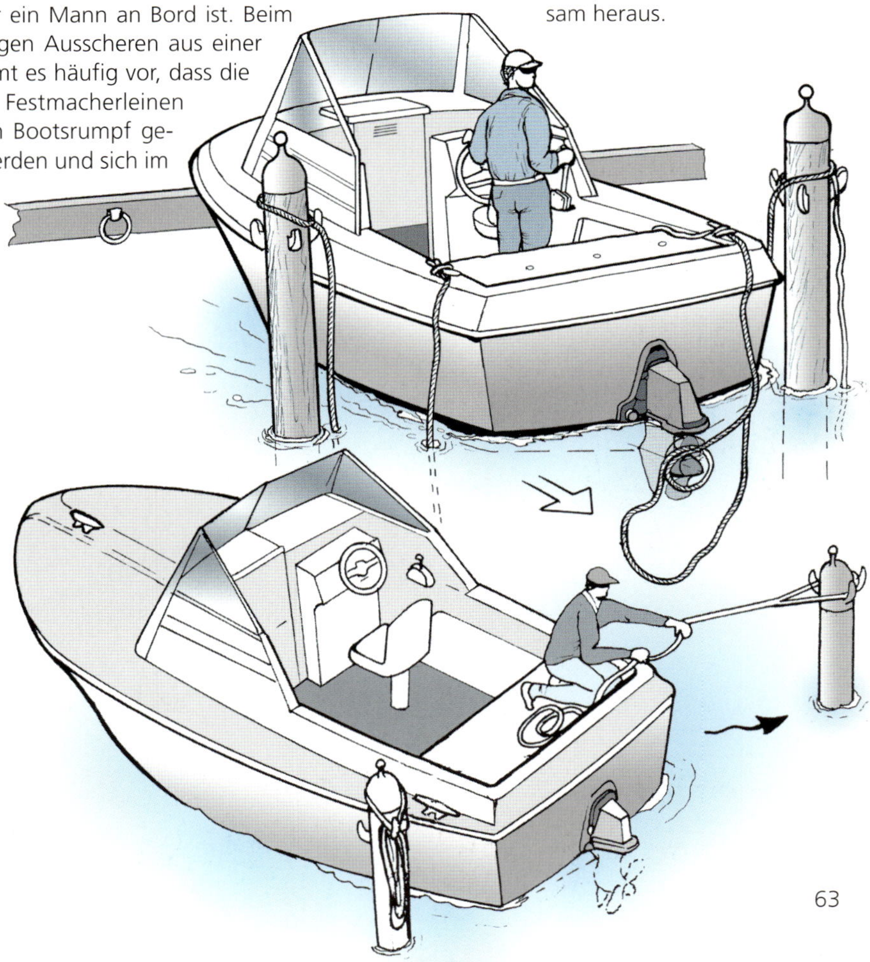

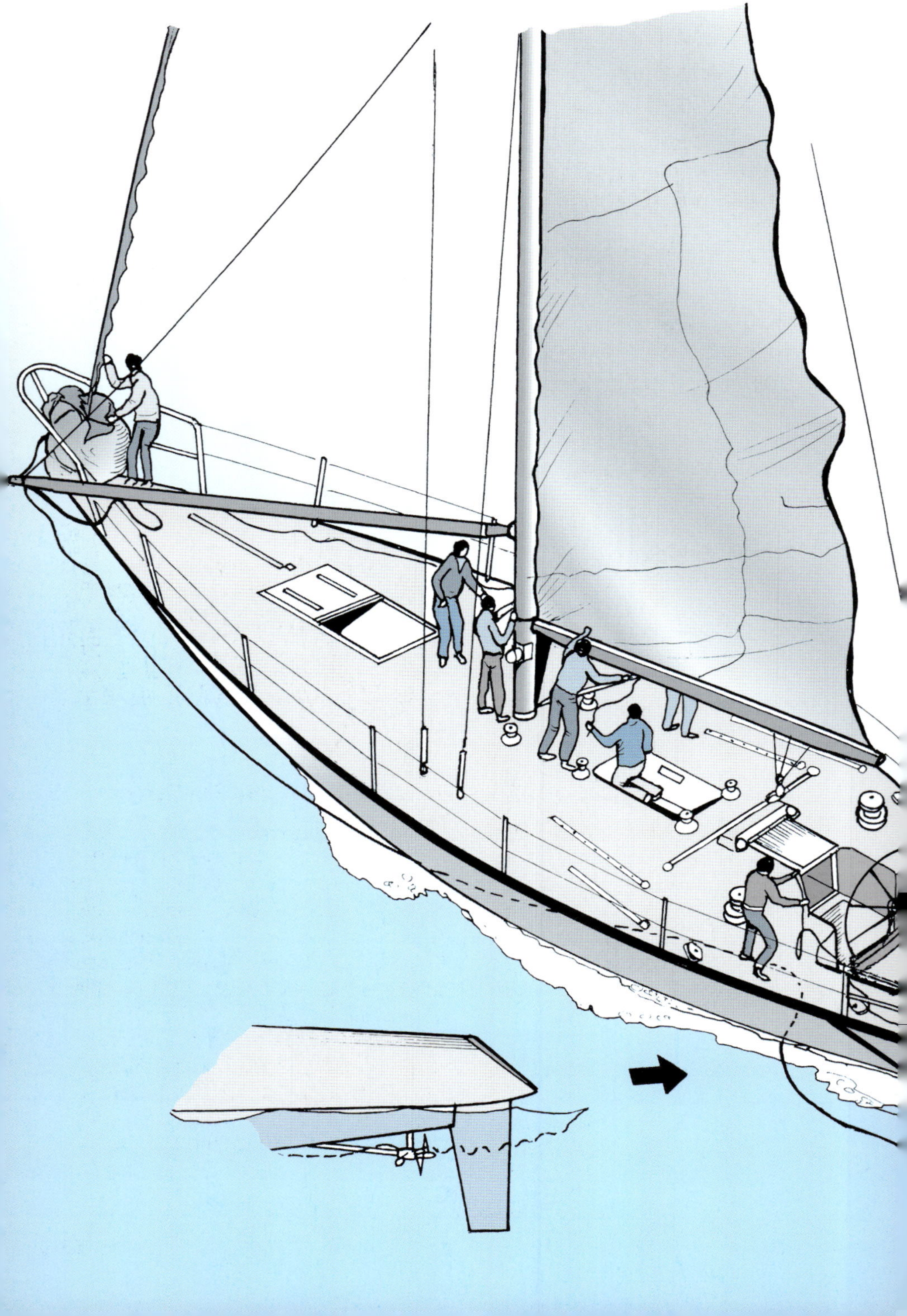

Außenbords gewehte Leinen

Jeder Regattaskipper kennt die Situation: Auf dem Wege zum Start werden bei Motorfahrt die Segel gesetzt und die Schoten klariert. Speziell die Spinnakerschoten sind sehr lang und kommen oftmals erst kurz vor dem Segelmanöver zum Einsatz. Davor liegen sie lose an Deck und können so leicht über Bord rutschen und in den Propeller geraten. Der Start zur Regatta ist damit meistens in Frage gestellt. Schon mancher Skipper ist unmittelbar in der Hafeneinfahrt durch eine Unachtsamkeit in arge Bedrängnis geraten. Gewöhnlich werden die Festmacher noch vor dem Einlaufen an Deck klariert. Durch den Winddruck und die Bewegungen im Seegang kann es leicht passieren, dass eine Festmacherleine vom Vorschiff unbemerkt über Bord rutscht. Sobald sie das Wasser berührt, wird sie durch die Fahrtgeschwindigkeit achteraus gerissen und durch den Propellerstrom unter das Boot gedrückt. Eine Blockade des Motors in der gefährlichsten Einlaufphase ist die Folge.

Propellerkiller am Fuß von Kaimauern

Vorsicht ist auch beim Anlegen mit dem Heck zur Pier speziell in südlichen Häfen geboten. Vor der Kaimauer sammelt sich in den Hafenbecken viel Unrat, Plastik und alte, schwimmfähige Kunststoffleinen. Dies ist besonders ausgeprägt bei auflandigem Wind. Außerdem hängen in vielen Mittelmeerhäfen verschmutzte Festmacherleinen von Ringen ins Wasser hinab. Sie können durch den Propellerstrom leicht um Schraube und Welle gewickelt werden, sofern man sie nicht vorher mit dem Bootshaken auffischt.

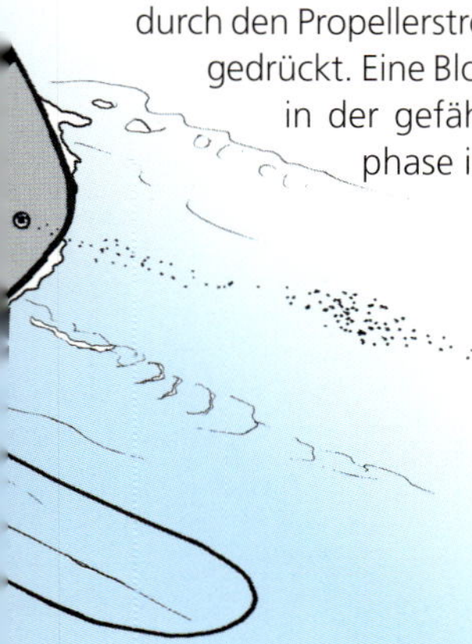

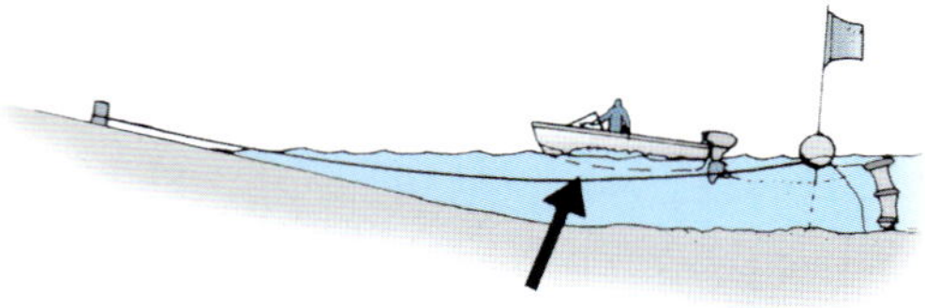

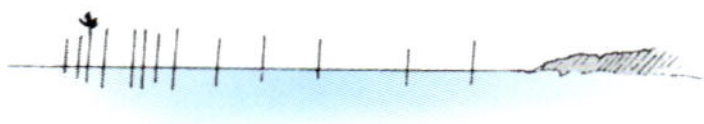

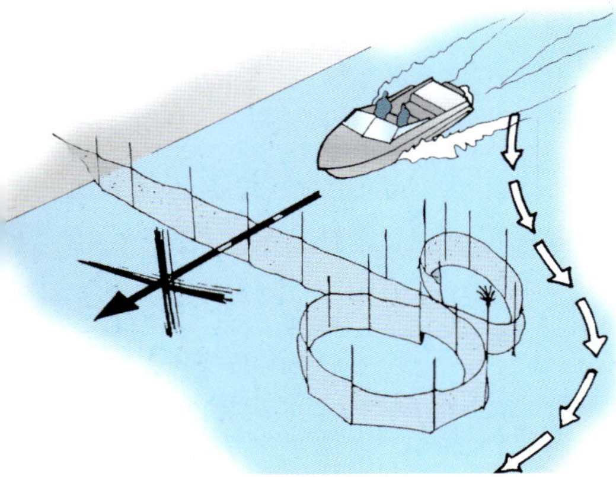

Fischernetze umfahren

In Ufernähe sind Reusen-Markierungsbojen gewöhnlich durch eine Leine mit einer Landbefestigung verbunden, sodass sich die Reuse vom Ufer aus einholen lässt. Da die Verbindungsleine meistens unter Wasser liegt, kann sie Booten gefährlich werden, die zu dicht am Ufer fahren. Sportboote mit Außenbordern haben dadurch schon häufig Reusen vom Grund hochgerissen und verschleppt.

An manchen Küsten, besonders im Ostseeraum, werden Stellnetze in Ufernähe an langen Pfählen verankert, die vom Ufer im rechten Winkel seewärts führen und in zwei kreisförmigen Becken enden. Die Oberkante des Netzes reicht gerade bis an die Wasseroberfläche. Daher ist es meistens nicht auszumachen, und schon mancher Skipper, der die Durchfahrt zwischen den Pfählen versuchte, musste dies mit einer schwierigen Netzhavarie büßen. Das Hindurchfahren zwischen den Pfählen ist grundsätzlich nicht erlaubt. Das Ende der Stellnetz-Anlage wird meistens durch Toppzeichen oder Besen auf den äußeren, seewärtigen Pfählen gekennzeichnet. Allerdings sind fast alle Anlagen nachts unbeleuchtet.

Fischerbojen mit farbigen Fähnchen markieren Stellnetze oder Reusen auf dem Grund. Sie liegen gewöhnlich so tief, dass man ohne Bedenken zwischen den Bojen hindurchfahren kann (die Zeichnung verdeutlicht nur den Aufbau einer solchen Anlage). Allerdings ist dies abhängig von der jeweiligen Wassertiefe und dem Tiefgang des eigenen Bootes. Speziell

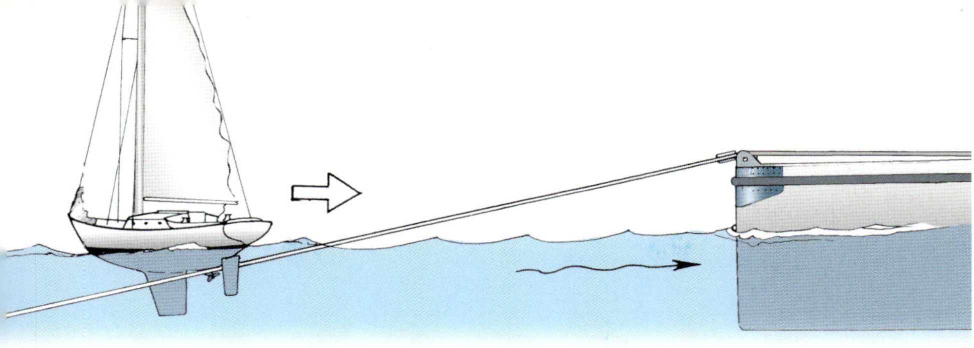

auf dem IJsselmeer, das ja stellenweise nur zwei bis drei Meter tief ist, sollte man die luvwärtige Fischerboje ausmachen und auch in Luv um sie herumfahren. Die Verbindungsleinen zwischen Bojen und Netz können sehr lang sein und driften entsprechend der Windrichtung.

Bagger zeigen durch zwei Rhomben übereinander an (nachts zwei grüne Rundumlichter), auf welcher Seite passiert werden muss. Besonders auf Kanälen und Flussläufen sind diese Signale auch von der Sportschifffahrt genau zu beachten, da Bagger oftmals Abspannungen zum Ufer haben, die schlecht oder gar nicht auszumachen sind (die Seite der Behinderung wird durch zwei Bälle übereinander, nachts durch zwei rote Rundumlichter übereinander markiert). Bei Havarien mit stark gespannten Stahltrossen treten am Rumpf, Kiel oder am Propeller größere Schäden auf, die auch zum Verlust des Bootes führen können.

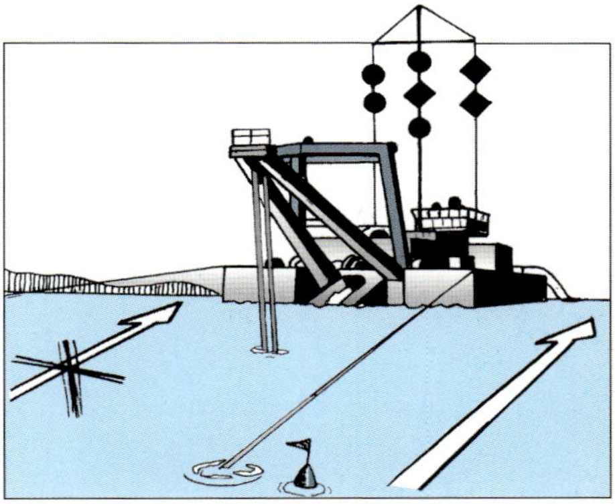

Baggertrossen ausweichen

Wenn eine Yacht durch Unachtsamkeit des Skippers im Strom auf die Ankertrosse eines Baggers treibt, ist eine schwer wiegende Havarie unausbleiblich. Die Trosse wird sich zwischen Kiel und Ruder verfangen. Strom und eventuell auch Wind drücken das Boot jetzt immer weiter zum Bagger hin, wodurch eine Befreiung unmöglich wird. Die Baggerbesatzung kann die Ankertrosse nicht fieren oder kappen, da hierfür Schlepperassistenz notwendig wäre. So bleibt auch für die havarierte Yacht nur eine Abbergung durch einen Schlepper übrig, da der eigene Motor nicht einsatzfähig ist.

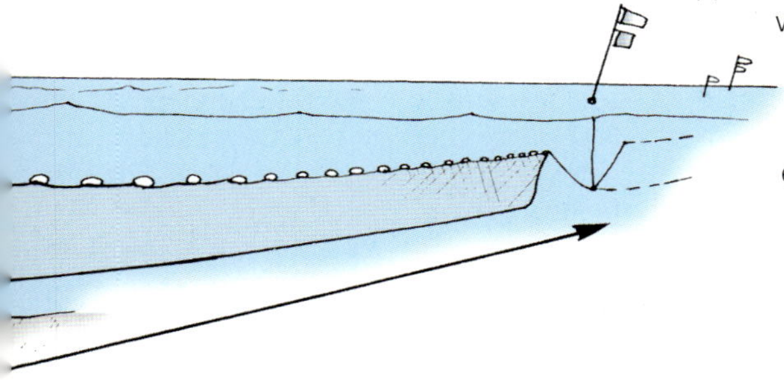

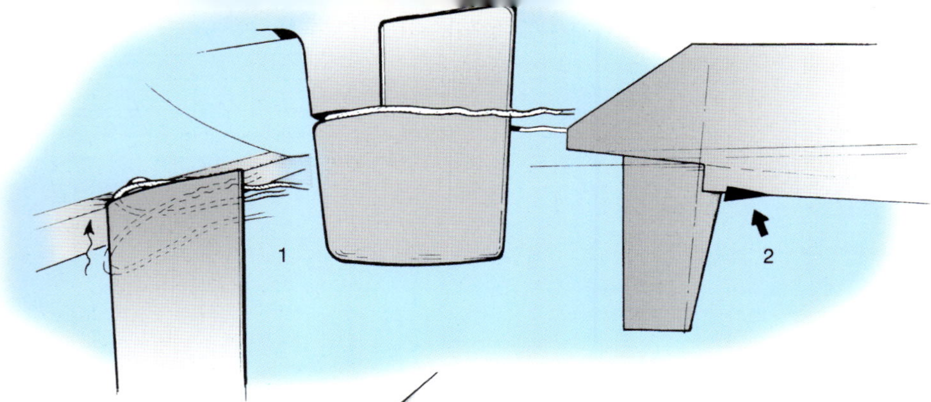

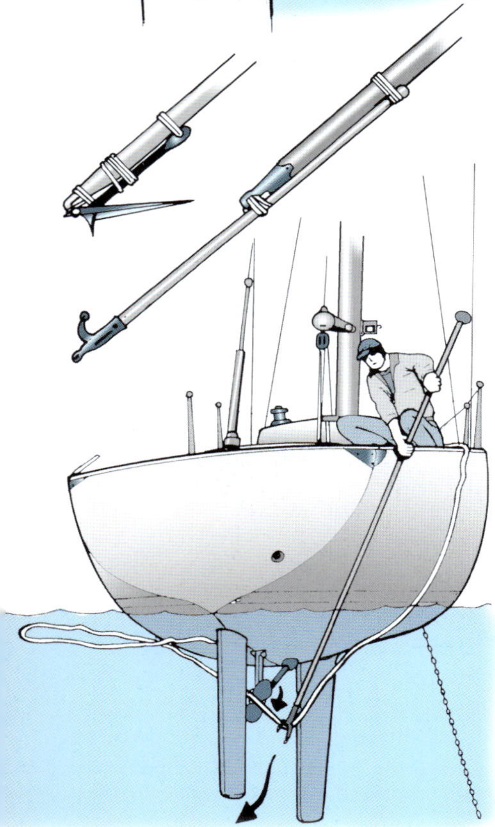

Tampen im Ruder

1: Freistehende Ruder sind besondere Tampenfänger. Kritisch wird es, wenn sich eine Leine zwischen Ruderblatt-Oberkante und Unterwasserschiff verfängt. Bei halbbalancierten Rudern wird der Tampen fast immer von der vorstehenden Rudernase eingefangen. Verkeilt er sich um das Ruderlager, so kann das Boot vollkommen manövrierunfähig werden.
2: Gegen derartige Havarien kann ein kleiner Abweiser aus nichtrostendem Stahl schützen, der vor der Rudernase am Rumpf angeschraubt oder anlaminiert wird. Der Keil muss zum Ruder hin fächerförmig gespreizt sein, damit er auch bei leichter Ruderlage noch wirkungsvoll ist.

Klarieren mit dem Bootshaken

Ist ein gespannter Tampen (oder ein Fischernetz) zwischen Kiel und Ruder unter den Rumpf gerutscht, ohne sich im Propeller zu vertörnen, so bietet der Bootshaken die beste Möglichkeit, den Tampen unter dem Ruder nach achtern zu drücken. Aber: Wie sehen die meisten Bootshaken aus? Sie sind viel zu kurz! Ein Bootshaken sollte wenigstens die Länge von Handhöhe über Deck bis Ruderunterkante haben oder sich teleskopartig auseinander ziehen lassen.
Ein Spibaum ist ebenfalls geeignet, um einen Tampen unter dem Ruder hindurch nach achtern zu drücken. Da die Spinnakerbaum-Beschläge aber an der Außenkante rund geformt sind, wird man die Leine nicht einfangen können. Daher ist es zweckmäßig, einen Bootshaken am Ende des Baumes festzulaschen.

Ruderbruch – was ist zu tun?

Auf dem Gebiet der Ruderanlagen für Sportboote sind immer wieder eklatante Fehler gemacht worden. Konstrukteure wie Werften sparen hier nicht selten am falschen Ende, beziehungsweise unterschätzen die angreifenden Kräfte und Verschleißerscheinungen, die eine Ruderanlage fortwährend belasten. Vor allem die Mode der freistehenden Ruder hat viele Havarien nach sich gezogen. Da hier eine sichere Halterung an der Ruder-Unterkante fehlt, müssen Schaft, Blatt und Rumpflager alle Kräfte auffangen. Eine regelmäßige Kontrolle aller möglichen Schwachpunkte ist daher bei allen Rudersystemen besonders wichtig. Anfällig für technische Defekte sind bei unsachgemäßer Wartung vor allem Seilzug-Radsteueranlagen, die auf kleineren Motor- und Segelyachten mit Mittelcockpit vorzugsweise eingebaut werden.

Etwas weniger störempfindlich sind Ruderübertragungen mit Kardanwellen und -gelenken, die allerdings nur auf größeren Yachten Verwendung finden. Ölhydraulik-Anlagen haben anfangs durch Leck- und Dichtungsprobleme im Leitungssystem Schwierigkeiten bereitet, doch sind die heute im Handel erhältlicher Anlagen technisch ausgereift.

Mangelhafte Verbindung von Schaft und Blatt

Die wohl häufigsten Ruderhavarien entstehen durch eine mangelhafte Verbindung der Kunststoff-Ruderflosse mit dem Schaft und den Stahlarmierungen. Besonders kritisch sind hier freistehende Ruder. Gewöhnlich bestehen die Ruderflossen aus zwei Halbschalen, die mit den Stahlarmierungen und dem Schaft verlaminiert beziehungsweise verpresst und ausgeschäumt werden. Da diese Arbeit besonders schwierig ist und nur mit großem technischem Know-how einwandfrei ausgeführt werden kann, kommt es häufig zum Delaminieren der Kunststoffschalen oder zum Abplatzen ganzer Schalenteile **(1)**.

Dies kann auch geschehen, wenn die Querträger aus relativ weichem VA-Stahl mit zu geringer Materialstärke bei Belastung seitlich verbiegen **(2)**. Letztlich wird aus Ersparnisgründen häufig auch der Ruderschaft unterdimensioniert, sodass es zu einem Bruch der Ruderachse unterhalb des Rumpfaustrittes kommen kann **(3)**.

Wesentlich mehr Festigkeit garantieren Querträger, die entsprechend der Zeichnung **(4)** mit dem Ruderschaft verschweißt werden, und nicht hochkant **(5)**, weil hier die Gefahr des Verbiegens erheblich größer ist. Auch sollte der Ruderschaft bis zur Ruderunterkante durchgeführt sein **(6)**.

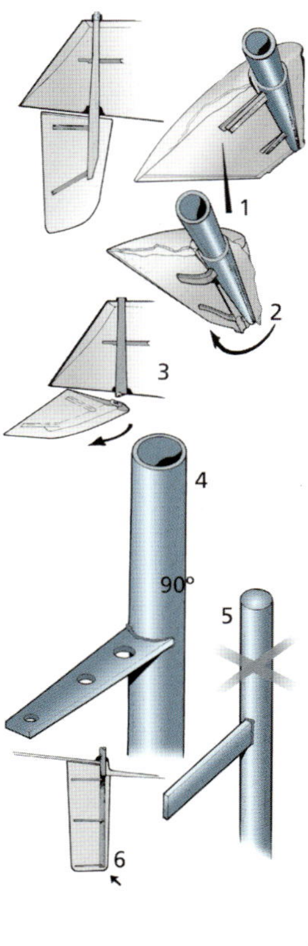

Aufholbare Heckruder

Besonders gefährdet für einen Bruch sind die am Spiegel aufgehängten, aufholbaren Ruder kleiner Yachten. Die Achse beziehungsweise Unterkante des Ruderkopf-Beschlages liegt häufig ziemlich weit über dem Wasserspiegel **(1)**, sodass hier große Querkräfte auftreten **(2)**. Ist das Ruderblatt aus Bootsbau-Sperrholz gefertigt, so trägt nur die Hälfte der Holzfurniere ausreichend, weil bei jeder zweiten Schicht die Holzfasern parallel zur möglichen Bruchkante verlaufen. Das ist der Grund, warum so häufig Sperrholz-Ruderblätter an der Ruderkopf-Unterkante abbrechen **(3)**. Am besten bewährt haben sich neben profilierten Metall-Ruderblättern, wie sie von größeren Touren-Jollenkreuzern gefahren werden, Ruderblätter aus längsverleimten Hartholzleisten mit gegenläufiger Maserung **(4)**. Bei Kunststoffblättern bestehen ähnliche Probleme wie bei den freistehenden Yachtrudern beschrieben, wobei die Bruchfestigkeit jedoch sehr hoch ist – vorausgesetzt, der Laminat-Aufbau wurde fachgerecht ausgeführt.

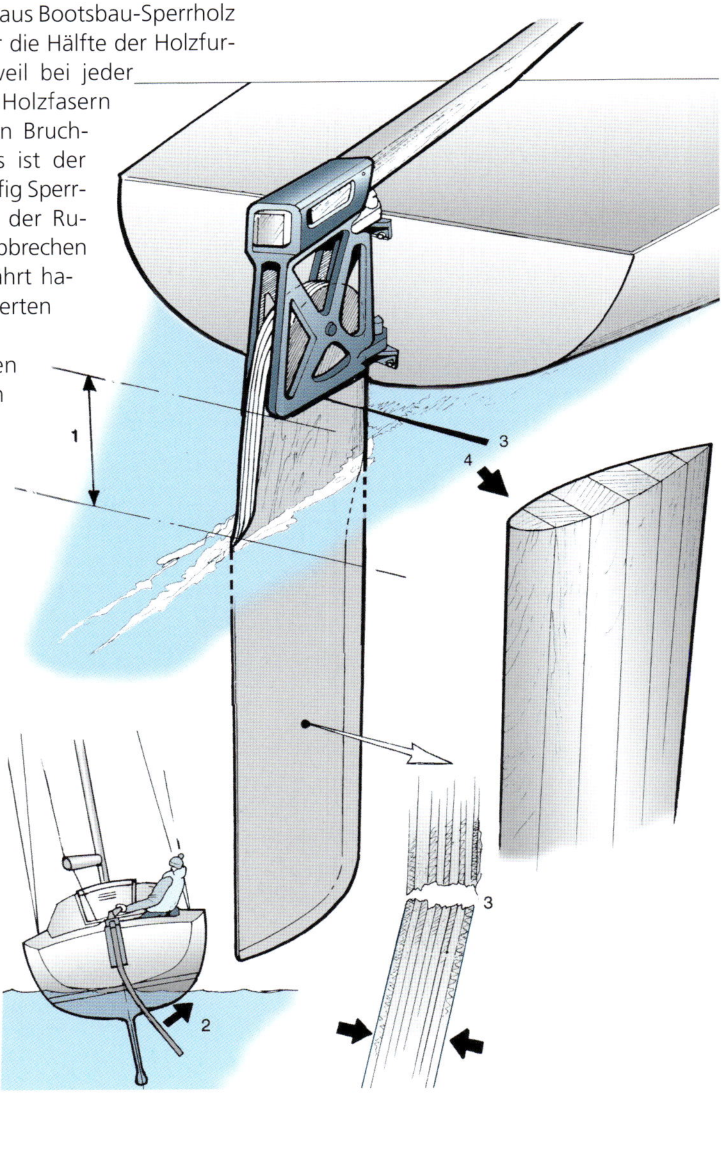

Ruderbruch beim Surfen

Auf schnellen Segelyachten können Ruderblätter beim Surfen vor einer Welle brechen. Durch die hohe Geschwindigkeit, die sich beim Hinuntergleiten von der Wellenvorderseite einstellt, wirken bereits bei geringer Ruderlage enorme Querkräfte auf das Ruderblatt ein **(1)**. Ein ähnlicher Effekt entsteht auf Regattayachten beim »Überziehen« unter Spinnaker, wenn das Boot durchluvt **(2)**, sowie ebenfalls beim Surfeffekt in der Welle.
Bei Fahrtenyachten, die sich auf einem Langtörn befinden, kann es zu Ruderschäden kommen, wenn die Selbststeueranlage das Hauptruder betätigt und somit für ununterbrochene Ruderausschläge sorgt. Die Lager schlagen aus, und GFK-Verbindungen werden mürbe.

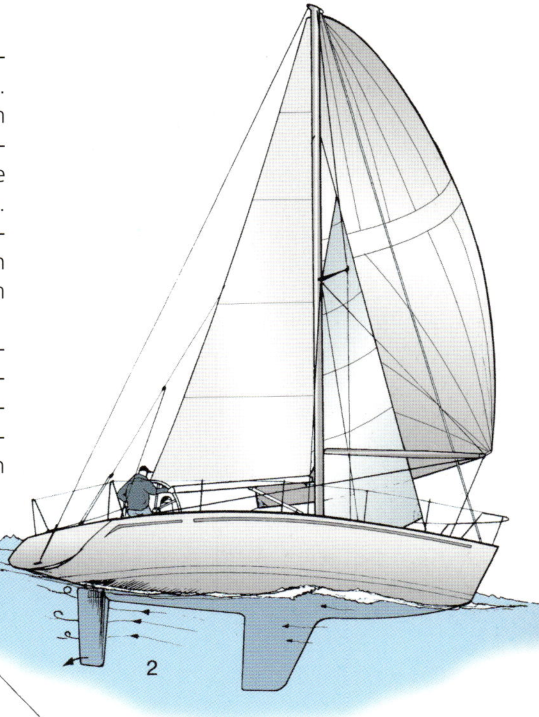

Achtung bei Rückwärtsfahrt

Ebenfalls nicht selten ist ein Ruderbruch bei Rückwärtsfahrt unter Motor. Bei zu hoher Geschwindigkeit wird die Pinne leicht aus der Hand geschlagen, das Ruderblatt stellt sich quer und bricht dabei nach vorn weg. Auch hier sind freistehende Ruder besonders gefährdet. Allerdings müssen stabil gebaute Schweberuder mit derartigen Belastungen fertig werden. Man sollte also bei einer Werft-Probefahrt ruhig einen Test riskieren und das Ruder in voller Rückwärtsfahrt querstellen. Wenn sich keine Veränderungen zeigen, wird auch auf See kaum etwas passieren.

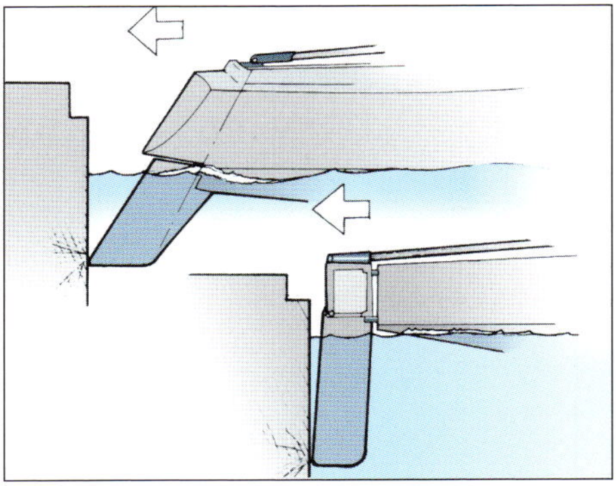

Vorsicht vor Kaimauern

Ruder, die unter Wasser schräg nach achtern über die Spiegelkante hinausragen, sind beim rückwärtigen »Einparken« in einen Liegeplatz gefährdet, wenn sich dort eine Kaimauer befindet. Noch leichter kann es bei einem angehängten Ruder zur Kollision kommen. Man sollte daher darauf achten, dass die Ankerkette oder die vorderen Festmacher so weit durchgesetzt sind, dass selbst bei Starkwind oder starkem Schwell im Hafen kein Vertreiben auf die Kaimauer möglich ist.

Schräge Anstellung des Ruders

Die häufigste Ursache für Ruderbrüche auf Jollen ist ein nicht ganz senkrecht gefahrenes Ruderblatt. Bereits eine leichte Anstellung nach achtern führt zu einer erheblich höheren Kraftkomponente, die vom Steuermann an der Pinne als stärkerer Ruderdruck registriert wird und entsprechend kompensiert werden muss. Klappt das Ruderblatt bei schneller Fahrt ganz nach oben, ist der Ruderbruch vorprogrammiert.

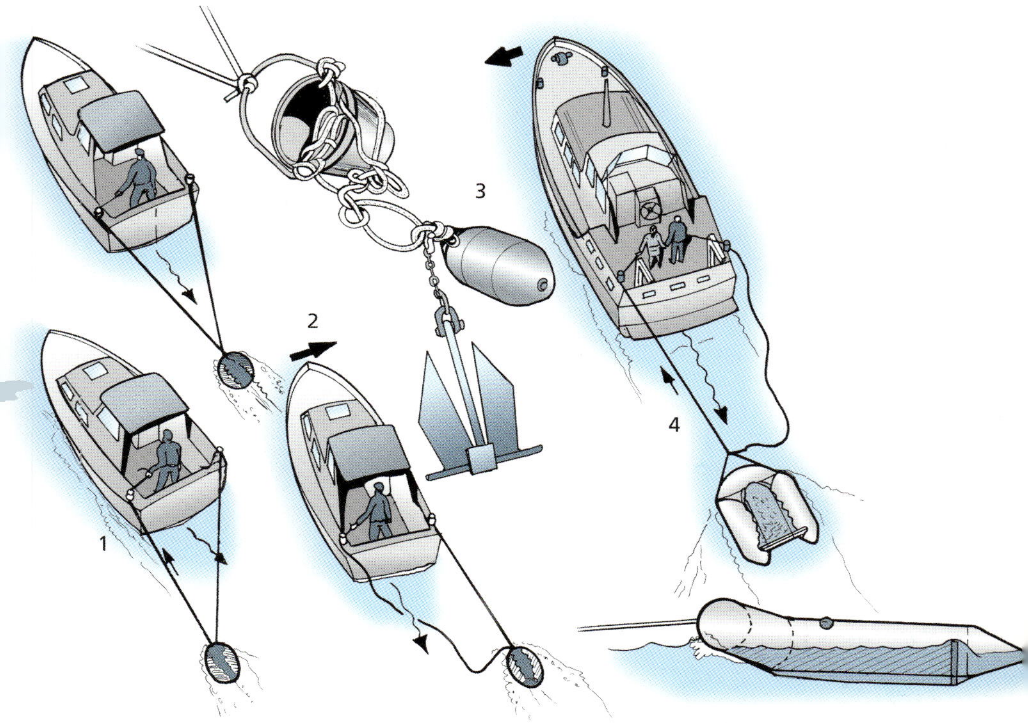

Widerstands-Schlepp

Bevor man bei einer Ruderhavarie Seenotalarm auslöst, sollte man die Chancen zur Behebung des Schadens überdenken. Auch bei dem totalen Verlust des Ruders lässt sich eine Yacht in den meisten Fällen mit geeigneten Hilfsmaßnahmen sicher in den nächsten Hafen bringen oder zumindest so weit auf Kurs halten, bis die Assistenz einer anderen Yacht in Anspruch genommen werden kann. Vor allem im freien Seeraum besteht gewöhnlich keine unmittelbare Gefahr für Schiff und Crew. Oft kann man sich mit einfachen Maßnahmen behelfen, wenn das Ruder einmal seinen Dienst versagen sollte.

So lässt sich das Boot beispielsweise mithilfe eines Widerstands-Schlepps steuern, der an zwei Enden achteraus gefahren wird. Zieht man die Backbord-Leine an, wird auch eine Kurve über Backbord erreicht **(1)**. Beim Auffieren der Backbord-Leine wird eine Kursänderung nach Steuerbord einsetzen **(2)**. Als Schlepp eignet sich ein großer Fender, der zusätzlich mit einem Anker, einer Pütz oder aufgeschossenen Leinen beschwert wird **(3)**. Bei größeren Motor- oder Segelyachten muss der Schlepp allerdings einen größeren Wasserwiderstand bieten. Ein Schlauch- oder Beiboot, das halb mit Wasser gefüllt wird, kann die gewünschte Steuerwirkung erzielen. Allerdings besteht die Gefahr, dass die Schleppösen ausreißen. Niedrigste Maschinenfahrt ist daher unumgänglich **(4)**.

Steuern mit Hilfsleinen

Am einfachsten und schnellsten lässt sich bei einem Versagen der Pinnen- oder Radsteuerung das Ruderblatt mit zwei Hilfs-Steuerleinen betätigen, die an der Ruder-Achterkante angeschlagen werden. Langfahrt-Yachten haben gewöhnlich einen speziellen Beschlag am Ruder (zum Beispiel zwei seitliche Ösen), in den die Leinen bei Bedarf oder, besser noch, vor Fahrtantritt eingepickt werden. Sind diese nicht vorhanden, kann man sich mit einer Schraubzwinge behelfen. Sie muss allerdings mit einem dünnen Ende gegen Verlust gesichert werden. Die Zeichnung zeigt, wie eine Steuerwirkung zu erzielen ist. Beide Tampen der Steuerleinen können auch über extra geschorene Blöcke mit den Winschen geholt werden.

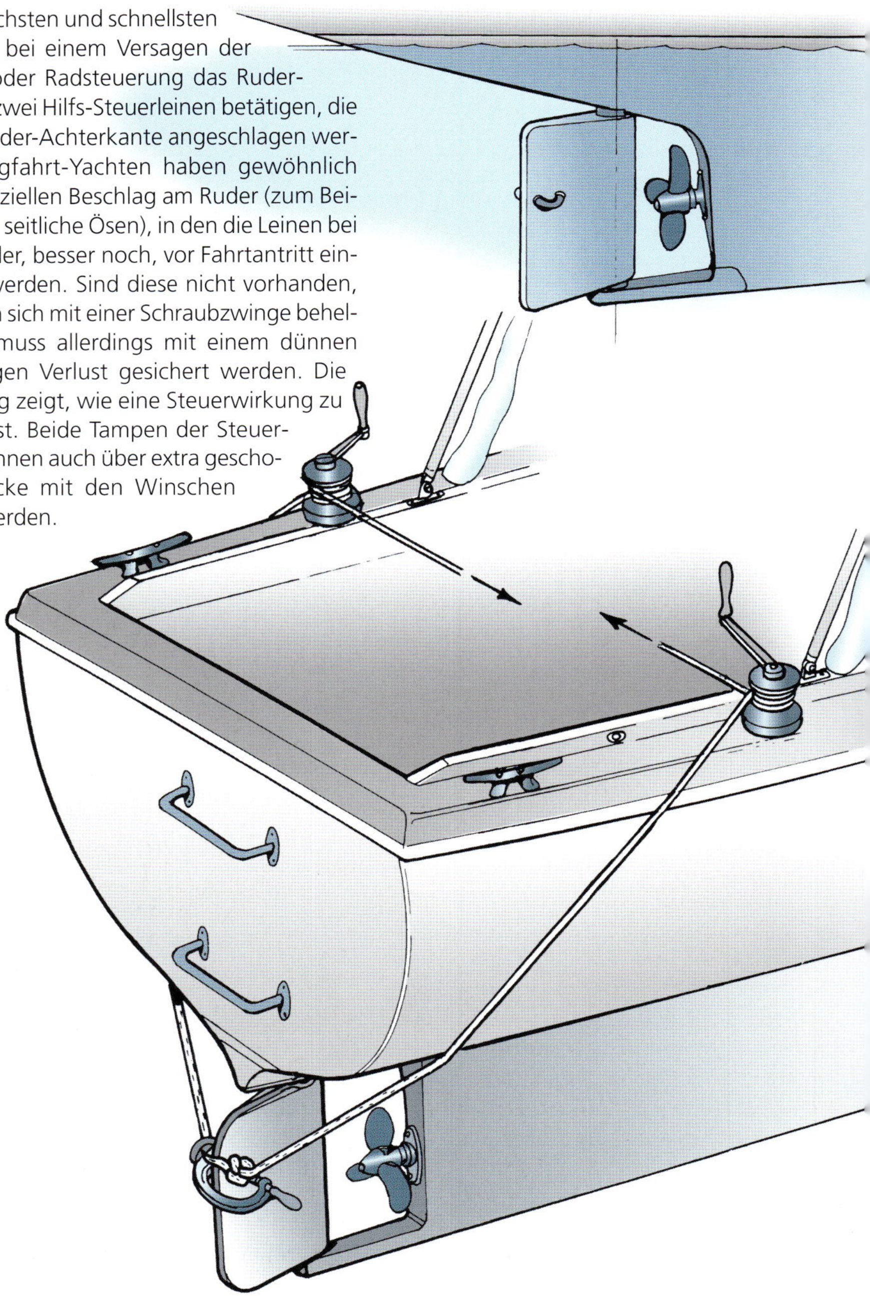

Notruder-Konstruktionen

Aus dem Spinnakerbaum und zwei Brettern, die man aus Niedergangs-Schotten, Stauraum-Abdeckungen, Bodenbelägen oder sonstigen Holzeinbauten an Bord gewinnt, lässt sich gut ein Notruder herstellen. Besser ist es jedoch, zwei spezielle Bretter und passende Bolzen für diesen Zweck ständig mitzuführen **(1)**.

Der Spi-Baum wird in halber Länge am Achterstag-Beschlag verlascht. Eine Talje, die ebenfalls am Achterstag mit einem Stopperstek beigebunden wird, holt den Spi-Baum auf, wodurch das Ruder die notwendige Tiefe erreicht. Die Steuerung erfolgt über zwei Sorgleinen, die am Ruderblatt angeschlagen und wechselseitig über die Winschen geholt werden. Bei gutem Trimm ist eine Ruderfläche von einem halben Quadratmeter für Yachten bis zirka acht Tonnen ausreichend.

Leichte Yachten kommen möglicherweise mit einem einfacher zu bauenden Notruder aus. Ein Brett wird mit Schraubschellen (oder Tauwerk) am Spinnakerbaum befestigt. Den Auftrieb bei Fahrt durchs Wasser verhindert ein Anker mit Kette, der an das untere Ende des Ruderblattes geschäkelt wird. Es kann aber auch die anfangs beschriebene Achterstag-Talje verwendet werden. Die Steuerung erfolgt mit einer Notpinne, die in den Nockbeschlag des Spinnakerbaumes eingebunden wird **(2)**.

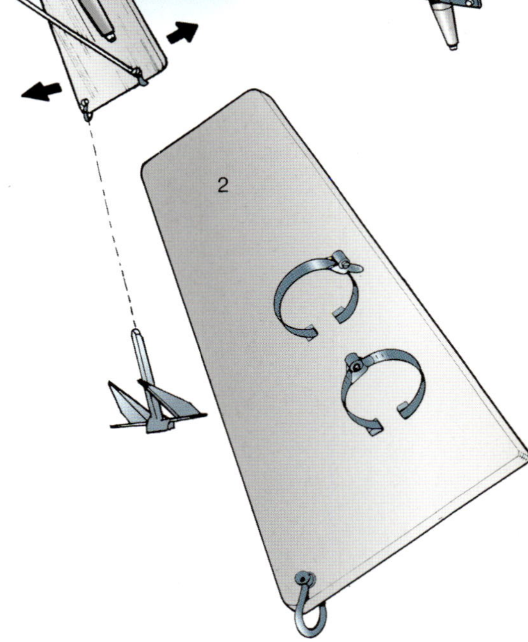

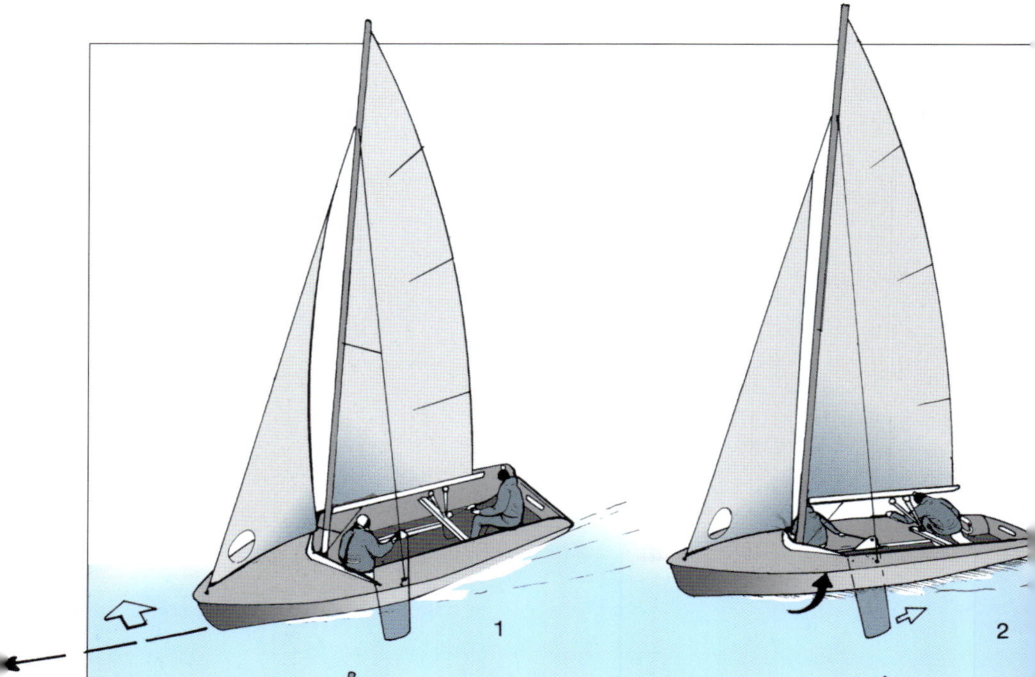
1
2

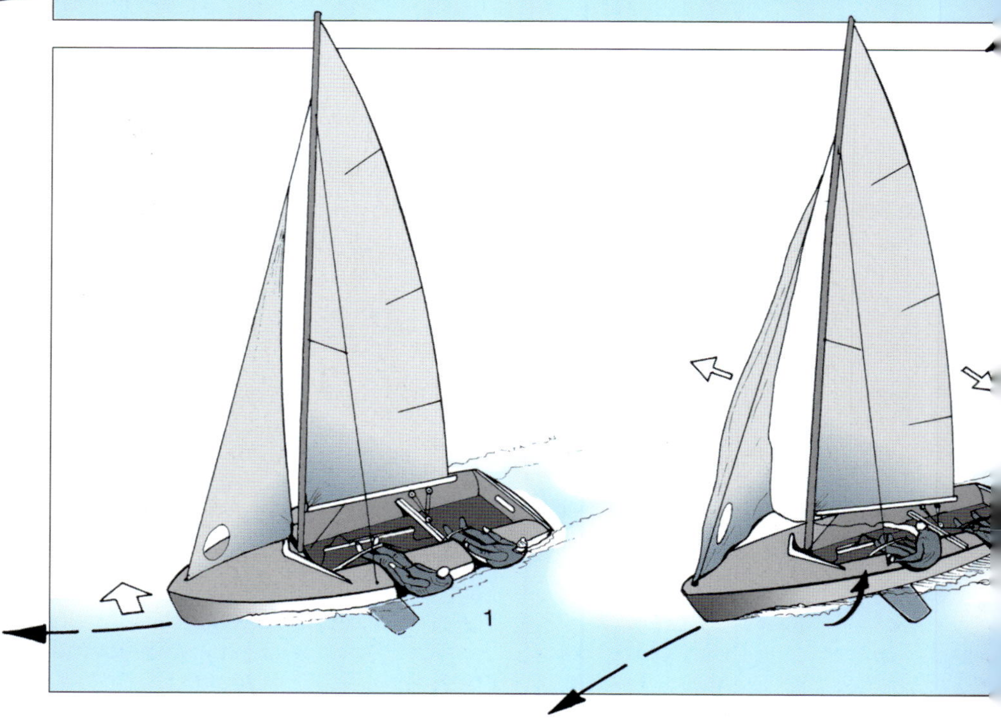
1

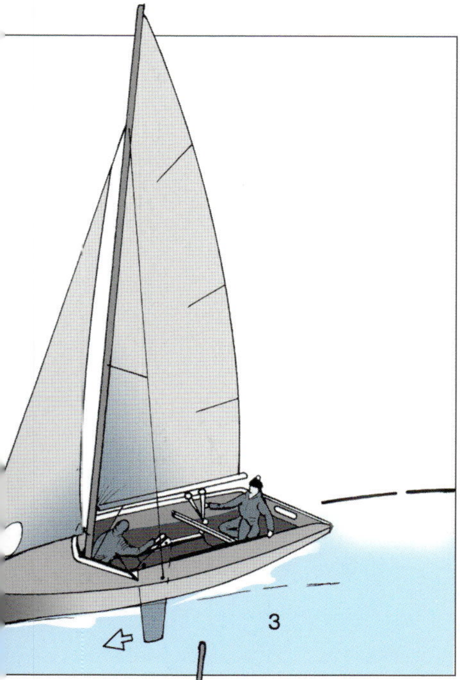

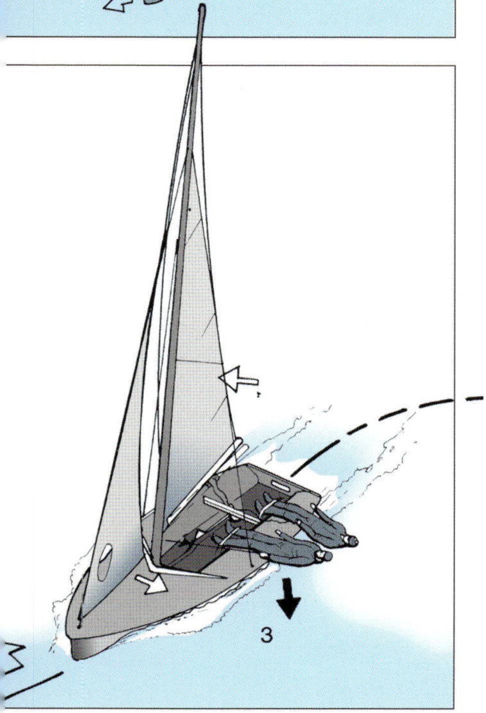

Steuern durch Gewichts- und Segeltrimm

Versierte Jollensegler sind in der Lage, ihr Boot bei einer Ruderhavarie nur durch eine Gewichts- und Trimmverlagerung sicher in den Hafen zurückzubringen – leichte Winde vorausgesetzt. Dies lässt sich am besten auf einem Kurs hoch am Wind demonstrieren. Hier sind Vor- und Großschot dichtgeholt, das Boot wird in normaler Trimmlage eine Tendenz zum Anluven haben. Die Crew bringt es zum Abfallen, indem sie sich in Luv auf das Seitendeck setzt und der Vorschoter das Schwert ganz absenkt **(1)**. Umgekehrt kann ein erneutes Anluven erreicht werden, indem der Vorschoter das Schwert etwas aufholt und die Crew durch Gewichtsverlagerung nach Lee die Krängung vergrößert **(2)**. Durch langsame Gewichtsverlagerung nach mittschiffs und Fieren des Schwertes kann nun die günstigste Trimmlage herausgefunden werden, bei der das Boot einen annähernd geraden Kurs steuert **(3)**.

Bei stärkerem Wind lässt sich die Jolle mit leicht aufgeholtem Schwert und Austrimmen nach Luv nur durch das Spiel der Großschot gut auf Kurs halten. Höhere Wellen werden den Bug indessen immer wieder nach Lee abdrängen **(1)**. Vorschoter und Steuermann parieren dies durch Gewichtsverlagerung innenbords, wodurch die Krängung vergrößert wird. Gleichzeitig fiert der Vorschoter die Fock, während der Steuermann das Groß ganz dichtnimmt **(2)**. Wenn die Jolle jetzt zu viel anluvt, wird die Fock ganz dichtgenommen und das Groß leicht gefiert. Gleichzeitig hängt sich die Crew weit außenbords, um eine Krängung nach Luv zu erreichen **(3)**.

Grundberührung und Strandung

Nichts fürchtet der Seemann mehr als eine Grundberührung an einer Legerwall-Küste, also jener Uferzone, die dem auflandigen Wind schutzlos preisgegeben ist. Aus einer Grundberührung kann schnell eine Strandung werden, wenn es nicht gelingt, unmittelbar nach dem Aufsetzen mit eigener Kraft wieder freizukommen. War früher das Unvermögen großer Segelschiffe, gegen starken Wind und hohe Seen anzukreuzen, schuld an vielen Totalverlusten an einer Legerwall-Küste, so ereignen sich heute auf modernen Yachten Strandungen häufig durch die Unachtsamkeit des Schiffsführers beim Ansteuern schwieriger Fahrwasser oder durch Ankermanöver.

Nur unter schlecht stehender, gereffter Fock: Strandung!

Gefahr bei Winddrehung

Das Ankern in Buchten und vor Stränden, die der Skipper aufgrund des ablandigen Windes als sicher erachtet, kann besonders gefährlich sein. Enge Buchten werden bei einer plötzlichen Winddrehung zur Legerwall-Falle, aus der es kein Entrinnen gibt, wenn der Anker slippt und die Yacht bereits Grundberührung hat. Jetzt laufen die Wellen im Flachwasser-Bereich der Bucht zu kurzen, brechenden Seen auf, die durch ihre ruckartigen Schläge fast jeden Anker zum Ausbrechen bringen. Oft ist die Crew an Land gegangen und bemerkt die Winddrehung nicht.

Unter gut stehendem Trysegel und spezieller Sturmfock: Die Yacht kreuzt sich frei.

Freikreuzen von Legerwall

Das Freikreuzen aus einer Legerwall-Bucht oder von einer Legerwall-Küste misslingt oft deswegen, weil starker, kurzer und hoher Seegang (Uferbrechung!) das Boot enorm versetzt und der Skipper aus Angst vor Krängung und Starkwind zu wenig Segelfläche führt, zum Beispiel nur die Fock gesetzt hat. Oft stehen die Segel aber auch schlecht und werden nicht optimal dichtgenommen. Dadurch macht die Yacht nicht genügend Fahrt voraus und segelt Abdrift und Wellenversatz nicht aus. Mit einer optimal flach stehenden Sturmfock und Trysegel oder flach gerefftem Groß ist dies hingegen in den meisten Situationen ohne Schwierigkeiten möglich.

Aus Angst vor dem Reffen wird in schwierigen Situationen häufig das Großsegel nicht rechtzeitig verkleinert. Der Skipper muss das Segel auffieren, wodurch es hoch am Wind anfängt, stark zu schlagen. Die hierdurch entstehenden Verwirbelungen und Erschütterungen bremsen das Boot so stark auf, dass ein Weg nach Luv allein unter Fock nicht mehr wettgemacht werden kann.

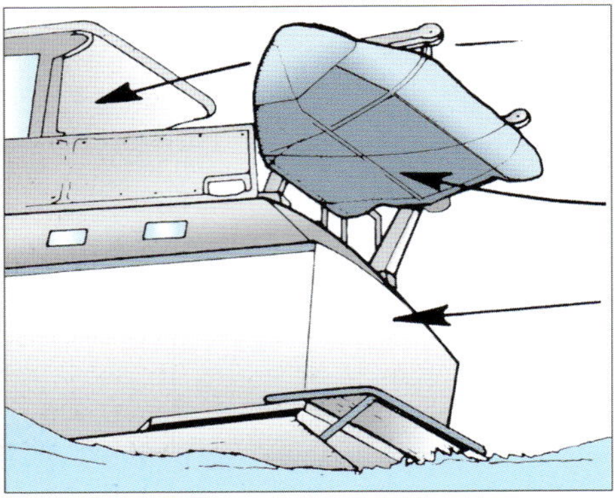

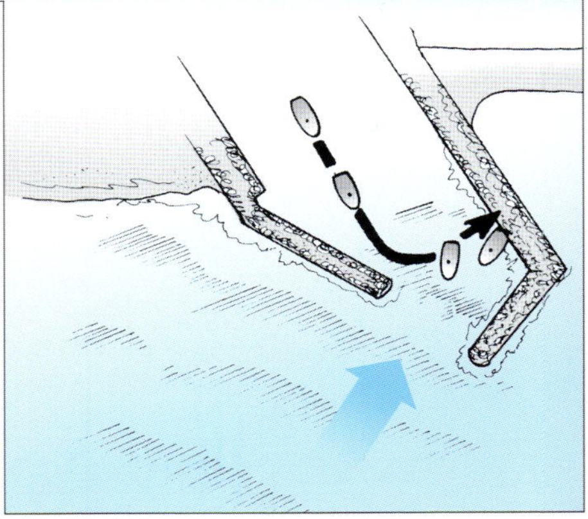

Buganker ausbringen

Motorboote treiben bei Motorausfall gewöhnlich mit dem Bug voraus vor dem Wind, weil die oder das Ruder als Lateralfläche wirken und die Aufbauten sich häufig im vorderen Drittel befinden. Das verführt den Skipper leicht dazu, kurz vor der Strandung achtern einen Heckanker auszuwerfen. Diese Maßnahme ist falsch! Das breite Heck gibt eine starke Angriffsfläche für die Seen, der Anker wird in den meisten Fällen nicht halten. Darum: Stets Buganker und so viel Leine und Kette stecken wie an Bord sind.

Wenn der Außenborder ständig austaucht

Beim Auslaufen aus einer schmalen Hafeneinfahrt mit starker einlaufender Welle und auflandigem Wind werden leichte Yachten mit Außenborder oft auf die seitlichen Steinmolen versetzt, weil der Propeller des Außenborders in jeder Welle austaucht und keine Fahrt voraus mehr gemacht wird. Gute Seemannschaft heißt: Kleinere Yachten laufen in einer solchen Situation nur mit gesetzten Segeln aus, deren Fläche so bemessen ist, dass ein sicheres Gegenankreuzen möglich ist. Kann die Hafenausfahrt nicht ausschließlich unter Segeln kreuzenderweise verlassen werden, sollte ein Auslaufen unterbleiben.

Gefährliche Uferböschungen

Die brechenden und sich überlagernden Seen in der Nähe einer Uferböschung werden von vielen Skippern unterschätzt. Die Seen laufen hier besonders steil auf und bringen eine Yacht bei der Wende vollständig zum Stillstand. Ein schneller Versatz nach Lee ist die Folge. Daher sollte man beim Aufkreuzen stets ausreichenden Abstand zu Molen, Böschungen und steilen Küsten wahren.

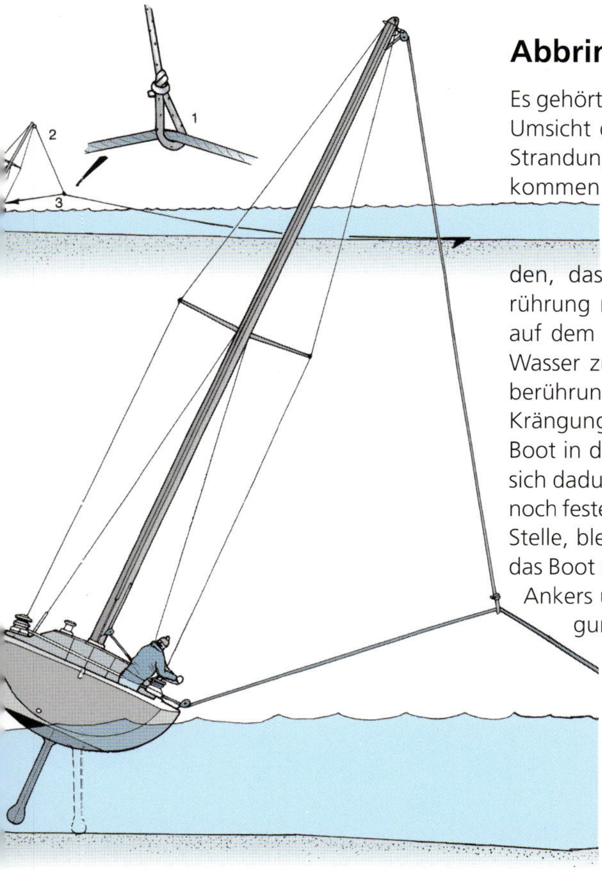

Abbringen mit eigener Kraft

Es gehört große seemännische Erfahrung und Umsicht dazu, will man eine Yacht nach der Strandung ohne fremde Hilfe wieder freibekommen. Dabei müssen vor allem einige Grundregeln beachtet werden:

Grundsätzlich sollte versucht werden, das Boot sofort nach der Grundberührung mithilfe des Motors zu drehen und auf dem um 180° geänderten Kurs in tiefes Wasser zurückzufahren. Erfolgte die Grundberührung unter Segeln mit entsprechender Krängung, wird diese aufhören, sobald das Boot in den Wind dreht. Fatalerweise erhöht sich dadurch der Tiefgang, und das Boot wird noch fester sitzen. Ist kein Schleppfahrzeug zur Stelle, bleibt dann meistens nur der Versuch, das Boot mithilfe eines seitlich ausgebrachten Ankers und einer künstlich erzeugten Krängung von der Untiefe zu warpen.

Hierzu wird der Anker mit dem Beiboot in Richtung des tieferen Wassers möglichst weit von der Yacht entfernt ausgebracht und die Ankertrosse auf eine Schotwinsch geführt. Ein Fall (bei Topptakelung das Großfall, bei 7/8-Takelung das Fockfall) wird nun mit dem Beiboot ausgefahren und etliche Meter von der Bordwand entfernt mit einem eingebundenen Auge, besser noch mithilfe eines Klappläufers auf die Ankerleine gesetzt und mit der Fallwinsch so weit dichtgeholt, bis die Ankerleine 2 bis 3 Meter angehoben worden ist **(1)**. Je größer der Winkel zum Mast ist, desto leichter lässt sich die notwendige Krängung erreichen **(2)**. Jetzt wird mittschiffs über die Schotwinsch (oder über die Umlenkung) die Ankertrosse eingeholt, bis die Yacht vom Grund freikommt **(3)**. Dabei wandert das Auge des Falls zwangsläufig dichter an das Schiff heran, und die Krängung nimmt ab. Das Manöver muss daher unter Umständen mehrfach wiederholt werden.

1

Wie bereits gesagt, wählt man grundsätzlich den gleichen Weg zurück, auf dem man festgekommen ist. Nur so ist sichergestellt, dass die Yacht in kürzester Zeit wieder tiefes Wasser erreicht **(1)**.

Krängung durch Gewichtstrimm

Das Freikommen vom Grund kann leichter gelingen, wenn zwei bis drei Mann der Crew auf den Großbaum entern, der außenbords geschwenkt wird. Aber Vorsicht: Eine Taudirk muss vorher unbedingt durch das Großfall verstärkt werden, sonst kann sie brechen, der Baum an Deck schlagen und die Crew sich verletzen **(2)**.
Eine verstärkte Krängung kann auch erreicht werden, wenn ein Mann in den Mast aufentert und sich auf die Saling setzt. Die Crew an Deck erzielt dann bereits mit einer geringen Trimmveränderung eine große Krängung. Allerdings ist diese Maßnahme nur bei kleinen Yachten erfolgversprechend, und es kommt die Gefährdung des Mannes im Mast dazu. Niemals ohne Lifebelt und Sicherung durch das Groß- oder Fockfall aufentern **(3)**!

2

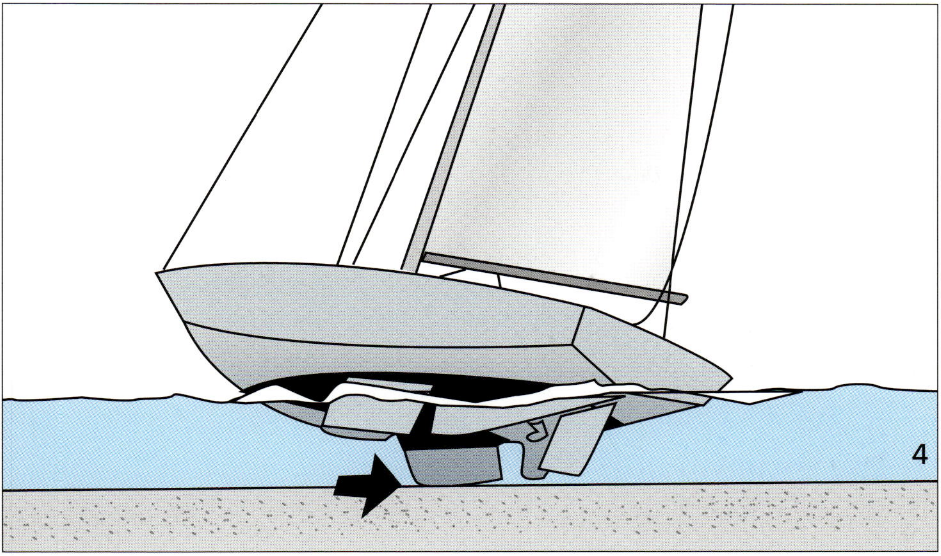

Bei Yachten mit Kimmkielen ist eine Grundberührung an der Kreuz meistens weniger dramatisch. Durch die Krängung kommt nur der leewärtige Kiel fest, und das Auffieren oder Bergen der Segel genügt meistens, um das Boot aufrecht zu trimmen, wodurch sich der Tiefgang verringert **(4)**. Schlecht sind Kimmkieler indessen dran, wenn sie mit Backstags-Wind oder vor dem Wind, also ohne Schräglage, festkommen. Denn sie lassen sich nicht krängen wie ein Schiff mit Mittelkiel **(5)**.

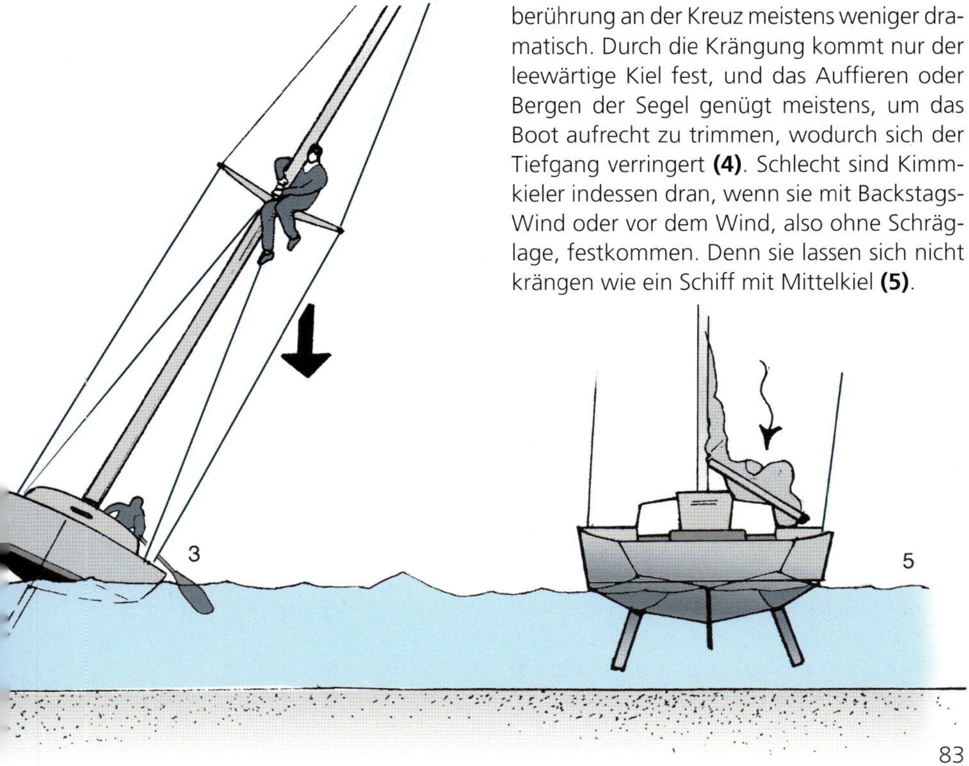

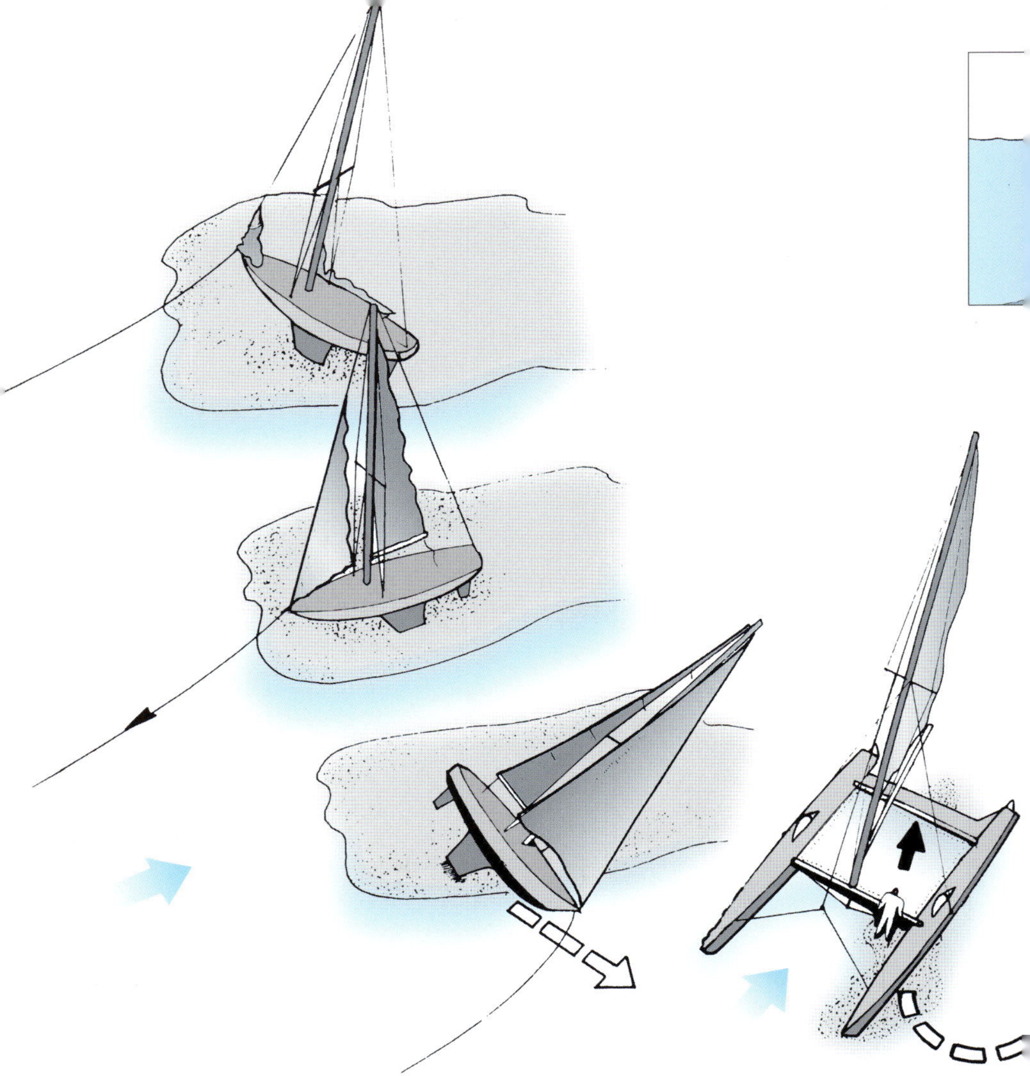

Hat man die Barre genau ausgelotet und festgestellt, dass das Schiff sich weder mithilfe des Bootshakens beziehungsweise Spinnakerbaumes noch mit Muskelkraft im Wasser herumdrehen lässt, so wird der Anker für diese Aufgabe eingesetzt. Sobald die Yacht durch den Wind auf den anderen Bug gedreht worden ist, werden alle Segel gesetzt, um eine möglichst große Krängung zu erzielen. Mit Motorkraft ist jetzt das Freikommen wahrscheinlich.

Katamarane laufen wegen ihres geringen Tiefgangs nur sehr selten auf. Sollte es dennoch einmal passieren, so ist die Situation umso komplizierter. Bei kleinen Sportkats ohne Schwerter wird es möglich sein, vom Wasser aus den jeweils am höchsten aufgelaufenen Schwimmer anzuheben, um so den Kat umzudrehen und von der Barre zu schieben. Bei Kreuzerkatamaranen ist hierfür stets ein starker Schlepper erforderlich.

Ausbringen des Ankers

Wie die geschilderten Beispiele zeigen, ist der ausgebrachte Anker meistens die erfolgversprechendste Möglichkeit, das Schiff ohne fremde Hilfe wieder flott zu bekommen. Er muss so weit wie möglich zum tiefen Fahrwasser hin ausgebracht werden. Dafür ist am besten ein Schlauchboot geeignet, da es auch in voll geschlagenem Zustand noch durch die Brandung zu manövrieren ist. Man verlasse sich dabei allerdings nicht unbedingt auf einen Außenborder, denn eine überkommende Welle könnte ihn funktionsuntüchtig machen. Die Kette und alle starken Leinen, die sich an Bord befinden, werden zusammengesteckt und ins Beiboot verladen. Jetzt versucht man, die Brandung zu überwinden **(1)** beziehungsweise nach Luv zu rudern und den Anker wenigstens zehn Bootslängen vor der gestrandeten Yacht zu slippen **(2)**. Mit auslaufender Kette und Trosse rudert man zurück an Bord **(3)**, wo das Abbergemanöver eingeleitet wird. Erfolgversprechend dürfte es indessen nur sein, wenn die Yacht leichte Grundberührung hat und der Wind schwach ist.

Ereignet sich eine Grundberührung bei ruhigem Wetter und auf einem Gewässer ohne Strömung, so kann man versuchen, das Schiff vom Wasser aus mit der Schulter abzudrücken. Sofern der Boden fest genug ist und die Füße Halt finden, wird dieser persönliche Einsatz in vielen Fällen erfolgreich sein. Aber Vorsicht: unbedingt anleinen und die Bordschuhe anbehalten! Es könnten Glasscherben und Dosen auf dem Grund liegen. Die Tiefen um das Boot herum lassen sich vorher gut mit dem Bootshaken ausloten, der mit verschiedenfarbigen Tape-Streifen markiert wird.

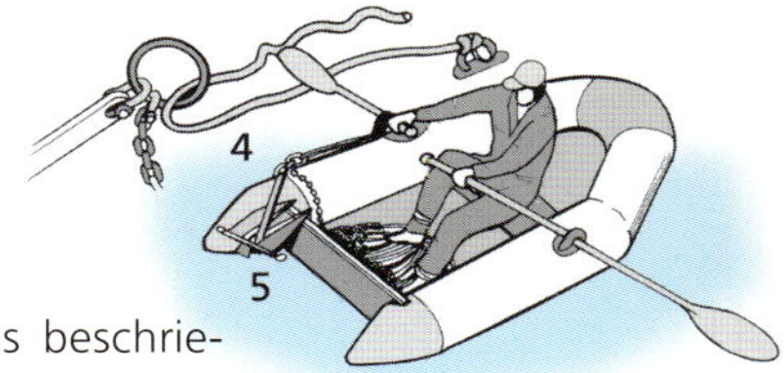

Damit das beschriebene Manöver reibungslos abläuft, ist es wichtig, dass Anker, Trosse und Tampen sehr schnell und ohne zu vertörnen von einer Person über Bord gefiert werden können. Der Tampen wird in großen Buchten sorgfältig achtern im Beiboot aufgeschossen. Die Kette, ebenfalls ohne Kinken zurechtgelegt, kommt obendrauf. Der Anker wird mithilfe eines Stropps **(4)** so festgelascht, dass er achtern bereits über Bord hängt und aus der Ruderposition sofort gefiert werden kann **(5)**. Auf keinen Fall darf vergessen werden, die Ankerleine mit ihrem Tampen vor dem Manöver am Beiboot festzulaschen.

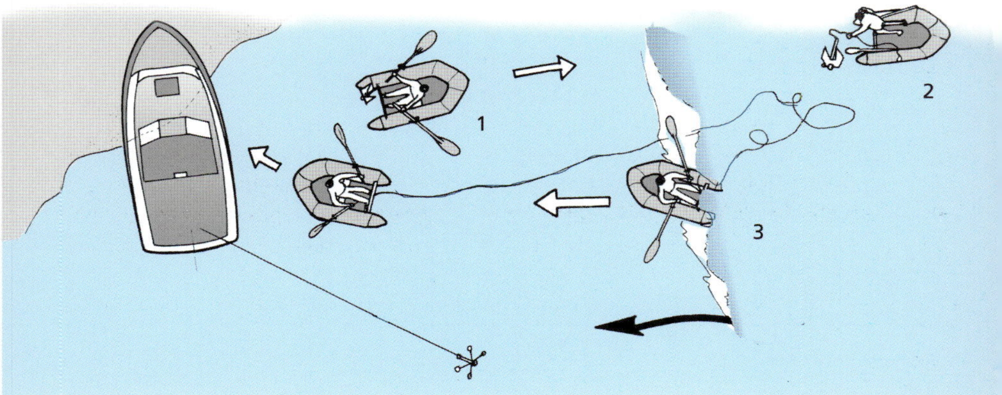

Abbergen – aber wie?

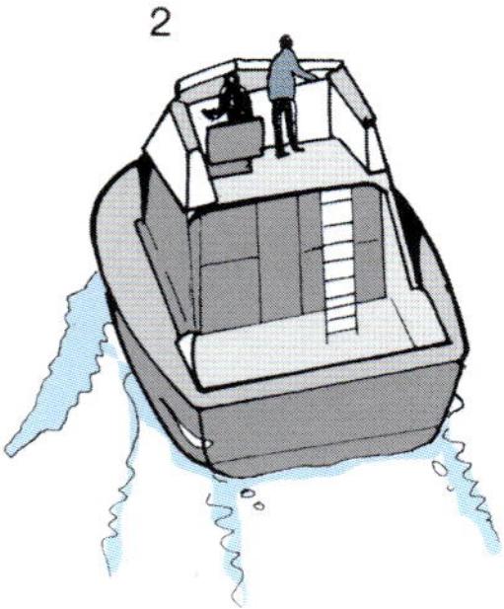

Aus der Sicht eines zu Hilfe kommenden Skippers sieht manche Strandung harmlos und eine Abbergung unkompliziert aus. Dadurch werden häufig notwendige Vorsichtsmaßregeln missachtet und elementare Fehler bei der Vorbereitung des Manövers beziehungsweise beim Anlaufen des Havaristen gemacht, die den Berger selbst in größte Gefahr bringen können. Grundsätzlich lässt sich die jeweilige Lage nur vor Ort einschätzen.
Bei manchem gutgemeinten Abbergemanöver wird durch die Unkenntnis des Bergers der vorhandene Schaden noch vergrößert. Vor allem auf Gewässern mit Seegang muss sehr umsichtig manövriert werden.

Anlaufen von Lee

Ein häufiger Fehler ist die Missachtung der Wind- und Wellenrichtung. Es wird versucht, mit achterlichem Wind und mitlaufender Welle an den Havaristen heranzufahren, wodurch es beim Abbergemanöver unweigerlich zur Kollision kommt **(1)**.
Richtig ist es hingegen, in einem spitzen Winkel oder direkt gegen die Windrichtung an die gestrandete Yacht heranzulaufen, vorausgesetzt, die Wassertiefe reicht für den Berger aus **(2)**. Kielyachten haben einen durchschnittlichen Tiefgang von 1,40 m bis 1,80 m,

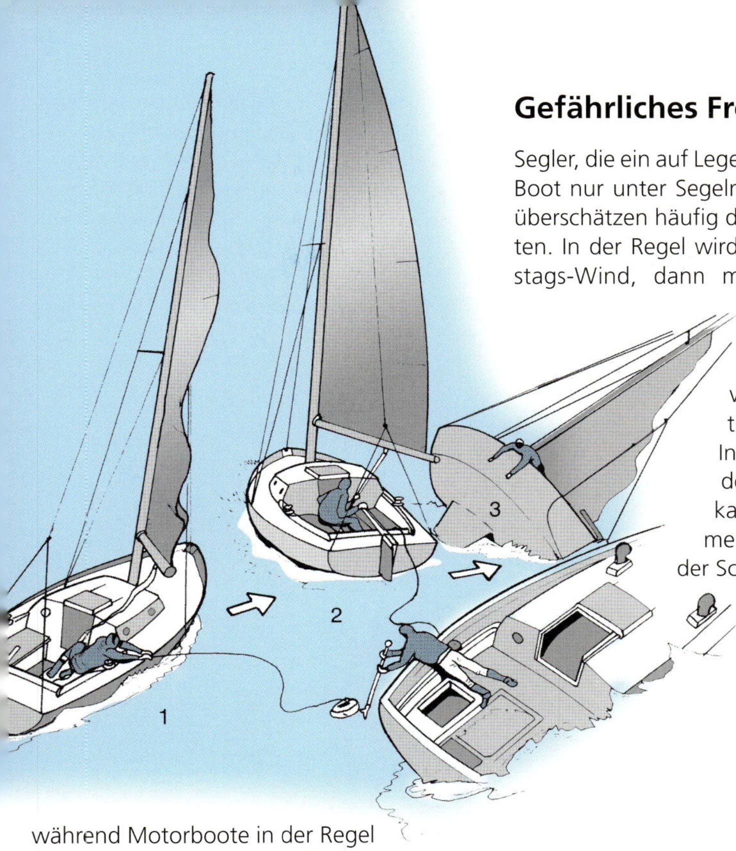

Gefährliches Freischleppen

Segler, die ein auf Legerwall festgekommenes Boot nur unter Segeln freischleppen wollen, überschätzen häufig die eigenen Möglichkeiten. In der Regel wird man zuerst mit Backstags-Wind, dann mit Halbwind an den Havaristen heranmanövrieren und bei einem Aufschießer versuchen, die Schlepptrosse überzugeben **(1)**. In diesem Moment treibt der Berger nach Lee und kann keine Fahrt aufnehmen, da das Steifkommen der Schlepptrosse die Abdrift verstärkt **(2)**. Eine Strandung neben dem Havaristen ist unvermeidlich **(3)**.

während Motorboote in der Regel weniger als einen Meter tief gehen.
Auch Yachten, die mit Mastbruch treiben, werden häufig an der falschen Seite, in Luv, angelaufen (links). Dort aber treiben unter Umständen Leinen, Mast- und Riggteile, da diese wie ein Treibanker wirken. Sie können leicht in den Propeller geraten und den Berger selbst zum Havaristen machen. Auch aus diesem Grunde sollte das Schleppfahrzeug stets von Lee an den Havaristen heranfahren.
Dieses gilt auch für den Jollensegler, der einem gekenterten Kameraden zu Hilfe kommen will. Segelt er in Luv heran, so wird er unweigerlich von Wind und Wellen auf den Havaristen versetzt und mit dem Mast beziehungsweise mit den Segeln kollidieren, sofern die Jolle nicht durchgekentert ist. Bei der nächsten Bö kentert er vermutlich ebenfalls, Mast und Segel schlagen auf das havarierte Boot (rechts).

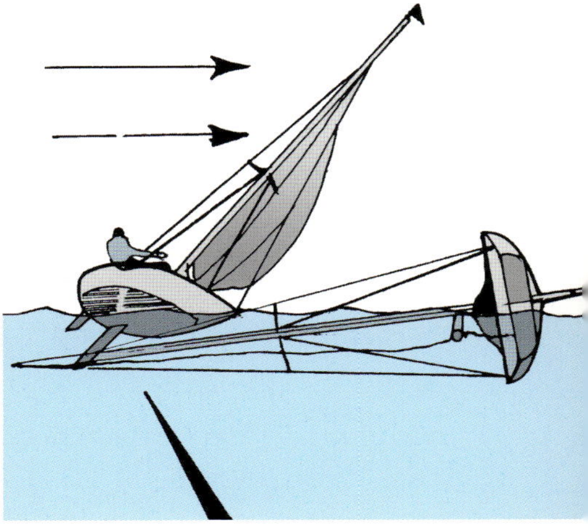

Schlepptrosse übergeben

Abbergen einer Yacht von einer Legerwallküste ist, auch für eine Motoryacht, ein schwieriges und gefährliches Manöver, das nur dann erfolgversprechend ist, wenn Berger und Havarist sich der jeweiligen Situation entsprechend umsichtig verhalten. Vor dem Festgekommenen muss der Berger gegen Wind und Seegang aufdrehen. Der Steuermann beobachtet ständig das Echolot **(1)**. Ein wei-

teres Crewmitglied **(2)** fiert vom Achterschiff einen Schwimmkragen **(4)** mit einer langen Sorgleine **(3)** achteraus.

Der Vordecksmann muss bei dem Manöver mit Lifebelt und Schwimmweste gesichert sein **(5)**. Am günstigsten ist es, wenn eine starke Schlepptrosse vom Havaristen zum Berger mithilfe der Sorgleine übergeben wird, da die Trosse vorher sorgfältig belegt werden muss (siehe Kapitel »Schleppen mit Verstand«) **(6)**. Der Mast ist zum Abschleppen nur geeignet, wenn er durchs Deck geführt ist. Angeschleppt wird mit halber Kraft. Lässt der Havarist sich nicht von seiner Position bewegen, muss das Manöver abgebrochen werden, da sonst auch Gefahr für das eigene Boot besteht.

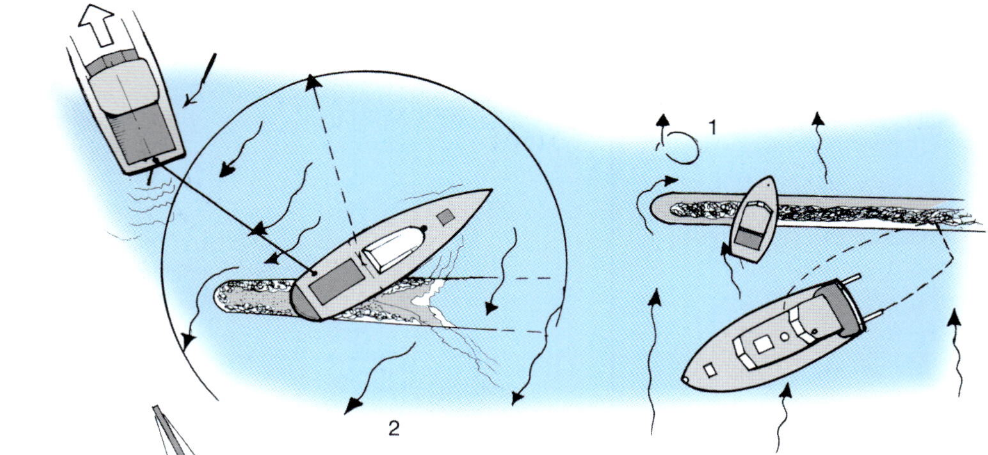

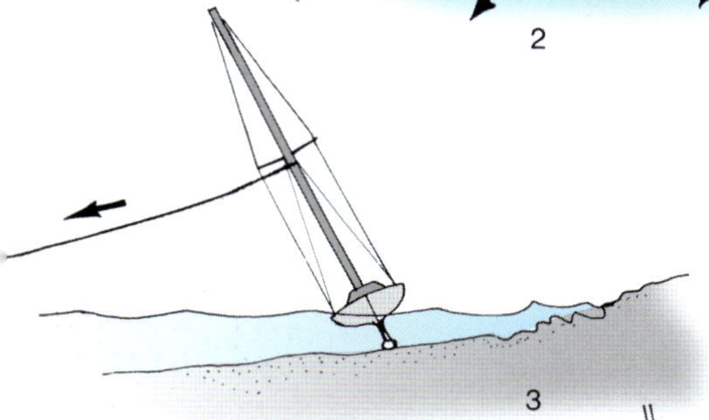

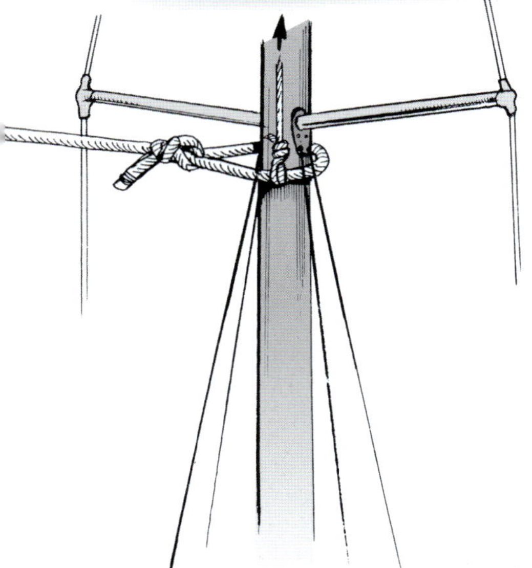

Selbst in Gefahr kann auch eine Motoryacht geraten, die ein anderes Boot abbergen will, das auf einem Stack im Strom festgekommen ist. Hierbei sind besonders die Stromrichtung, die Stromgeschwindigkeit und der daraus resultierende Sicherheitsabstand vom Stack zu beachten. Wird er zu kurz gewählt, so ist es wahrscheinlich, dass der Berger bei Übergabe der Schlepptrosse selbst auf das Stack driftet und bei Grundberührung nicht mehr mit eigener Kraft freikommen kann beziehungsweise Schaden erleidet **(1)**.

Bei festgekommenen Booten in Fluss- oder Tidengewässern muss stets die Strömung beachtet werden. Man nähert sich immer gegen den Strom. Ausnahme: Wenn die Yacht mit dem Strom auf einem Stack festgekommen ist, dann niemals mit dem Strom freischleppen, da man sonst den Havaristen noch weiter auf das Stack ziehen würde, sondern nur schräge gegen den Strom zur Fahrwasserseite hin ziehen **(2)**.

Auch ein starkes Motorboot wird sich unter Umständen vergeblich bemühen, eine aufgelaufene Kielyacht freizuschleppen, wenn es nicht gelingt, die Krängung des Segelbootes zu vergrößern. Dies gelingt am besten, wenn der Schlepptampen mit einem Palstek um den Mast gebunden und mit dem Fock- oder Großfall bis in Salinghöhe beziehungsweise unter die Wantenbeschläge aufgeheißt wird. Der Berger muss dann seitlich sehr vorsichtig anziehen, da bei zu großer Zugkraft der Mast brechen und das Rigg beschädigt werden kann **(3)**.

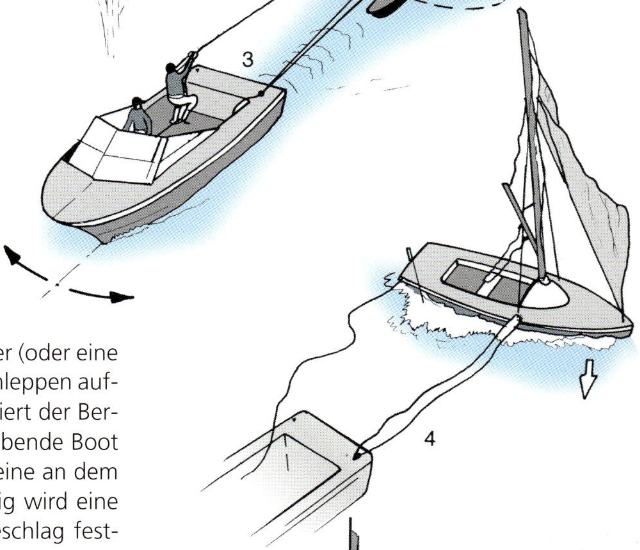

Aufrichten eines Schwertbootes

Ein durchgekenterter Jollenkreuzer (oder eine Schwertjolle) muss vor dem Abschleppen aufgerichtet werden. Hierzu manövriert der Berger vorsichtig von Lee an das treibende Boot heran und befestigt die Schleppleine an dem Pütting des Leewants. Gleichzeitig wird eine dünnere Trimmleine am Ruderbeschlag festgebunden **(1)**.
Mit beiden Leinen manövriert der Berger jetzt vorsichtig um den Havaristen herum und setzt sich in Luv davor **(2)**.
Beim Anschleppen kontrolliert ein Besatzungsmitglied mithilfe der Trimmleine die Lage des Havaristen quer zum Schlepper **(3)**.
Noch bevor sich das Boot vollständig aufgerichtet hat, muss der Berger seine Fahrt aufstoppen, da sonst die Jolle zur anderen Seite umschlagen würde **(4)**.
Nach dem Aufrichten wird die Jolle längsseits festgemacht und gelenzt, sofern sie nicht selbstlenzend ist. Vor dem Abschleppen werden die Segel abgeschlagen, das Schwert aufgeholt und das Ruder ausgehängt **(5)**.

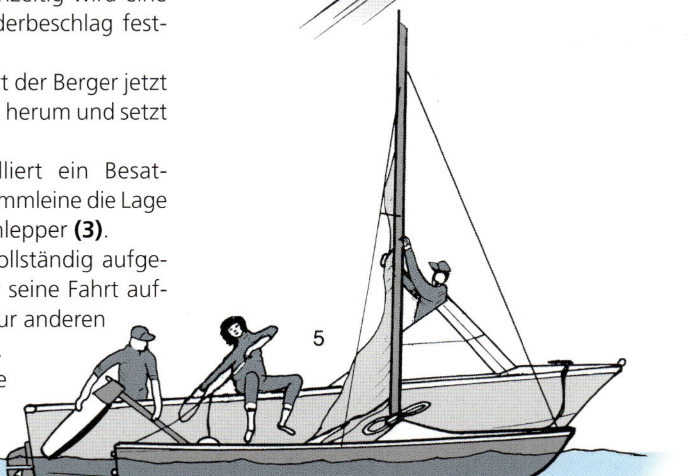

Abbergen von Personen

Häufig ereignet sich eine Strandung bei schwerem Seegang direkt in der Brandungszone. Entsprechend heftig sind die Stampfbewegungen des bergenden Bootes. Dabei kann es leicht passieren, dass die zu rettende Person vom Rumpf des Havaristen abrutscht und zwischen die Bordwände gerät. Lebensgefährliche Quetschungen, vor allem an den Füßen und Beinen, sind die Folge. Daher sollten Personen nur dann abgeborgen werden, wenn ein direkter Kontakt zum Retter besteht.

Bei der Übernahme müssen sich beide Boote notgedrungen bis auf eine kurze Distanz annähern. Es ist hierbei unbedingt notwendig, alle verfügbaren Fender sowohl beim Retter als auch beim Havaristen auszubringen. Unter Umständen ist es sowohl für den Retter als auch für die abzubergenden Personen sicherer, wenn das bergende Boot auf Distanz bleibt und man an einem Rettungskragen oder Fender eine Leine zum Havaristen treiben lässt. An dieser Leine gesichert kann dann die zu rettende Person ein kurzes Stück durchs Wasser gezogen und über die Heckleiter an Bord genommen werden. Dafür dürfen die zu rettenden Crewmitglieder allerdings weder verletzt noch anderweitig geschwächt sein.

Sollte ein Crewmitglied auf einer Segelyacht schwere Verletzungen erleiden oder Symptome einer ernsten Krankheit zeigen, so wird es ratsam sein, eine schnellere Motoryacht über Funk oder durch Notsignale herbeizurufen, damit unverzüglich ein Krankenhaus erreicht werden kann. Bei der Übernahme auf See manövriert die Segelyacht von achtern in Lee auf die Motoryacht zu, da Letztere bei Seegang und in Langsamfahrt nicht feinfühlig genug manövriert werden kann. Der Bugbereich wird sorgfältig abgefendert **(1)**. Sobald der Bug mit dem Heck des Motorbootes überlappt, werden die Festmacher ausgebracht. Es ist auf See nicht ratsam, vollständig längsseits zu gehen, da bei stärkerem Seegang beide Boote schweren Schaden erleiden würden. Jetzt ist es möglich, das hilfebedürftige Crewmitglied vom Vordeck aus in die Plicht des Motorbootes zu übergeben **(2)**.

1

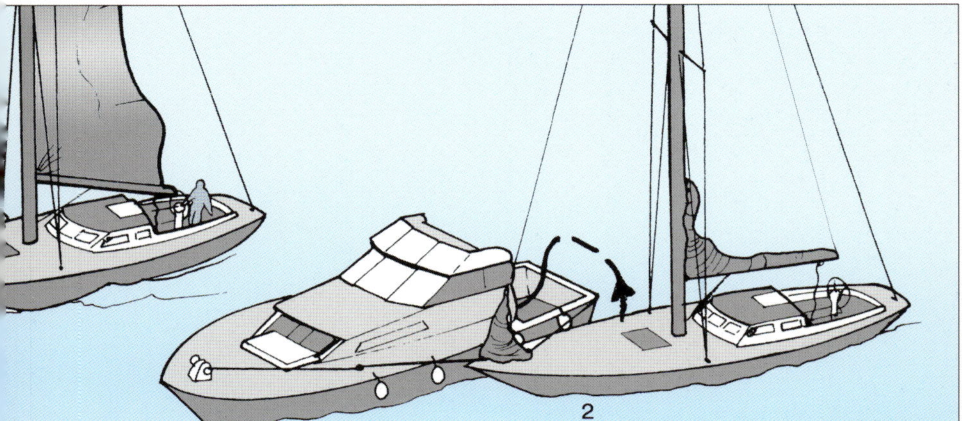

2

1
2
3
4

Abbergen durch den Hubschrauber

Die erfolgreiche Abbergung eines Verunglückten von Bord einer Yacht durch einen SAR-Hubschrauber (SAR = Search and Rescue, Suchen und Retten) erfordert umsichtiges und richtiges Verhalten der übrigen Crew. Ein »hovernder«, also ein auf einer Position schwebender Hubschrauber entwickelt einen starken »Downwash«, einen abwärts gerichteten Luftstrahl durch die Rotorblätter, der Sturmstärke erreicht **(1)**. Daher sind alle Segel zu bergen beziehungsweise sorgfältig festzumachen. Der Hubschrauber fliegt den Havaristen zuerst an, um die genaue Lage und Position zu erkunden, und dreht dann ab, um erneut zur Abbergung anzufliegen. Also nicht in Panik geraten, wenn der Retter zuerst scheinbar weiterfliegt. Die Yacht muss währenddessen unter Motor direkt gegen den Wind in Fahrt und auf genauem Kurs gehalten werden.

Durch Handzeichen wird die Seite markiert, die für die Abbergung günstig ist **(2)**. Steht das Rigg noch, wird der Helikopter sich seitlich neben die Yacht setzen. Deswegen vorher den Baum abdirken und seitlich an Deck laschen **(3)**. Anschließend das Achterstag abschlagen. Während des Hoverns wird der Helikopter genau auf Position gehalten. Die Mannschaft wird das stählerne Winschseil beziehungsweise die Fangleine zuerst ins Wasser hinablassen, um elektrische Aufladung zu erden **(4)**. Andernfalls würde der Mann auf der Segelyacht unter Umständen einen elektrischen Schlag erhalten, der allerdings harmlos ist.

Besitzt die Yacht einen Besanmast, so wird die Abbergung direkt von Bord schwierig. In diesem Fall ist es günstiger, den Verunglückten mit dem Beiboot beziehungsweise Schlauchboot achteraus treiben zu lassen oder, falls dieses nicht vorhanden ist, die aufgeblasene Rettungsinsel achteraus zu fieren. Allerdings muss das Boot oder die Insel bestiegen werden, noch ehe der Hubschrauber darüber hovert, da der kräftige Downwash, der abwärts gerichtete Luftstrahl der Rotorblätter, diese leichten Schwimmkörper sofort umblasen würde. Auch bei diesem Manöver wird die Yacht gegen den Wind in Fahrt gehalten, soweit dies der Schleppanhang ermöglicht. Der Abbergevorgang wird dann genauso ablaufen wie anfangs beschrieben.

Bei der Abbergung eines Verunglückten, der im Wasser treibt oder selbst keine Hilfestellung leisten kann, wird stets eine Doppelwinschung durchgeführt. Dabei lässt die Helikopter-Crew einen Mann herab, der die Rettungsschlinge fachgerecht um den Verunglückten legt. Er sorgt auch dafür, dass der Körper während des Aufwinschens in der richtigen Lage bleibt. So kann selbst eine ohnmächtige Person sicher in den Hubschrauber gehievt werden.

Für die Abbergung eines bewegungsunfähigen Crewmitgliedes von Bord setzt man indessen einen Tragekorb ein, in den der Verunglückte hineingelegt und durch Gurte gesichert wird. Der so genannte »Stretcher« darf selbstverständlich auch nur an Deck gestellt und nicht festgelascht werden. In der Regel wird die Hubschrauber-Crew vorher einen Mann abwinschen, der das Manöver an Deck fachgerecht abwickelt.

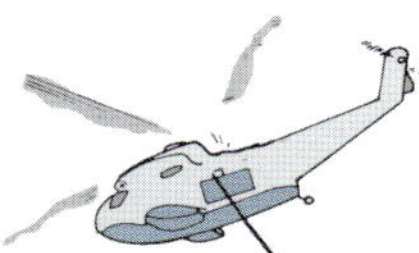

So nicht ...

Auf keinen Fall darf nach dem Aufpicken des Winschdrahtes der hier gezeigte Fehler gemacht werden: Aus Angst, das Seil könne wieder entwischen, hat der Abzubergende es an Bord belegt. Der Hubschrauber käme in einer solchen Situation in ernste Schwierigkeiten, die Überlast-Sicherung der Winsch würde ausgelöst, und die Hubschraubercrew müsste in letzter Konsequenz das Seil absprengen, wodurch alle Rettungsmöglichkeiten vergeben wären.

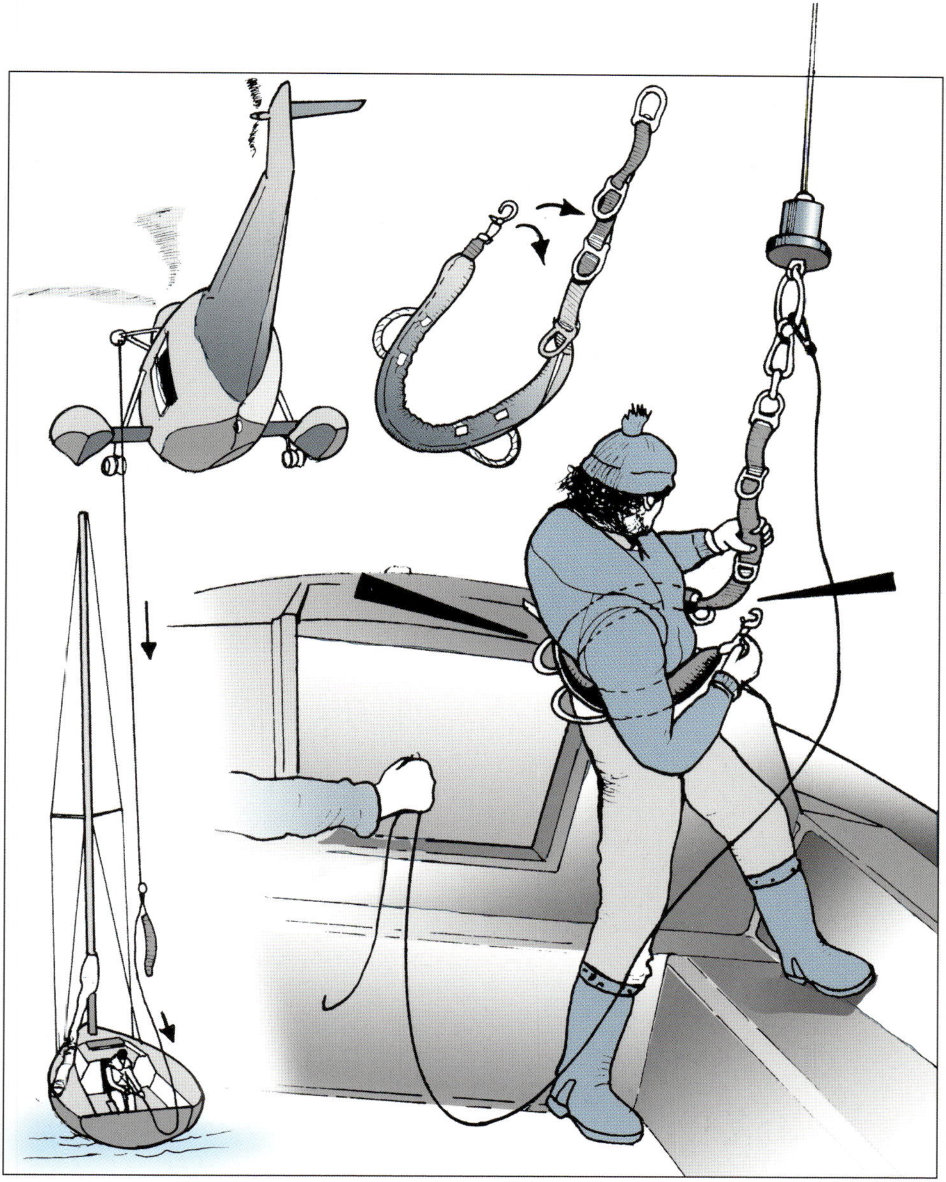

... sondern so

Und sc wird das Aufwinsch-Manöver an Bord der Yacht richtig ausgeführt: Sobald die Fangleine wahrgenommen worden ist, das Winschseil mit der Rettungsschlinge heranziehen. Wenn möglich, sollte es ein Mann der Crew per Hand sichern. Die Rettungsschlinge wird **unter den Armen hindurch nach vorn** geführt und **vor der Brust** mit einer der Verschlussösen verbunden. Nur so ist sichergestellt, dass man beim Aufwinschen nicht aus der Schlinge rutscht.

Hilfe, Wasser im Boot!

Leckbekämpfung mit dem Segel

Für alle Maßnahmen zur Leckabdichtung ist die Ortung des Lecks von ausschlaggebender Bedeutung. Unter Umständen lässt sich ein Verlust des Bootes bereits durch eine Änderung des Trimms vermeiden. Vor allem bei kleineren Yachten kann durch entsprechende Postierung der Crew und Verlagerung schwerer Ausrüstungsgegenstände die Leckstelle über die Wasserlinie gebracht werden. Liegt das Leck indessen so tief, dass eine Trimmverlagerung keine Wirkung hat, sollte als Erstes eine provisorische Abdichtung mit einem Vorsegel vorgenommen werden. Verantwortungsbewusste Skipper (insbesondere auf Motorbooten) fahren für diesen Zweck ein speziell geschnittenes, mit Tauenden versehenes Lecksegel an Bord. Dieses (oder ein entsprechendes Vorsegel) wird mit der Basis beziehungsweise dem Unterliek an der Seereling, dem Handlauf oder an anderen, geeigneten Punkten befestigt. An den Kopf des Segels wird eine ausreichend lange Leine sowie ein leichter Anker gebunden, der das Segel unter das Boot zieht. Die Leine wird über Bug oder Heck zur anderen Bootsseite geführt. Nach dem Ausbringen bleibt meistens Zeit, eine sorgfältigere Abdichtung von innen vorzunehmen.

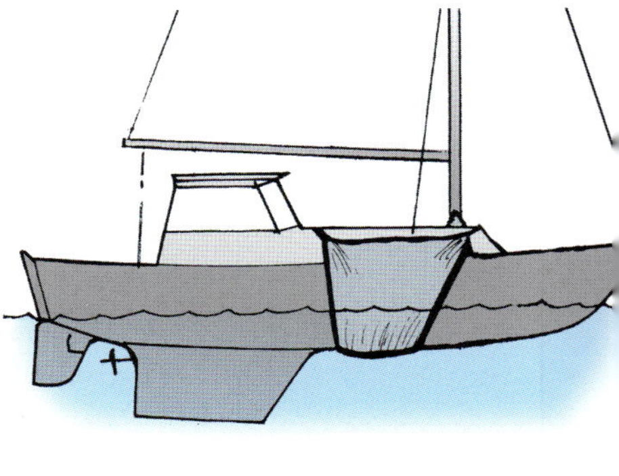

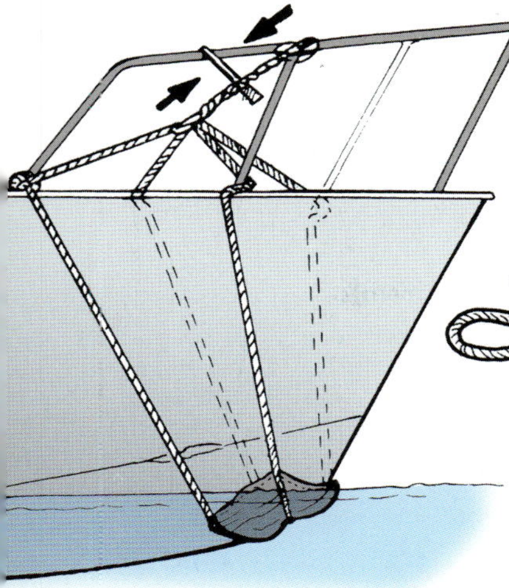

Abdichtung verspindeln

Bei Kollisionen im Vorschiffsbereich reichen meistens ein Polster oder eine Feststoff-Rettungsweste aus, um das unter der Wasserlinie entstandene Leck abzudichten. Das anschmiegsame Material wird durch Tauwerk gegen die Rumpföffnung gepresst. Es ist ratsam, das Dichtungsmaterial vorher mit kurzen Stroppen an den Leinen festzubinden. Durch Verzurrung am Bugkorb und »Verspindeln« der Leinen entsteht die notwendige Spannung.

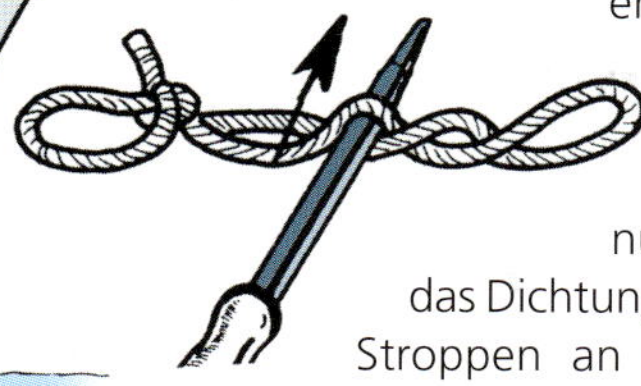

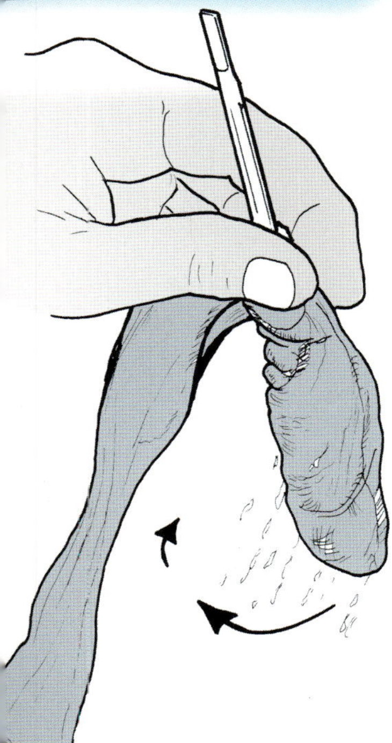

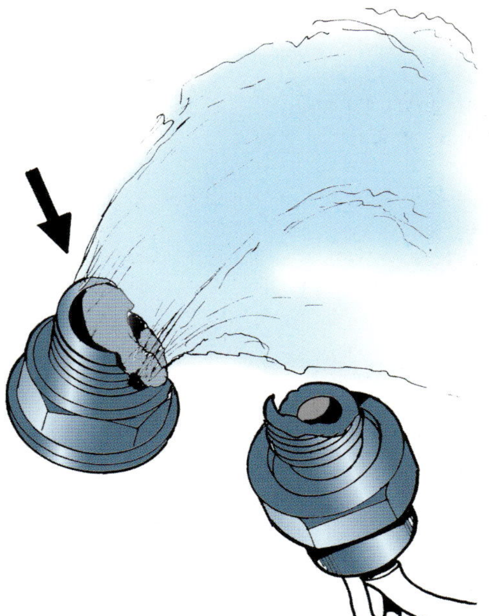

Leckpfropfen selbst gemacht

Abgebrochene Ventile, Echolotgeber und andere Rumpfdurchbrüche lassen sich weitgehend wasserdicht mit dem Griff eines Werkzeugs (z. B. Schraubendreher) stopfen, indem der Griff mit einem Lappen passend zur Rohrstärke umwickelt wird. Durch kräftiges Hineindrehen entgegengesetzt zur Wickelrichtung ist der Wasserdruck leicht auszugleichen.

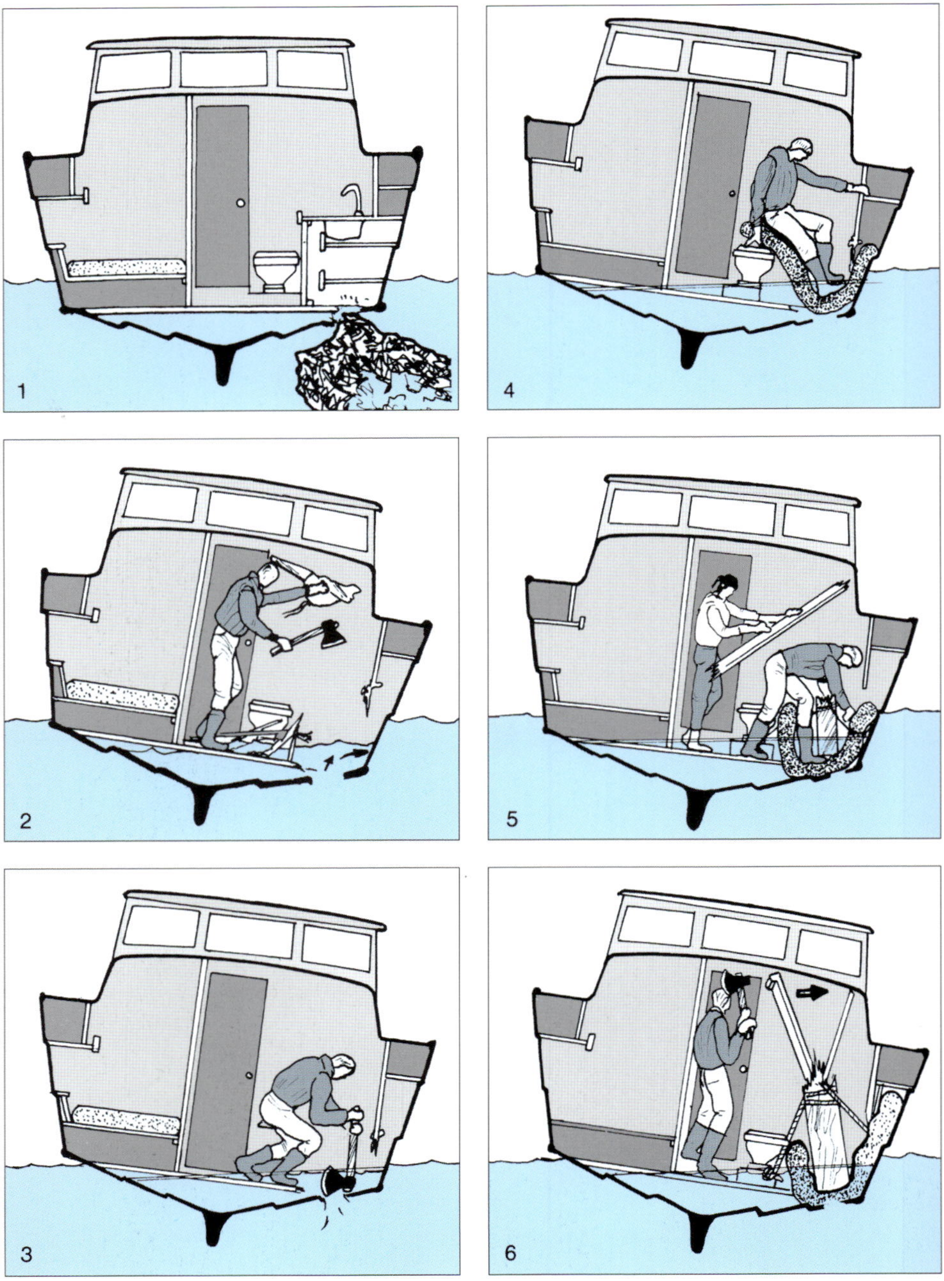
1
2
3
4
5
6

Ein Leck innenbords abdichten

Wie eine Rettungsoperation ablaufen sollte, zeigt diese Bildfolge.

1: Eine Motoryacht ist mit ihrem glasfaserverstärkten Kunststoff-Rumpf auf einen Felsen gelaufen. Unter der Schrankkonsole des WC-Raumes strömt Wasser durch ein fußgroßes Leck ins Schiff.

2: Die jetzt folgende, sofortige Maßnahme kostet Überwindung, ist aber entscheidend für den weiteren Erfolg: Liegt das Leck nicht frei, muss ohne Rücksicht die Einrichtung herausgeschlagen werden.

3: Die ausgefransten Ränder des Lecks werden anschließend flachgestoßen, damit eine gute Anpassung des Dichtungsmaterials gewährleistet ist.

4: Nun wird ein Polster hineingepresst. Meistens lässt sich der Wassereinbruch bereits durch Fußdruck stoppen.

5 und **6:** Ein weiteres Crewmitglied gewinnt dadurch Zeit, aus den herausgeschlagenen Schottwänden eine Abstützung zu bauen, die mit Tauwerk verspannt wird.

7: Mit Holzkeilen, die durch die Tampen gesteckt und gedreht werden, erzielt man den notwendigen Pressdruck. Erst jetzt darf mit dem Pützen begonnen werden.

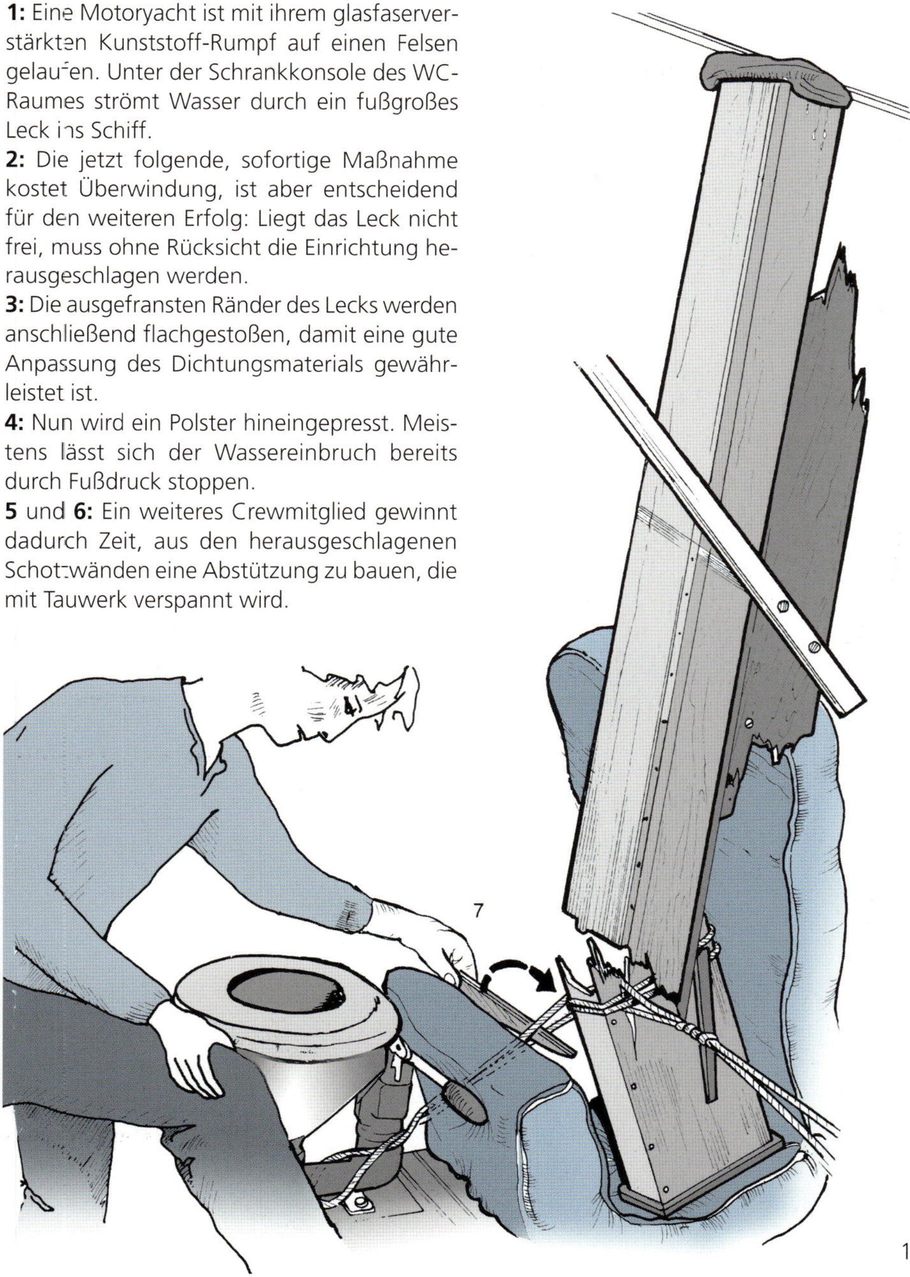

Feuer an Bord

Wenn auf einer Yacht ein Feuer ausbricht, muss dieses nicht gleich den Verlust des ganzen Bootes zur Folge haben. Eine vorbeugende Ausrüstung, Vorsicht beim Umgang mit leicht entflammbaren Stoffen und – falls ein Feuer ausgebrochen ist – eine umsichtige und gezielte Brandbekämpfung helfen gemeinsam, ernsten Schaden abzuwenden. Das folgende Kapitel zeigt Ihnen, was man gegen Feuer an Bord tun kann.

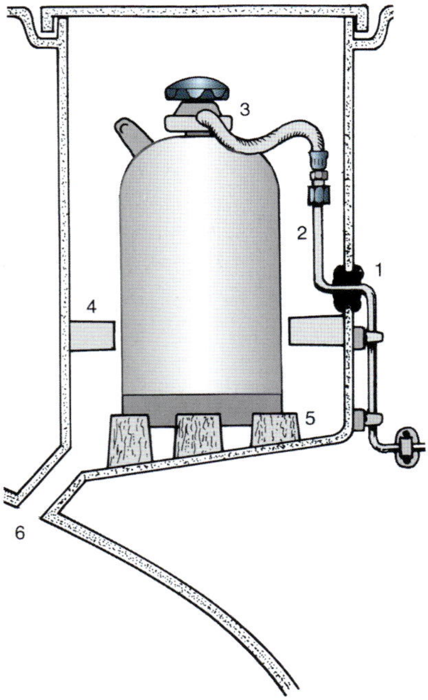

Sichere Gasinstallation

So sollte ein Gasflaschen-Compartment beschaffen sein: Der Stauraum darf keinerlei gasdurchlässige Verbindungen oder Öffnungen zum übrigen Bootsraum haben. Auch die Leitung von der Flasche zum Kocher muss gasdicht durch die Wand verlegt werden **(1)**. Vorschriftsmäßig ist eine feste Rohrleitung vom flexiblen Druckschlauch im Gasbehälter bis zur Brennstelle im Boot **(2)**. Die Flasche ist durch ein Ventil mit Druckminderer gesichert **(3)** und wird durch Abstandhalter festgeklemmt, damit sie nicht hin- und herschlagen kann **(4)**. Vorteilhaft ist es, wenn die Flasche auf Klötzchen steht, da sich bei Gasentnahme Kondenswasser bildet, das am Boden der Flasche zu Rostbildung führt **(5)**.
Da das Gas schwerer ist als Luft, sinkt es nach unten. Die Entlüftung muss folglich im Boden angesetzt und so nach außenbords geführt werden, dass kein Wasser in Windungen oder im durchhängenden Schlauch stehen bleiben kann **(6)**. Die unten gezeigten Verbindungen von Kupferrohr und Druckschlauch mithilfe von Schraubklemmen findet man immer noch an Gasinstallationen auf älteren Yachten. Sie sind in höchstem Maße gefährlich und unzulässig, da das Kupferrohr sich leicht herausschieben kann. Wie eine zulässige Rohr-Schlauch-Verbindung aussehen muss, zeigt die Zeichnung links. Sie ist nur vom Fachmann zu installieren, beziehungsweise man kauft im Fachhandel die fertig vorbereiteten Rohr- und Schlauchstücke in der erforderlichen Länge.

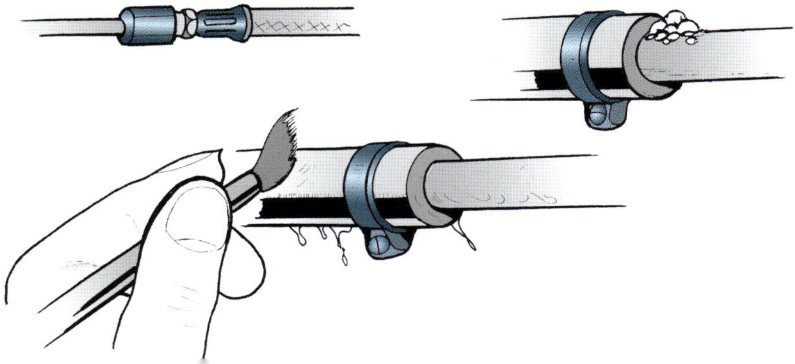

Nimmt man Gasgeruch wahr, so sollten sofort alle Leitungen und Anschlüsse überprüft werden. Am sichersten ist es, einen Fachmann mit dieser Aufgabe zu betrauen, der die Leitungen abdrückt und untersucht. An Bord kann man sich behelfen, indem man die Schlauch- beziehungsweise Leitungsverbindungen mit starker Seifenlauge einpinselt. Der Handel bietet hierfür auch spezielle Sprays an. Bläschen signalisieren den Gasaustritt. Niemals offenes Feuer oder brennende Streichhölzer zur Überprüfung verwenden!

Brandgefahr durch Kocher

Sehr häufig entsteht Feuer an Bord durch den Betrieb des Kochers. Nach der landläufigen Meinung sind Gaskocher besonders gefährlich und Petroleum- oder Spirituskocher sehr sicher. Die Versicherungsstatistiken beweisen, dass dies nicht so ist. Vielmehr entstehen viele Brände an Bord durch schlecht gewartete Petroleumkocher, die nach ungenügendem Vorheizen eine hohe Stichflamme entwickeln können, durch die schon mancher Fenstervorhang oder die Deckenverkleidung Feuer fing. Unabhängig vom Kocher- und Brennstoffsystem kann eine hohe Stichflamme durch überhitztes Fett entstehen, das von der überschlagenden Kocherflamme entzündet wird. Auch Spiritus-Druckkocher können plötzliche Stichflammen entwickeln.

Da Spiritus besonders leicht entzündlich ist, sollte der Brennstoff nicht in der Nähe des Kochers aufbewahrt werden. Im Ausland wird Spiritus oft in dünnwandigen Kunststoff-Flaschen verkauft. Schon eine kurze Stichflamme genügt, um Flasche und Inhalt zu entzünden. Eine entsprechende Menge von brennendem Alkohol ist schwer zu löschen und entwickelt so viel Hitze, dass die Einrichtung in kürzester Zeit vom Feuer erfasst wird.

Sehr viel sicherer sind Spirituskocher, bei denen der Brennalkohol in speziellen Kartuschen mit unbrennbarem Füllmaterial gebunden ist. Diese Kocher arbeiten ohne Druck.

Gefahren beim Tanken

Die meisten Brände entstehen auf Sportbooten durch unsachgemäßes Tanken. Besondere Vorsicht ist bei Benzinmotoren geboten, da sich im Schiffsrumpf ein explosionsfähiges Benzin-Luft-Gemisch bilden kann. Überlaufendes Benzin verflüchtigt sich unter Deck.
Das Boot am Kai möglichst so festmachen, dass der Wind von vorn kommt. Außerdem beim Tanken: Fenster und Luken dicht.
Motor aus, nicht rauchen, keine elektrischen Schalter betätigen. Nicht von und an Bord gehen.
Metallischen Kontakt zwischen Tankpistole und Einfüllstutzen herstellen.

Schon ein beim Starten mit dem Zündschlüssel entstehender Funke kann zur Explosion führen. Daher muss nach dem Tanken ausreichend Zeit eingeplant werden, um das Boot durch Öffnen aller Luken und Einschalten des Motorraum-Gebläses ausreichend zu ventilieren.
Die wichtigste und einfachste Maßnahme vor dem Starten eines Benzinmotors ist die Riechprobe. Noch ehe das notwendige Ventilationsgebläse eingeschaltet wird, sollte man die Nase in den Motorraum stecken und prüfen, ob ein deutlicher Benzingeruch wahrnehmbar ist. In einem solchen Fall muss die Ursache sofort erkundet werden. Das Einschalten elektrischer Verbraucher ist zu unterlassen.

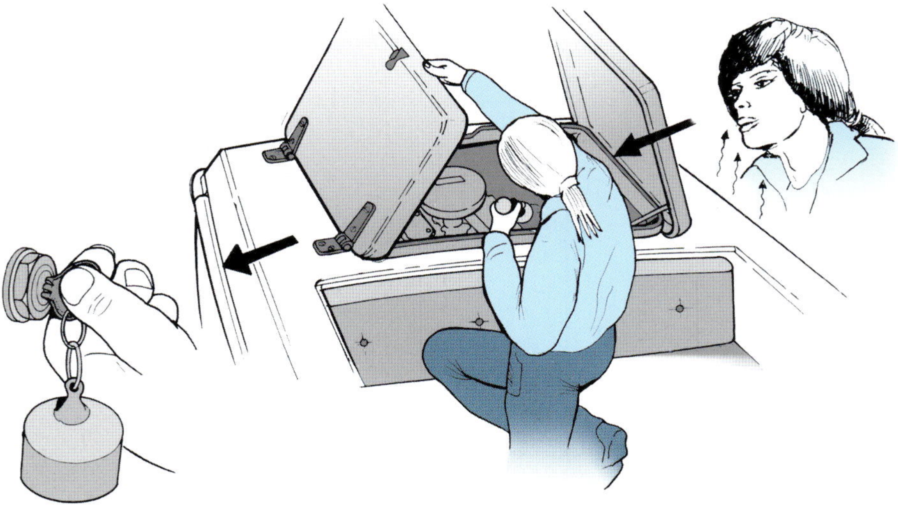

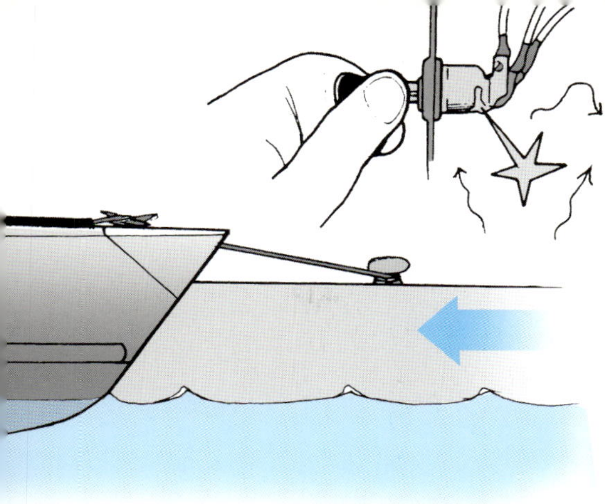

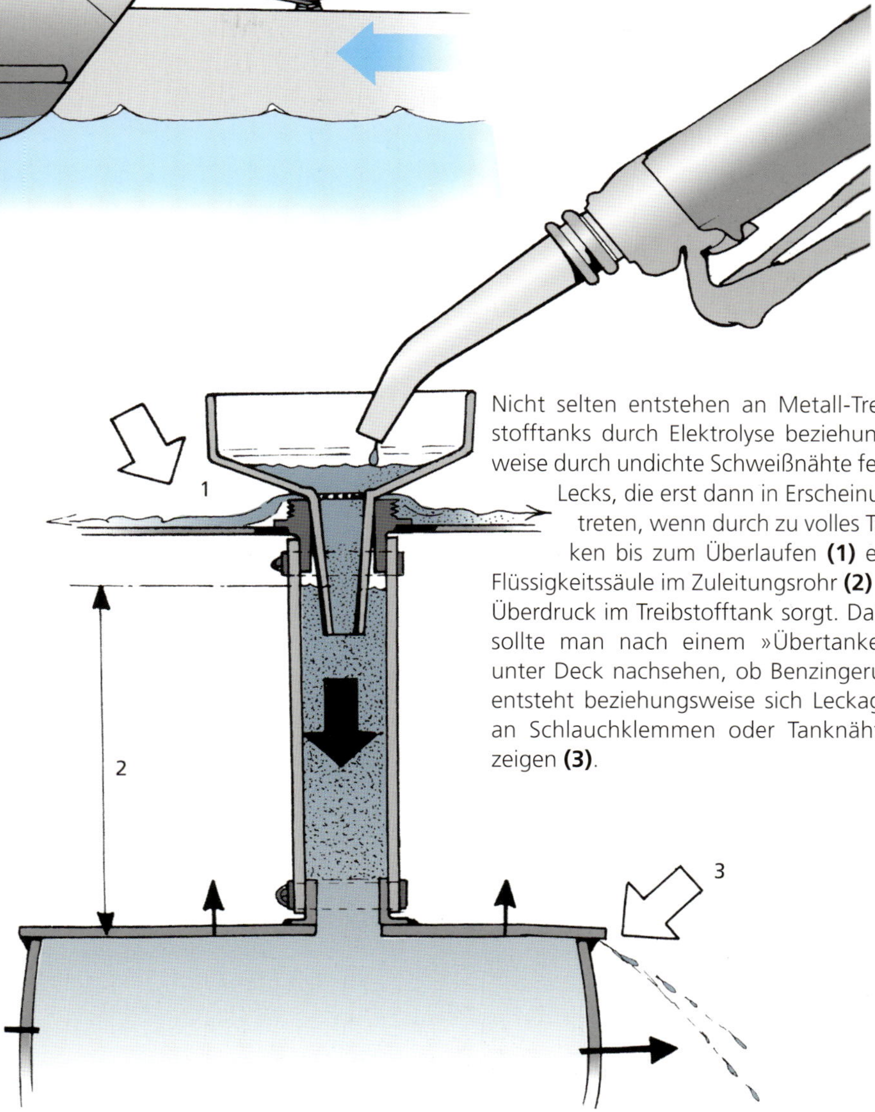

Nicht selten entstehen an Metall-Treibstofftanks durch Elektrolyse beziehungsweise durch undichte Schweißnähte feine Lecks, die erst dann in Erscheinung treten, wenn durch zu volles Tanken bis zum Überlaufen **(1)** eine Flüssigkeitssäule im Zuleitungsrohr **(2)** für Überdruck im Treibstofftank sorgt. Daher sollte man nach einem »Übertanken« unter Deck nachsehen, ob Benzingeruch entsteht beziehungsweise sich Leckagen an Schlauchklemmen oder Tanknähten zeigen **(3)**.

1
2
3

Wie man größeren Schaden vermeidet

Bricht nach dem Tanken im Motorraum ein Feuer aus, so sollte sofort die Windrichtung überprüft werden. Besteht die Gefahr, dass das Feuer durch den Wind über den vorderen Schiffsteil ausgebreitet wird **(1)**, muss sofort die Heckleine gekappt und das Boot gedreht werden **(2)**. So bleibt der Brand vorerst auf das Achterschiff begrenzt. Erst nach der Drehung sollte mit dem Löschen begonnen werden **(3)**.

Nicht immer muss das Schiff fluchtartig verlassen werden, wenn es unter Deck brennt. Ist das Feuer noch überschaubar, sollten als Erstes die Segel geborgen und der Anker geworfen werden, sofern die Wassertiefe dies zulässt. Dadurch wird der Bug im Wind gehalten, und der Crew verbleibt ein rauchfreier Platz, an dem bis zum Eintreffen eines Retters ausgeharrt werden kann.

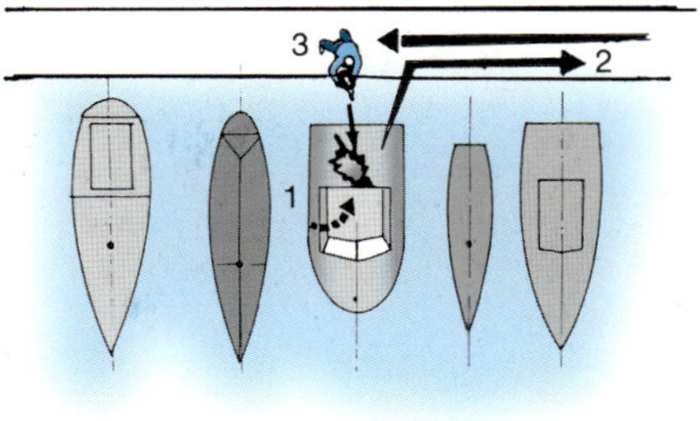

Wenn an Bord einer Yacht im Hafen ein Feuer ausbricht, sind die folgenden Maßnahmen einzuleiten: Zuerst Bordlöscher einsetzen **(1)**, zweite Person holt sofort den Steglöscher **(2)**, Brand vom Steg bekämpfen **(3)**.

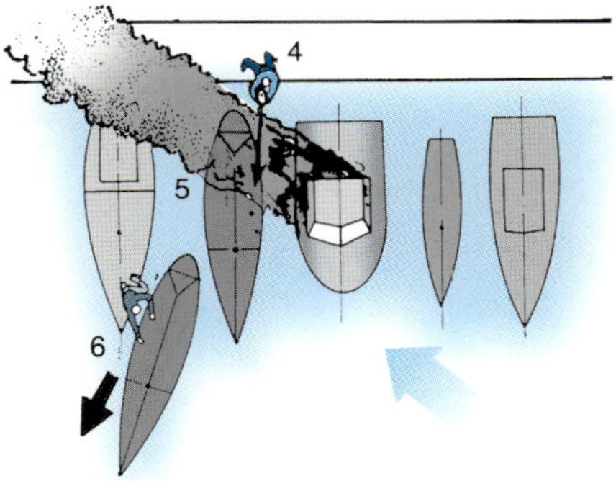

Wenn der Feuerlöscher nicht mehr hilft, Nachbarboot schützen **(4)**, Festmacher durchschneiden **(5)**, Boot treiben lassen **(6)**.

Wenn die Nachbarboote in Sicherheit sind, fahrbares Löschgerät einsetzen **(7)**, vom Steg aus löschen **(8)**, falls kein Erfolg, brennendes Boot wegschleppen **(9)**.

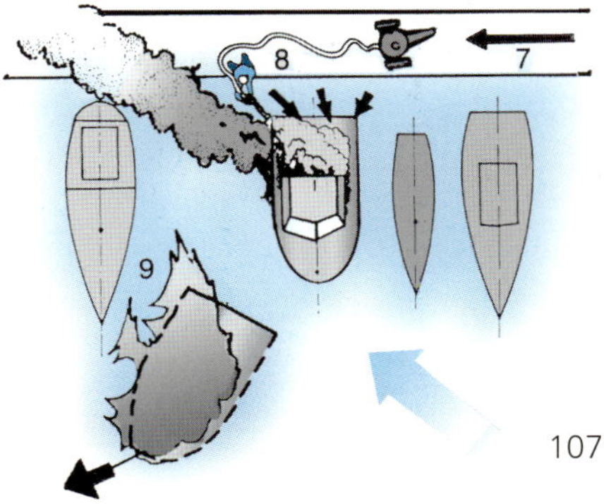

Falls das Feuer durch eine Explosion entstanden ist oder sich so schnell unter Deck ausgebreitet hat, dass alle Maßnahmen zur Feuerbekämpfung sinnlos erscheinen, sollte die Crew möglichst umgehend Rettungswesten anlegen und über Bord springen beziehungsweise die Rettungsinsel oder das Dingi benutzen. Daher ist es wichtig, dass die Rettungswesten grundsätzlich nicht unter Deck, sondern in einer Backskiste aufbewahrt werden.

Wassereinbruch über geschmolzene Schlauchverbindungen

Nicht selten sinken Yachten innerhalb kurzer Zeit, nachdem im Motorraum ein Brand ausgebrochen ist. Ursächlich hierfür sind in solchen Fällen fast immer Plastikschlauch-Verbindungen zwischen Cockpitlenzern und Bodenventilen, die bereits bei geringer Hitzeentwicklung schmelzen. Es ist daher empfehlenswert, das untere Rohrstück bis über die Wasserlinie aus Metall zu fertigen und fest mit dem Bodenventil zu verbinden.

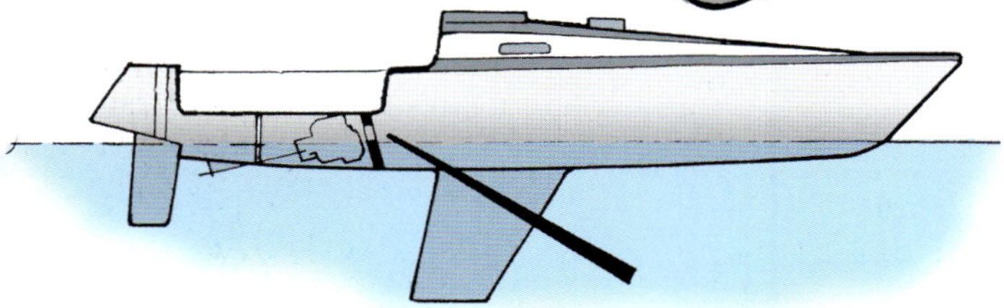

Brandbekämpfung im Motorraum

Bei einem Brand im Motorraum muss verhindert werden, dass Sauerstoff zugeführt wird, zum Beispiel durch das Öffnen des Motorraum-Luks.
Empfehlenswert ist die Installation einer feuerfesten, aber leicht durchstoßbaren Membrane (die es im Fachhandel gibt) direkt über dem Motorraum oder in einer entsprechenden Abschottung. Die untere Zeichnung verdeutlicht die Einbaumöglichkeit. Mithilfe dieses Feuerlösch-Durchlasses kann das Löschmittel direkt an den Brandherd gebracht werden, ohne dass zusätzlicher Sauerstoff eintritt.

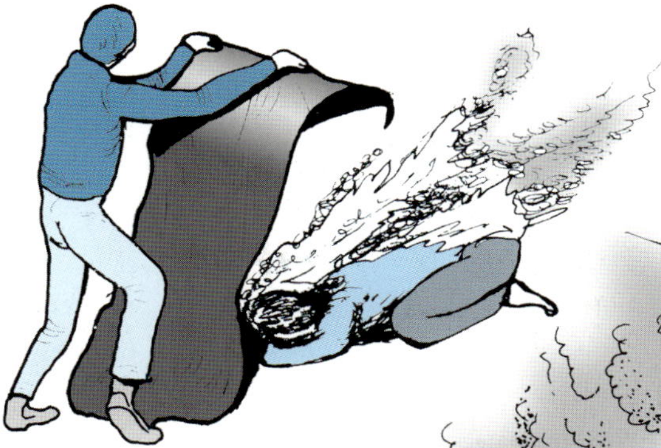

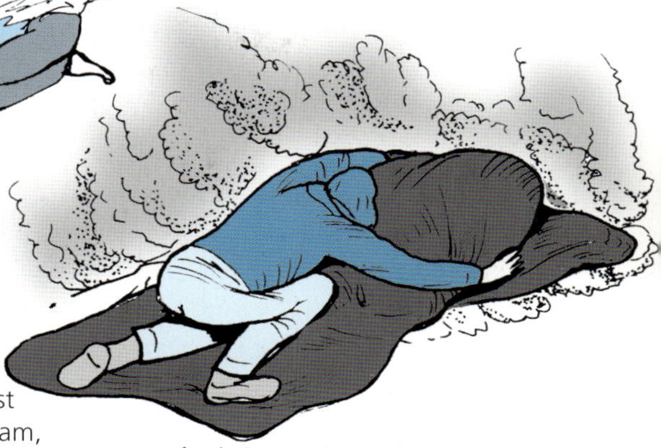

Löschen mit Decken

Hat die Kleidung eines Crewmitgliedes Feuer gefangen, so darf ein Feuerlöscher nicht zum Einsatz kommen. Stattdessen ist ein sofortiger Sprung ins Wasser ratsam, sofern sich das Boot im Hafen befindet. Liegen bereits Verbrennungen, Anzeichen einer Rauchvergiftung oder Ohnmacht vor, so muss die betreffende Person sofort von einem Helfer auf den Boden gelegt und das Feuer mit einer Wolldecke erstickt werden. Sie wird mit der Windrichtung, also von Luv aus, über die brennende Person gebreitet, beziehungsweise vom Kopfende her, um die Flammen vom Gesicht wegzuschlagen. Wichtig ist es, dass die Sauerstoffzufuhr für mindestens 60 Sekunden unterbunden wird. Daher muss die Wolldecke rund um den Verunglückten fest auf den Boden gepresst werden. Nach diesem Zeitraum ist der Kopf freizuhalten.

Auf keinen Fall darf man Decken oder Planen aus Kunstfasern verwenden. Da diese Stoffe leicht brennbar sind, besteht eine starke Gefahr der Verletzung für Crewmitglieder durch Brandverstärkung (schnelle Entflammbarkeit der Decke oder Plane) und durch Anschweißen der Stoffteile auf der Haut sowie Vergiftung durch die Oxidationsstoffe der Decke.

Auch Kocherbrände lassen sich am schnellsten und nachhaltigsten mit einer Decke, besser noch mit einer speziellen Feuerlöschmatte eindämmen. Hier wird das Abdeckmaterial an den unteren Kocherrand gehalten und von unten nach oben über den gesamten Brandherd geworfen.

Bei »jungen« Bränden, die noch keine starke Hitze entwickelt haben, empfiehlt sich stets die

Abdeckmethode, da die gebräuchlichen Pulver-Feuerlöscher bereits bei einem kurzen Einsatz das Schiff sehr verschmutzen. Eine Feuerlöschmatte sollte daher griffbereit in der Nähe der Pantry auf jedem Boot liegen.

Wenn der Mast bricht

Wenn der Mast gebrochen und über Bord gegangen ist, beginnen die eigentlichen Gefahren für das Boot. Die Auswirkungen wiegen im Seegang oft schwerer als der Mastbruch selbst und erfordern schnelles, aber umsichtiges Handeln der Crew.

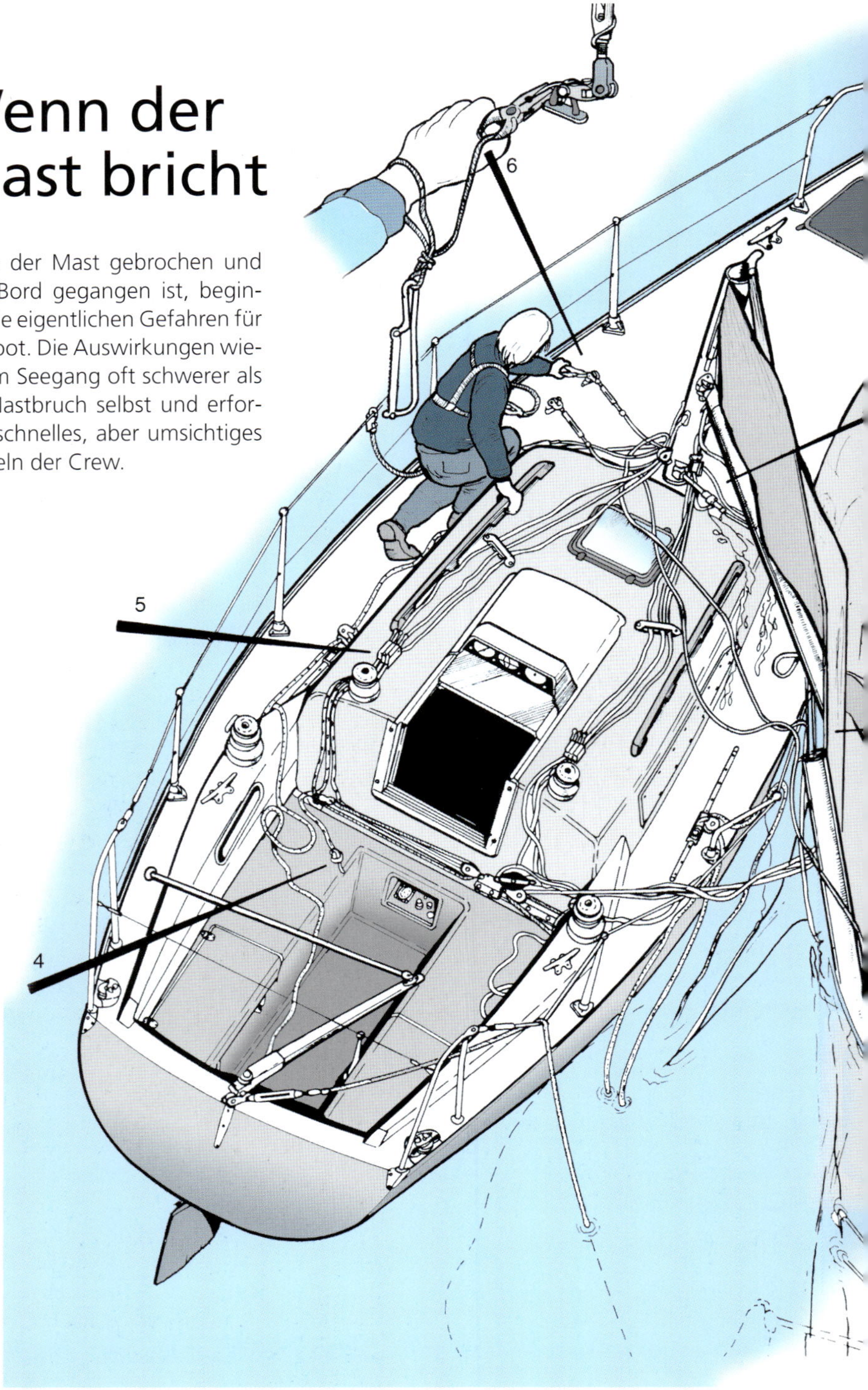

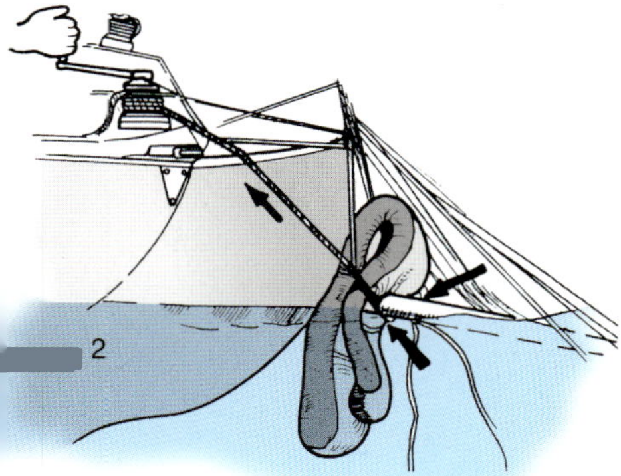

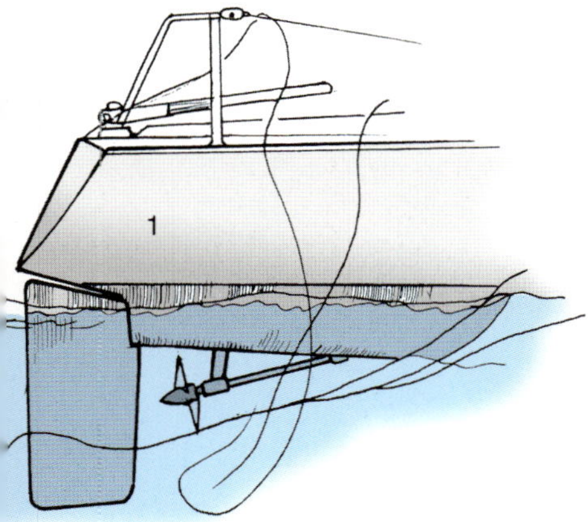

Bergen oder nicht? Vor dieser Frage steht jeder Skipper in solcher Situation. Bevor die Antwort an Bord gegeben wird, müssen die möglichen Auswirkungen, bedingt durch die jeweilige Wetter- und Seegangssituation, kalkuliert werden. Auch ist zu überlegen, wie schnell sich der nächste Hafen mit Motorkraft erreichen lässt. Für manchen Havaristen hatte der Mastbruch fatale Folgen, weil die Crew nicht in der Lage war, das Boot von den Riggteilen zu befreien. Das gelingt nur, wenn man für den Ernstfall vorgesorgt und entsprechendes Werkzeug sowie andere notwendige Ausrüstung schnell erreichbar an Bord bereitliegen hat.

Genau überlegen sollte man sich, ob es unbedingt notwendig ist, Rot zu schießen. Oftmals lässt sich das Boot nach Bergung der Mastteile mit eigenen Mitteln wieder flottmachen bzw. mit Motorkraft bewegen. Rot wird nur geschossen bei drohender Strandung, starkem Wassereinbruch, Mann über Bord oder schwerverletzter Crew.

1: Wichtigste Regel: Nicht den Motor starten! Es ist damit zu rechnen, dass loses Gut und Fallen sich im Propeller vertörnen.

2: Der Bootsrumpf ist in größter Gefahr durch Baum- und Mastteile, die im Seegang schnell ein Leck schlagen können. Darum holt man die über Bord gegangenen Mastteile an Fallen oder mit Leinen als Erstes so weit mit den Winschen dicht, dass sie keine Lose zum Schlagen haben. Zwischen Bordwand und Havarieteilen werden Kojenpolster geklemmt.

3: Vorsichtig an Deck bewegen! Auf den herumliegenden Tampen rutscht man aus. Wurde gar eine Ölhydraulik für den Baumniederhalter verwendet, kann das Deck aalglatt sein. Daher zweitwichtigste Regel: Nach Mastbruch die gesamte Crew anleinen.

4: Erst jetzt beginnt man, vom Cockpit aus alle Fallen, Strecker und Niederholer auszuscheren.

5: Stopper oder Fallklemmen öffnen und freimachen.

6: Bevor mit den Bergungsarbeiten begonnen wird, alle Werkzeuge durch Stropps sichern und anleinen.

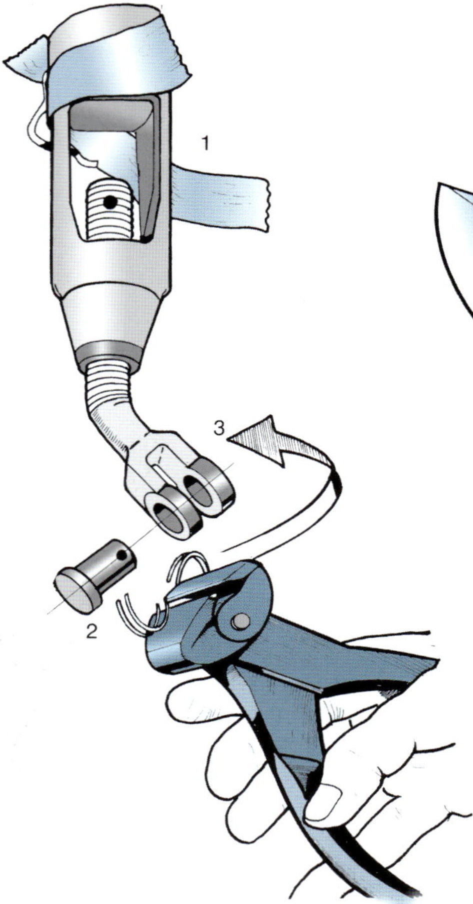

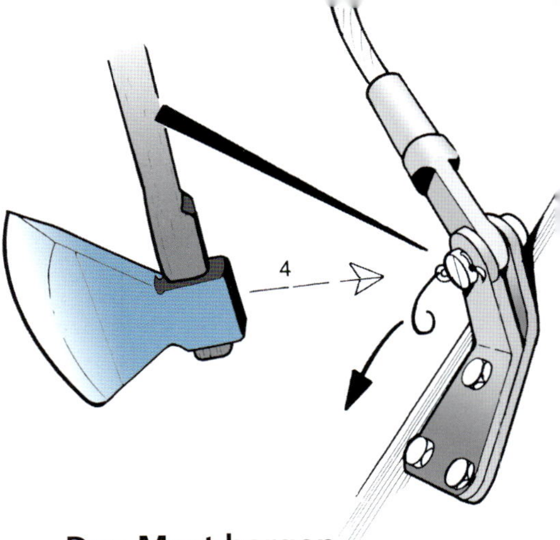

Den Mast bergen

1: Zuerst Klebeband-Sicherungen entfernen.
2: Splinte/Ringe durchkneifen.
3: Bolzen herausziehen.
4: Verklemmte Bolzen werden mit dem Hammer oder der Rückseite eines »Mastbruch-Notbeiles« herausgeschlagen. Ein Beil ist wichtig, da sich damit am besten gebrochene Aluteile samt Kabel und Fallen auseinander trennen lassen.

Sind schwere Spieren zusätzlich wassergefüllt, gestaltet sich die Bergung schwierig. Das Aufholen kann nur in Etappen geschehen, indem der Mast mit dem Winschstropp zentimeterweise beim Arbeiten des Rumpfes im Seegang durchgesetzt und jedes Mal die Lose mit einer Leine abgefangen wird.

Bei hoher Bruchstelle und Seegang wird der

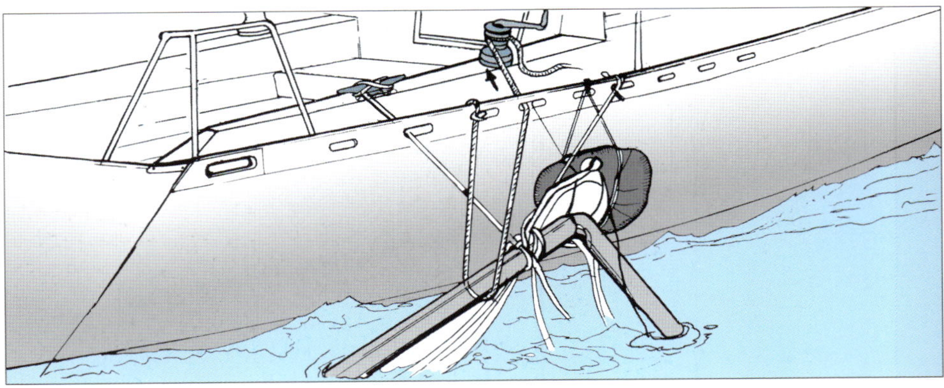

Mast nach dem Lösen aller Fallen, Wanten und Stagen ganz über Bord gehen. Lässt es das Wetter zu, sollte man – fernab vom nächsten Hafen – versuchen, den Maststumpf einschließlich der Fallen zu bergen. Er wird daher vorab gesichert und nach dem Über-Bord-Gehen so weit an der Fußreling verzurrt **(1)**, dass ein sauberes Abtrennen der oberen Masthälfte möglich ist. Unterstützt wird die Sicherung durch eine Sorgleine, die über die nächste Winsch dichtgesetzt wird **(2)**. Verbindungen Segel/Mast so weit wie möglich entfernen **(3 und 4)**. Vorsichtig um den Mast herum sägen **(5)**, damit keine Fallen durchtrennt werden. Sie sind zum Setzen der Notsegel notwendig.

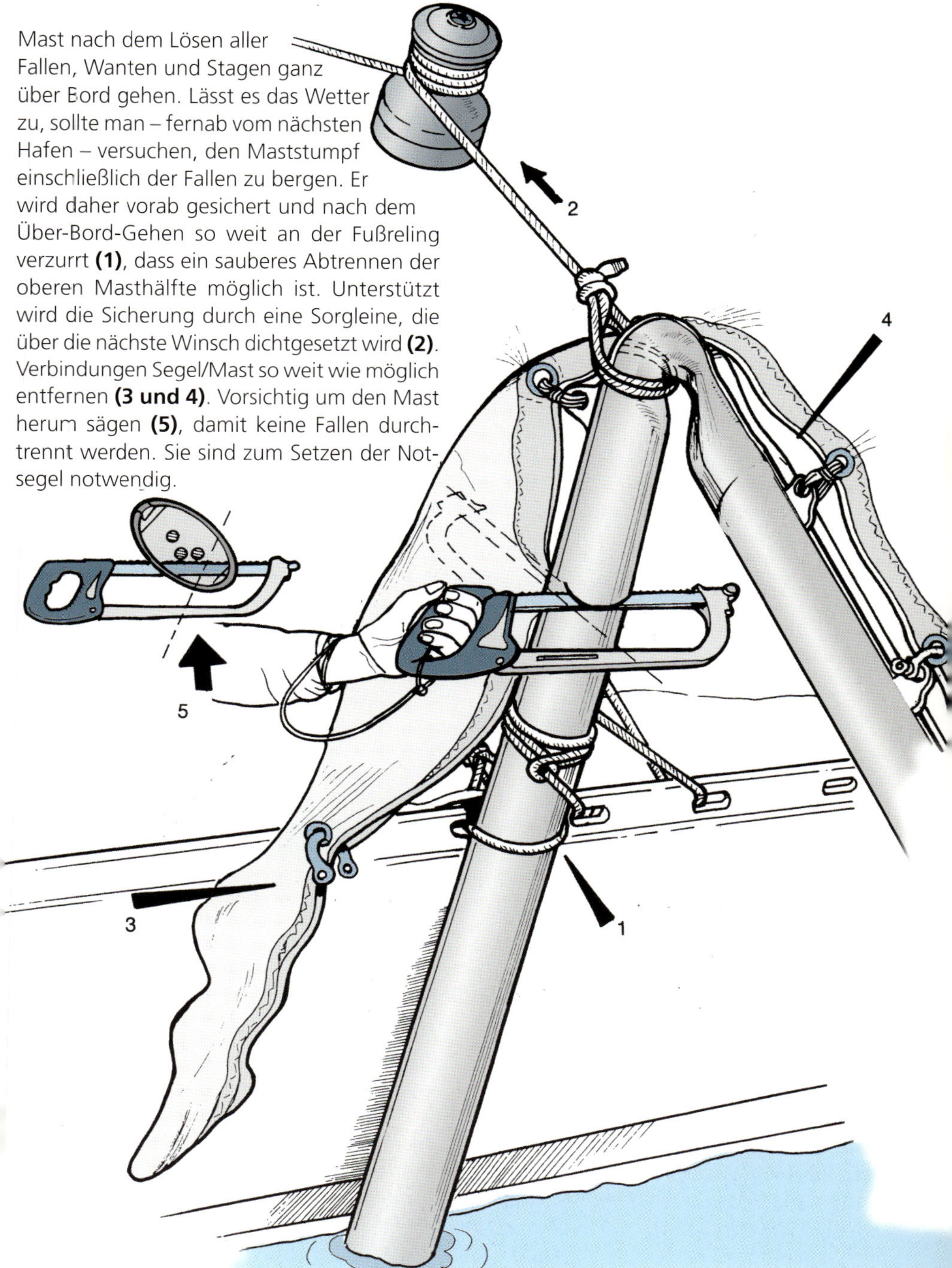

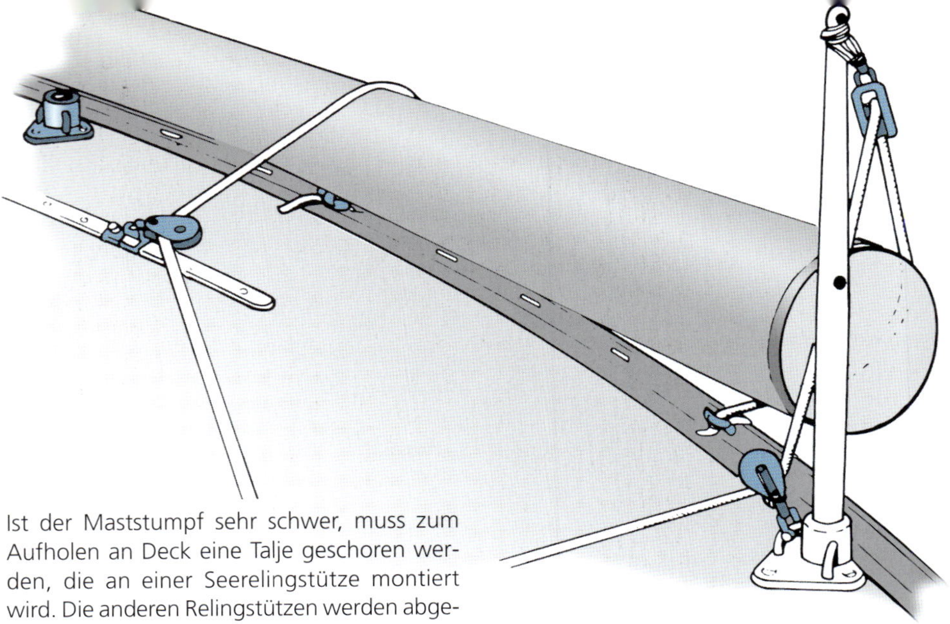

Ist der Maststumpf sehr schwer, muss zum Aufholen an Deck eine Talje geschoren werden, die an einer Seerelingstütze montiert wird. Die anderen Relingstützen werden abgebaut, sodass der Mastfuß mit einem Tampen, der in der Lochschiene gesichert ist, an Deck gehievt werden kann.

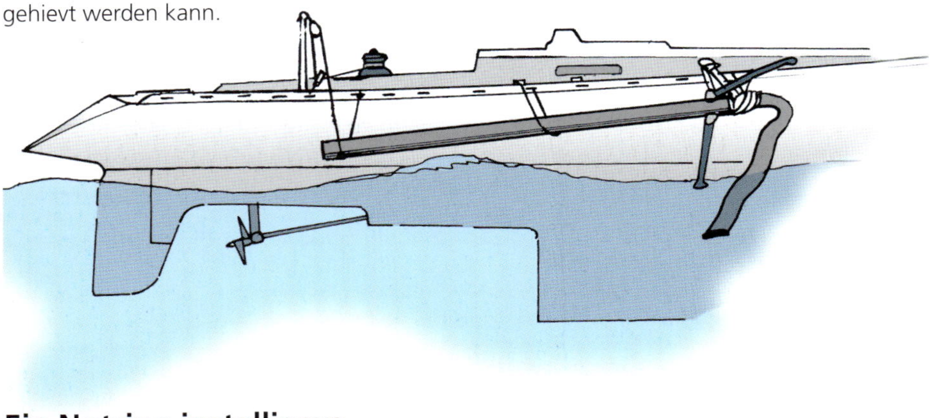

Ein Notrigg installieren

Ein wirksames Notrigg lässt sich aus dem Großbaum in Verbindung mit dem Spinnakerbaum riggen. Dies wird man versuchen, wenn der gesamte Mast über Bord gegangen ist und sich nicht wieder an Bord holen lässt. Der Großbaum wird auf, beziehungsweise neben dem Mastschuh festgelascht und an seinem Lümmelbeschlag zu beiden Seiten nach achtern und nach vorn abgestagt. An diesem »Maststumpf« kann jetzt der Spinnakerbaum als verlängernde Spiere aufgeriggt werden. Ein Rundtörn wird durch die Spi-Nock um den Baum gelegt und der Tampen durch die Öse (oder den Block) des Baumniederholers geschoren. Daran lässt sich der Spibaum vorheißen **(1)**. Für die obere Führung legt man einen Rundtörn von der Großbaum-Nock um den Spibaum. Hierfür kann der Großsegel-

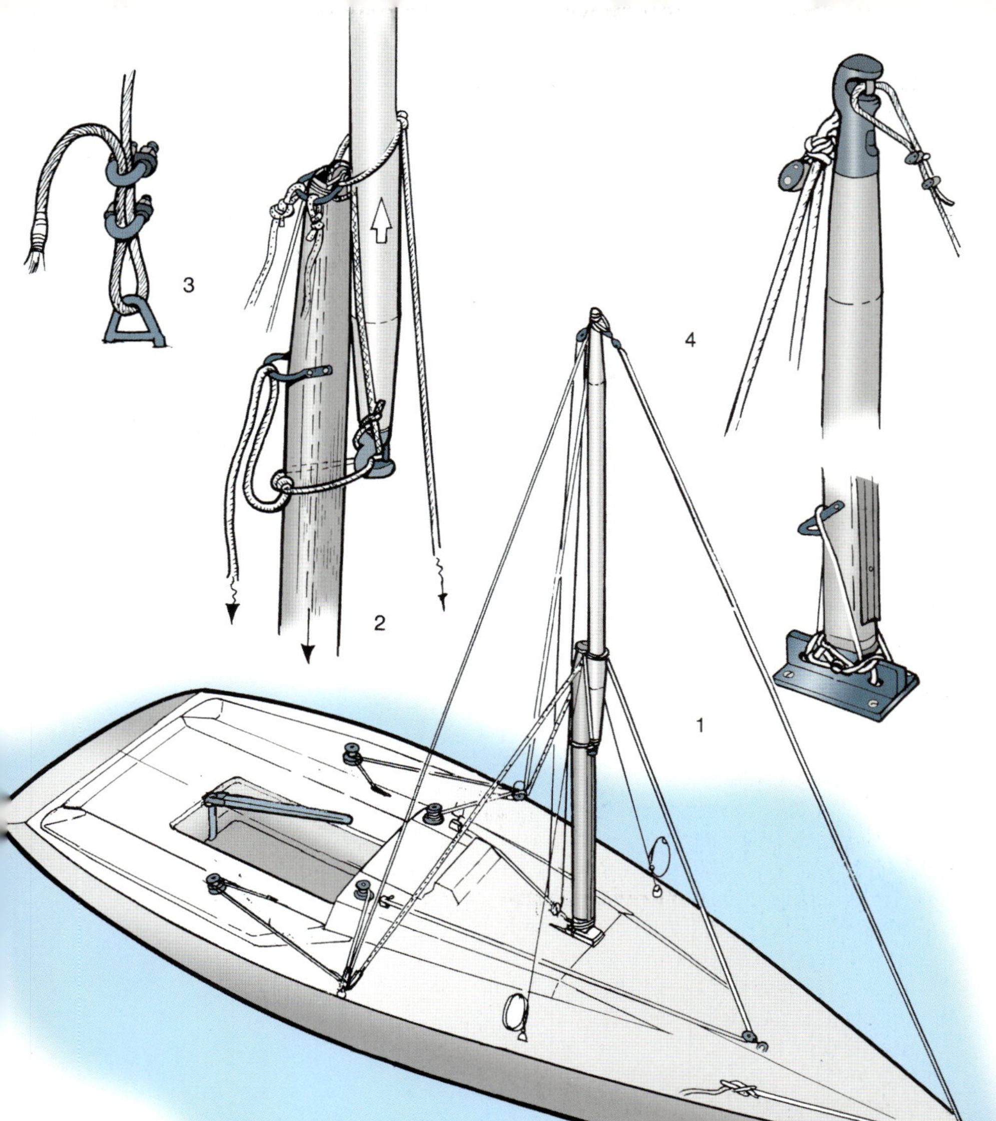

Unterliekstrecker dienen, der im Großbaum geschoren ist. Auch hier wird der Tampen an Deck zurückgeführt, damit der Rundtörn nach dem Aufriggen des Spibaumes durchgesetzt werden kann **(2)**.
Die »Oberwanten« werden aus den biegsamen Drahtfallen oder überzähligen Taufallen hergestellt. Zum Festsetzen an den Püttings eignen sich Drahtseil-Bügelklemmen **(3)**, die der »Mastbruch-Werkzeugbeutel« in ausreichender Anzahl beinhalten sollte.
Vor dem Aufriggen darf nicht vergessen werden, ein Fall für das Notsegel über einen Block an der Spibaum-Nock zu scheren **(4)**.

Stürme sicher überstehen

Chancen, einen Sturm unbeschadet zu überstehen, sind immer dann gegeben, wenn Boot und Mannschaft optimal auf die zu erwartenden Belastungen vorbereitet wurden und jeder an Bord im Ernstfall weiß, was zu tun ist.

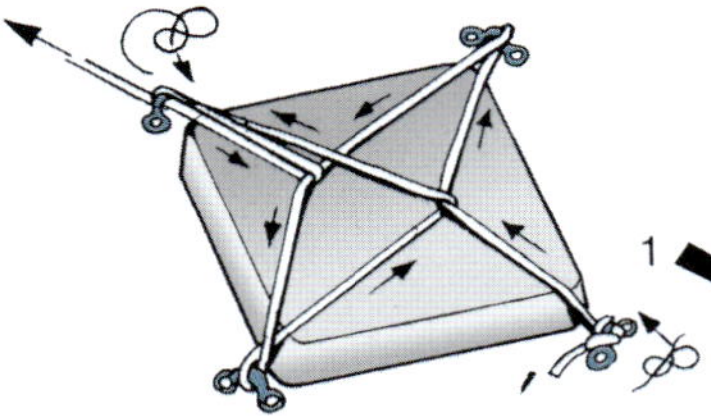

Vorbereitungen auf den Sturm, an Deck ...

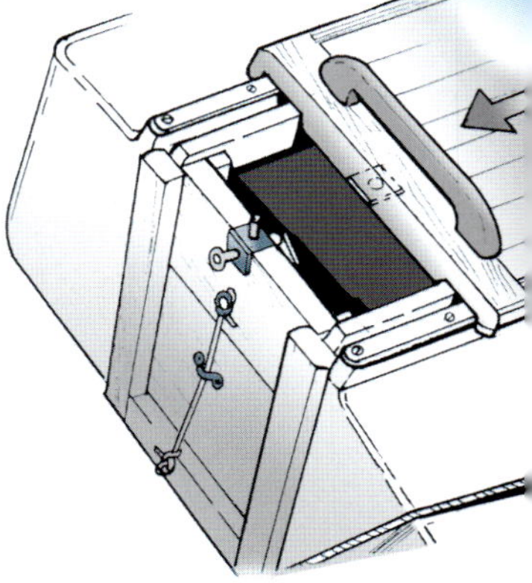

An Deck sind die meisten Vorkehrungen zu treffen. Manche Luks, zum Beispiel für Tampen- und Fender-Stauräume, haben keine Hebel oder sonstigen Verschlüsse. Sie benötigen eine sichere Verzurrung, die je nach Bordmöglichkeiten improvisiert werden kann **(1)**.
Am Heck sollte mindestens ein Feststoff-Rettungskragen aufgehängt sein **(2)**, und die Mannschaft legt Ölzeug, Rettungsweste und Lifebelt an **(3)**.
Die Dirk wird so weit wie möglich durchgesetzt, um dem Baum zusätzlichen Halt zu geben **(4)**.
Im Cockpit können gespannte Leinen hilfreich sein, um sicher auf das Seitendeck zu gelangen **(5)**.
Das Großsegel wird stark eingerefft, wenn der Wind noch mäßig ist. Das Einreffen bei Sturm gelingt meistens nicht optimal, während das Ausreffen sehr viel leichter ist. Ein einwandfrei stehendes, sehr flach gezogenes und nicht killendes Großsegel ist eine der Voraussetzungen dafür, dass die Yacht den Sturm gut übersteht **(6)**.
Sollte ein spezielles Trysegel vorhanden sein, so muss dieses am Mastfuß festgezurrt werden, damit es sofort eingesetzt werden kann **(7)**.

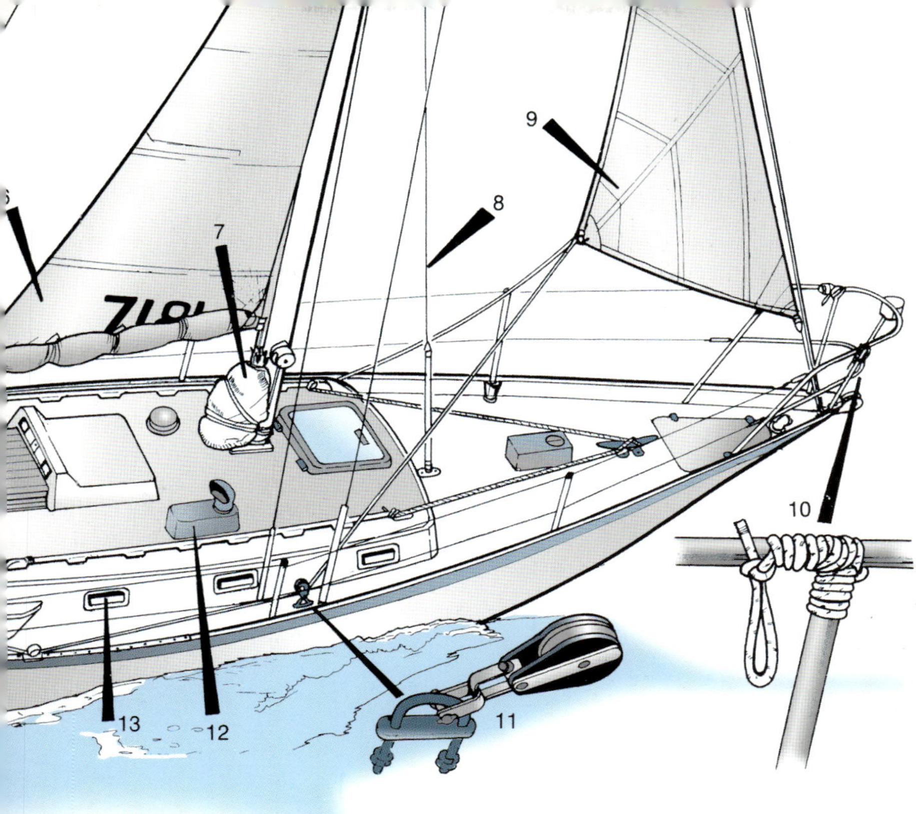

Der richtige Trimm von Wanten und Stagen ist im Sturm besonders wichtig. Sie müssen optimal dichtgesetzt werden. Vor allem die vorderen Unterwanten, beziehungsweise das Babystag **(8)** und das Achterstag müssen stark angezogen werden, um ein Durchbiegen des Mastes nach achtern zu verhindern. Die Sturmfock wird mit der Leeschot stark dichtgeholt. Damit bei einer Wende möglichst wenig Lose in das Segel kommt und ein Killen verhindert wird, holt man auch die Luvschot auf der Luvwinsch dicht **(9)**.

Am Bugkorb werden kurze Stropps festgezurrt, sodass beim Segelwechsel die Fock sofort gesichert und beigebunden werden kann **(10)**. Eine gut ausgerüstete Yacht hat neben der Genuaschiene spezielle, durchgebolzte Leitblöcke für die Sturmfock **(11)**. Sind diese nicht vorhanden, sollten Notblöcke mit starken Stropps an den Wantenpüttings beigebunden werden. Dorade-Lüfterklapppen sind aus der Windrichtung zu drehen, Pilzlüfter und sonstige Decksdurchbrüche müssen sorgfältig geschlossen werden **(12)**.

Alle Fenster, die sich öffnen lassen, benötigen eine spezielle Kontrolle unter Deck **(13)**. Die Niedergangschotten werden eingesteckt und von außen mit einem Stropp so gesichert, dass sie im Extremfall nicht aufschwimmen können **(14)**.

Eine Identifikation des Bootes (Bootsname oder Segel- bzw. Rennummer) auf der Relingsschürze ist für eventuell notwendige Rettungsaktionen vorteilhaft. Da diese Persenning im Sturm stark beansprucht wird, sollte sie extra stark festgezurrt werden **(15)**.

Als mögliche Hilfe für ein über Bord gegangenes Besatzungsmitglied können zwei Leinen mit eingeknoteten Haltegriffen über das Heck ausgebracht werden **(16)**.

... und unter Deck

Leichtwettersegel werden abgeschlagen und, in Segelsäcke verpackt, sicher in der Backskiste verstaut **(1)**.

Die Handlenzpumpe muss auf ihre Funktionstüchtigkeit überprüft werden **(2)**.

Alle Werkzeuge, die eventuell bei einer Havarie – wie Mast- oder Pinnenbruch – notwendig sind, werden in der Nähe des Niedergangs, zum Beispiel in der Hundekoje, gestaut, desgleichen Ersatzpinne und Notsignale **(3)**.

Der Smut kocht vorbeugend eine kräftige Suppe, die in Thermoskannen abgefüllt wird **(4)**.

Ein Blick in die Bilge ist wichtig: Eventuell vorhandenes Bilgewasser sowie Schmutz oder Motorenöl müssen sorgfältig entfernt werden **(5)**.

Die Kojen müssen mit Leesegeln oder Schlingerbrettern versehen werden, damit die Freiwache sich ungestört ausruhen kann **(6)**.

Die Toilette wird leergepumpt, die Ventile geschlossen **(7)**.

In der Achterpiek werden die langen Leinen sorgfältig aufgeschossen und so klargelegt, dass sie gegebenenfalls für das Ausbringen eines Treibankers, zum Nachschleppen beim Lenzen vor dem Sturm oder zum Abbergen sofort zur Hand sind **(8)**.

Die Cockpitlenzer müssen von möglichen Verunreinigungen befreit werden **(9)**.

Alle losen Teile aus der Kajüte werden, sofern sie nicht in geschlossenen Schapps Platz finden, in einem Seesack in der Backskiste verstaut **(10)**.

Die Pole der Batterie sollten extra dick mit Polfett einbalsamiert werden **(11)**.

Der Brennstofftank ist vollständig zu füllen, sofern sich noch lose Reservekanister an Bord befinden **(12)**.

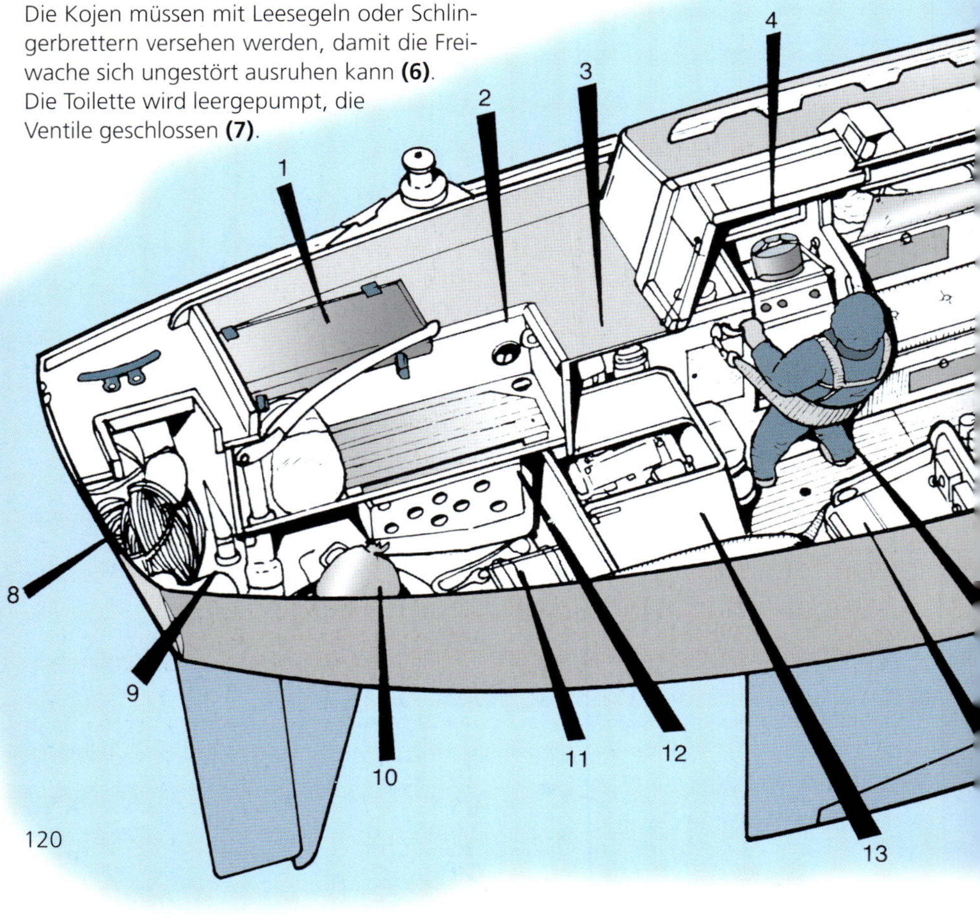

Alle Seeventile, bis auf die Motorkühlung, müssen geschlossen werden **(13)**.
Auf dem Kartentisch befestigt der Navigator alle eventuell in Frage kommenden Seekarten mit Tape und legt das Wegpunkt-Verzeichnis für den GPS-Navigator bereit **(14)**. Alle Rundfunkstationen und ihre Sendezeiten für Wetterberichte müssen jederzeit abrufbar sein.
Wenn möglich, sollten Arbeitsgurte an Pantry und Navigation geriggt werden. Ein eventuell vorhandener Kajütteppich ist zu verstauen **(15)**.
Die Thermoskannen mit heißer Suppe sollten in Griffnähe der Freiwache am Kopf der Kojen sicher verstaut beziehungsweise festgebunden werden **(16)**.
Alle Schapps und Türen sind zu überprüfen, ob sie fest schließen. Notfalls müssen sie mit Tape extra verklebt werden. Schubladen werden mit Band oder Tape ebenfalls gesichert, da sie beim harten Einsetzen in die Seen herausspringen können **(17)**.
Die zwei erfahrensten Leute sollten noch bei ruhigem Wetter zur Koje gehen, da sie beim Einsetzen des Sturmes am dringendsten gebraucht werden **(18)**.

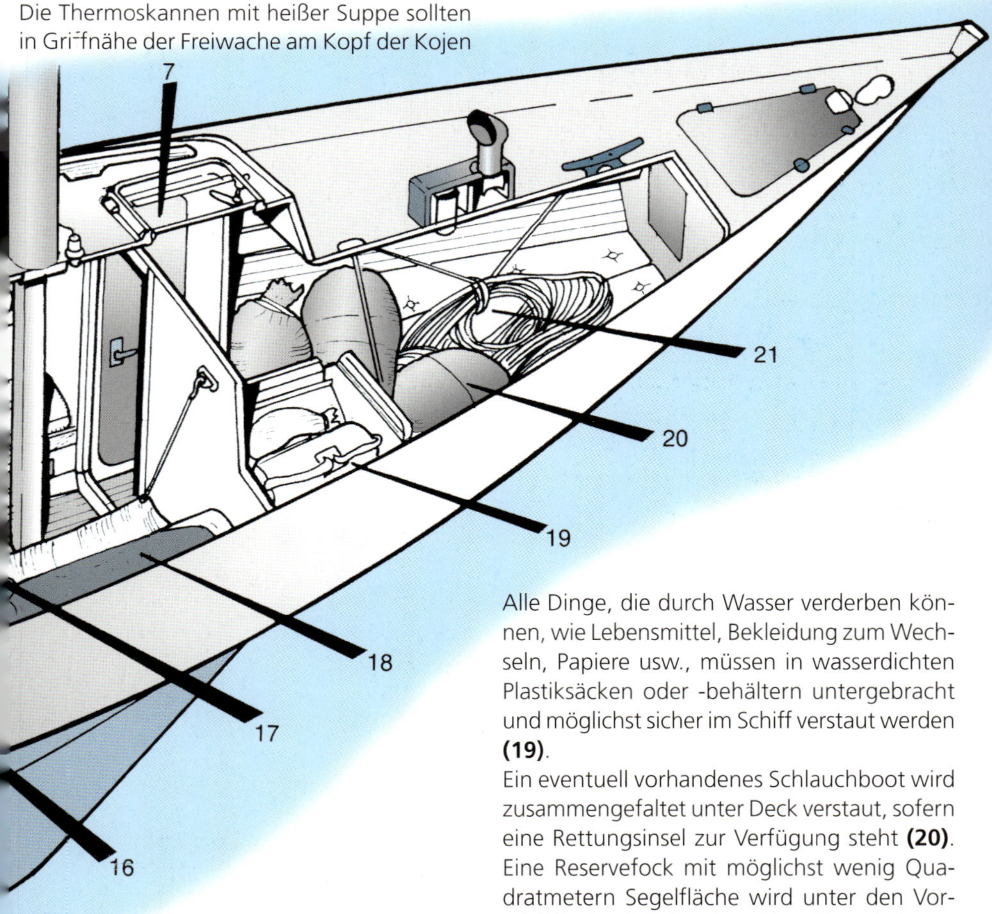

Alle Dinge, die durch Wasser verderben können, wie Lebensmittel, Bekleidung zum Wechseln, Papiere usw., müssen in wasserdichten Plastiksäcken oder -behältern untergebracht und möglichst sicher im Schiff verstaut werden **(19)**.
Ein eventuell vorhandenes Schlauchboot wird zusammengefaltet unter Deck verstaut, sofern eine Rettungsinsel zur Verfügung steht **(20)**.
Eine Reservefock mit möglichst wenig Quadratmetern Segelfläche wird unter den Vorschiffskojen bereitgelegt. Sie sollte mit Reserveschoten ausgerüstet sein **(21)**.

Die Vorbereitung der Crew

Von besonderer Bedeutung für das Überstehen eines Sturmes ist die Bekleidung der Crew. Der Zubehörhandel bietet heute Spezialanzüge und Wärmeschutz-Unterzeug an, die eine Unterkühlung des Körpers auch in kälteren Zonen verhindern.

1: Am wichtigsten ist ein wasserdichter Overall mit Innenfutter, das die kondensierende Feuchtigkeit vom Körper fern hält und gleichzeitig wärmt.

2: Eine am Handgelenk zu tragende wasserdichte Elektronenblitz-Leuchte ermöglicht das Wiederauffinden nach einem möglichen Mann-über-Bord-Unfall.

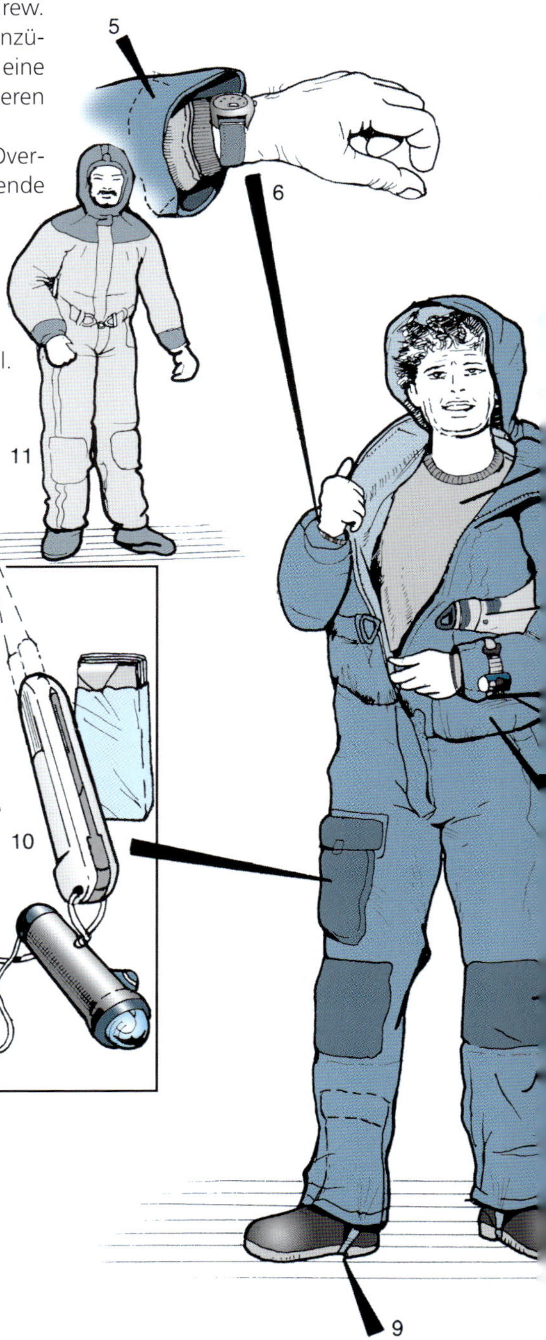

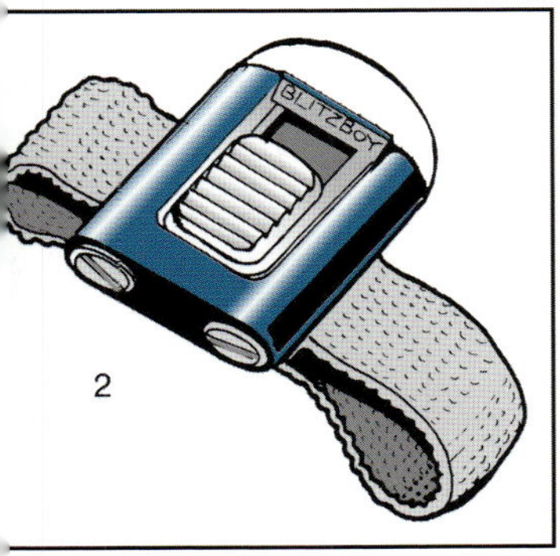

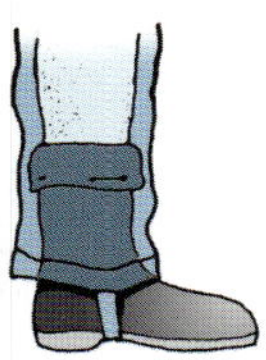

3: Eine ohnmachtssichere, selbstaufblasende Rettungsweste mit einem Auge zum Einpicken des Lifebelts wird über dem Overall angelegt. Sie behindert auch beim ständigen Tragen nur wenig.

4: Ein Sicherheitsgurt ist zum Einhaken der Sicherungsleine (Lifebelt) notwendig. Er ist entweder in die Rettungsweste integriert oder wird extra angelegt.

5: Wasserdichte oder wasserabweisende Manschettenverschlüsse sind von Vorteil.

6: Eine absolut wasserdichte Armbanduhr sollte selbstverständlich sein.

7: Ein guter Overall zeichnet sich durch eingearbeitete Verstärkungen im Gesäß- und Kniebereich aus.

8: Die Gummistiefel sollten kurzschaftig und sehr flexibel sein.

9: Ein Gummiband zur Sicherung unter dem Stiefel beziehungsweise mit Klettband zu verschließende Hosenbunde verhindern beim Arbeiten an Bord, dass man an vorspringenden Decksteilen hängen bleibt.

10: In der – möglichst wasserdichten – Overalltasche sollten enthalten sein: Pflaster, Leukoplast oder Tape, wasserdichte kleine Taschenlampe, Marlspieker, Messer, Papiertaschentücher, Pfefferminz- und andere Bonbons, eingeschweißte Schokolade oder Traubenzucker, Müsliriegel.

11: Wird überwiegend in besonders kalten Gewässern gesegelt, sollte ein spezieller, auch unter extremen Bedingungen im Wasser wärmender Thermo-Overall gewählt werden.

12: Ist dieser nicht vorhanden, muss besonders der Kopf gegen Auskühlung durch eine warme Mütze sowie eine gut sitzende, fest mit dem Overall verbundene Kapuze geschützt werden. Dann ist auch Spezial-Thermo-Unterwäsche erforderlich beziehungsweise Jacke und Hose aus Faserpelz, die unter dem Overall getragen werden **(13)**.

Die Segelführung bei Sturm

Das Segeltragevermögen ist direkt abhängig von der Größe einer Yacht, beziehungsweise ihren Verdrängungs- und Stabilitätsverhältnissen. Bei Windstärke 7 kann eine kleine Kielyacht von etwa sechs Metern Länge nur noch eine Sturmfock tragen, während eine moderne Yacht von zwölf Metern Länge noch mit stark gerefftem Groß und kleiner Fock segelt. Die Maxi-Rennyacht von etwa 24 Metern Länge ist hingegen bei diesem Wind gerade in ihrem Element und läuft unter der mittelgroßen Genua II sowie einfach gerefftem Großsegel.

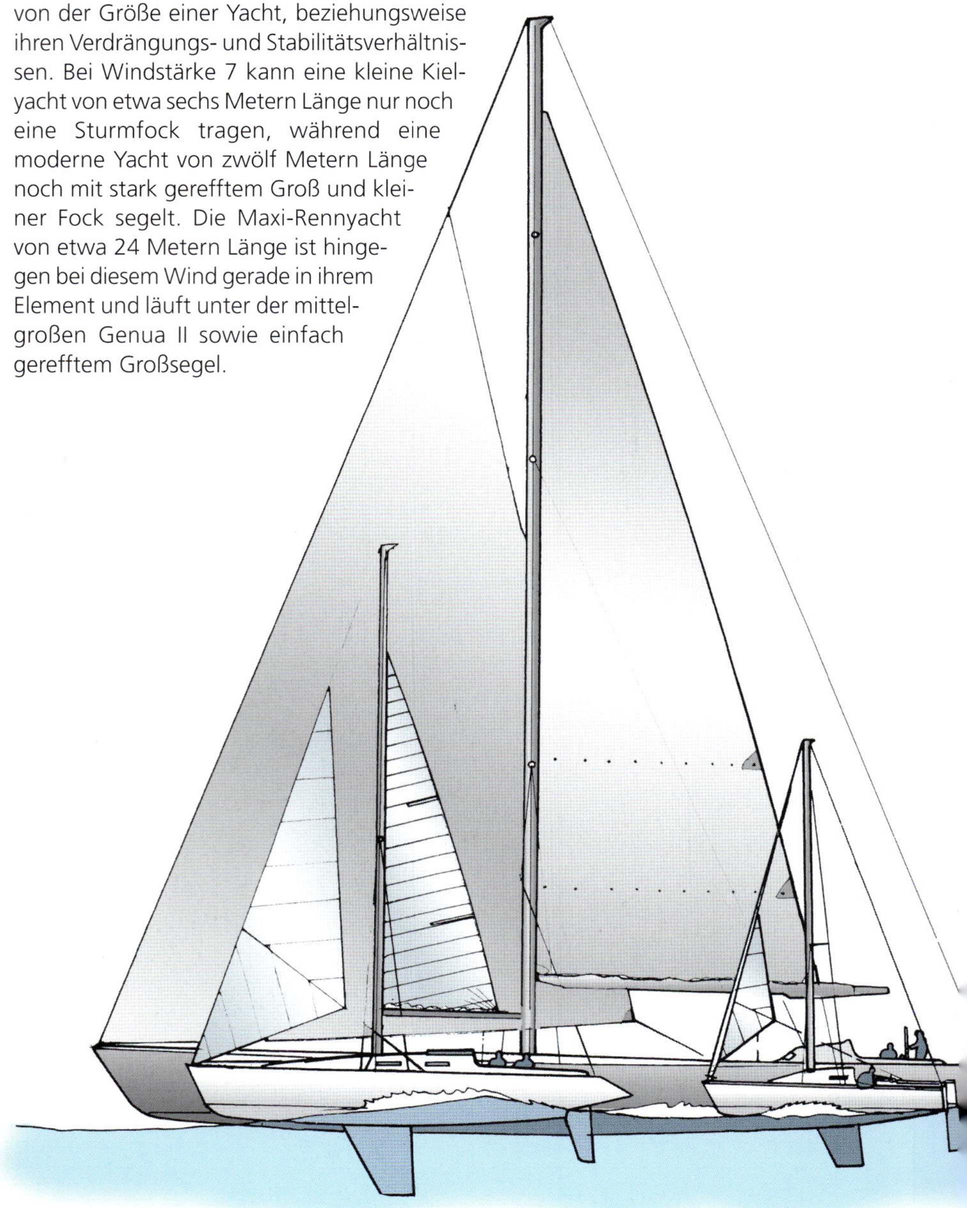

Die Rollfock als Sturmsegel

Problematisch als Sturm-Vorsegel sind Rollreff-Genuas, da sie in weit aufgerolltem Zustand ein ungünstiges Profil haben können und sich selbst mit starkem Schotzug nicht optimal flachtrimmen lassen. Das liegt vor allem auch an dem relativ spitzen Winkel, der durch die Schnittführung von Achter- und Unterliek am Schothorn einer Rollreff-Genua entsteht. Die Lieken einer echten Sturmfock bilden hingegen am Schothorn einen Winkel von wenigstens 120 Grad, wodurch sich das Segel extrem flachtrimmen lässt – eine Voraussetzung für optimalen und noch Vortrieb (beziehungsweise wenig Krängung) bringenden Stand. Für Sturmfahrten sollte daher auch eine spezielle Sturmfock zur Verfügung stehen, die entweder bei einer Sturmankündigung in das feste Stag der Rollanlage eingezogen oder mithilfe einer verzurrbaren Lasche über die eingerollte Genua gezogen wird.

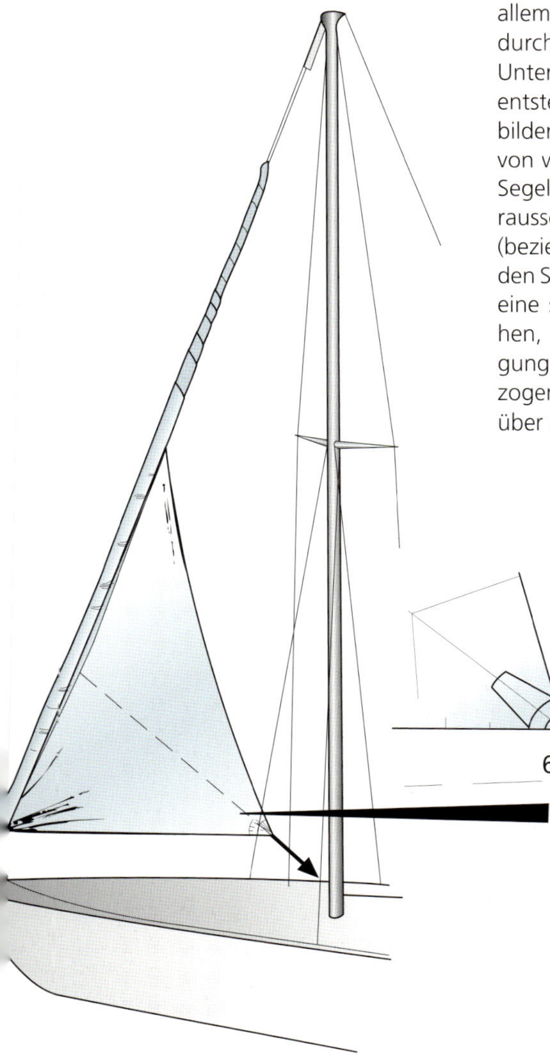

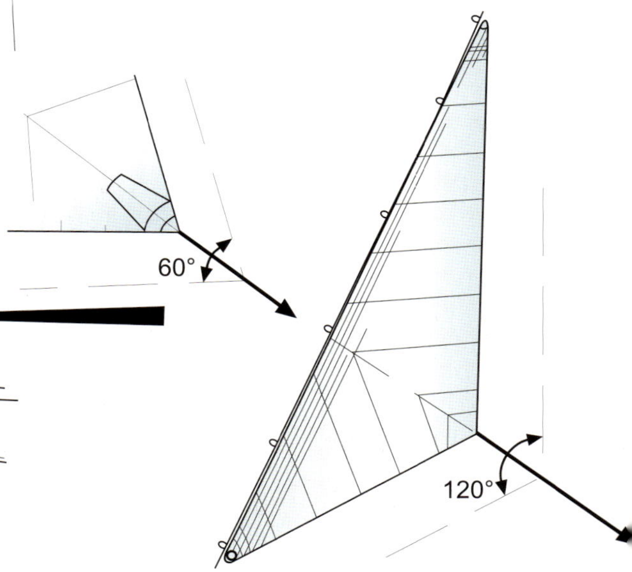

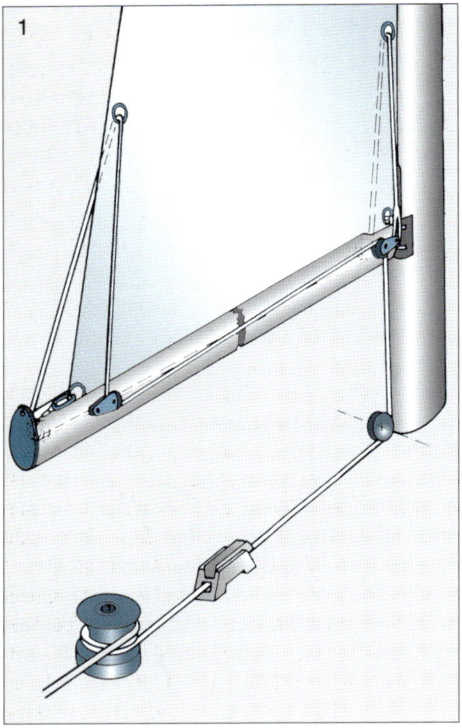
1

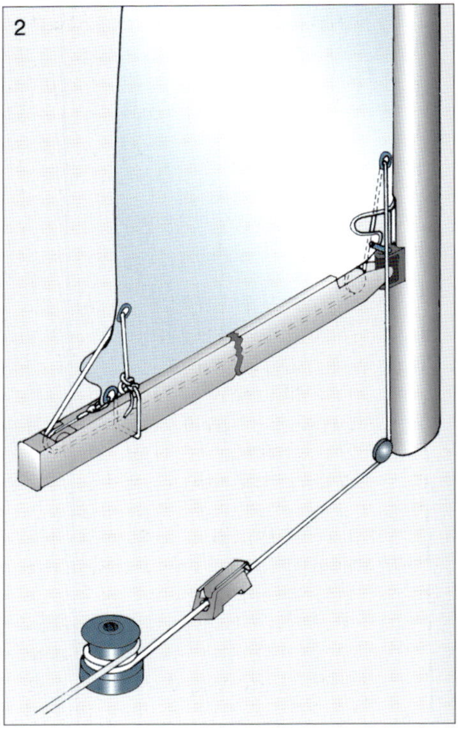
2

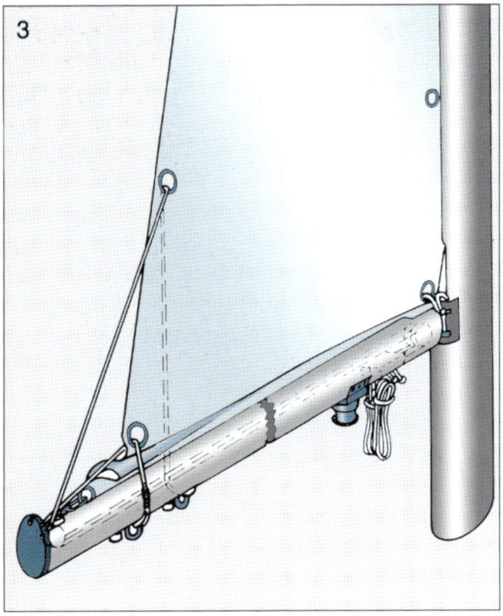
3

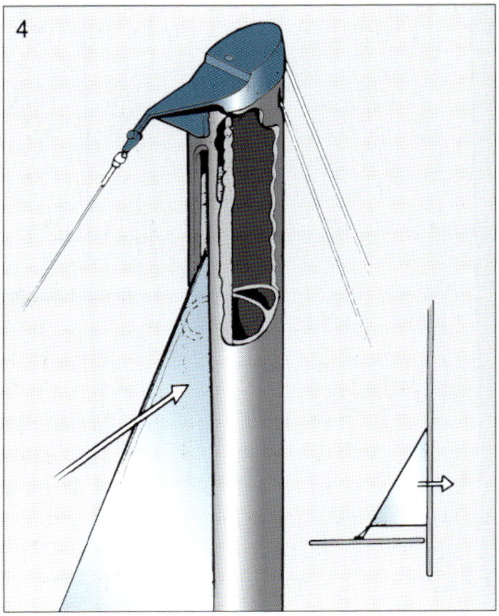
4

Reffen mit einem Smeerreep

Es gibt verschiedene Systeme, um das Großsegel von der Plicht aus mit nur einem Smeerreep zu reffen.

1: Auf größeren Yachten hat sich diese Konstruktion bewährt: Das Reep wird seitlich an der vorderen Baumnock angeschlagen, läuft von dort nach oben durch die Vorliekkausch und wieder zurück in den Baum, wo es nach achtern umgelenkt wird. Von der achteren Baumnock führt das Reep nach oben durch das Achterliek-Reffgattchen, wieder zurück in den Baum und durch diesen hindurch nach vorn, wo es austritt und bis zur Winsch auf dem Kajütdach umgelenkt wird. Wenn man jetzt das Großfall fiert, kann das Großsegel mithilfe der Winsch komplett gerefft werden. Nachteil: Das System lässt nur eine Reffstufe zu.

2: Kleine Yachten sind mit diesem System gut bedient: Das Smeerreep wird achtern am Baum angeschlagen, läuft von dort nach oben durch das Achterliek-Reffgattchen und wieder zurück in die Baumnock, wo es nach vorn umgelenkt wird. Hier tritt das Reep über eine Umlenkrolle aus, führt nach oben durch die Vorliekkausch und von dort wieder nach unten zum Mastfuß, wo es nach achtern zur Winsch auf dem Kajütdach umgelenkt wird. Auch hier kann der gesamte Reffvorgang von der Plicht aus durchgeführt werden.

Reffen mit zwei Smeerreeps

3: Auf den meisten größeren Yachten findet man ein Großsegel-Reffsystem mit zwei getrennten Smeerreeps. Sie laufen jeweils von ihrem Anschlagpunkt achtern am Baum durch Reffgattchen im Achterliek, werden wieder zurück in den Baum geführt, durch den sie hindurchlaufen und vorn über Umlenkrollen unterhalb des Lümmelbeschlages austreten. Moderne Bäume haben hier integrierte Hebelklemmen, mit denen man das jeweilige Smeerreep nach dem Reffvorgang festsetzen kann. Geholt werden die Smeerreeps mit einer speziellen Winsch an der Achterkante des Mastes. Dieses System hat den Nachteil, dass man zuerst das Großsegel-Vorliek so weit fieren muss, bis sich die jeweilige Vorliekkausch über einen Bügel am Lümmelbeschlag haken lässt. Nach dem Reffvorgang muss das Fall erneut dichtgesetzt werden. Dennoch ist es heute die gebräuchlichste Reffmethode auf Fahrtenyachten.

Rollreff im Mast

4: Auf größeren Fahrtenyachten ab etwa zehn bis zwölf Meter Länge und einer Großsegelfläche von zirka 30 Quadratmetern aufwärts hat sich das hier gezeigte Reffsystem im Mast bewährt. Dabei wird das Segel auf ein innen liegendes Stag gewickelt, das über eine Mechanik am Mastfuß manuell oder elektrisch drehbar ist. Auf diese Weise kann das Großsegel ohne Fieren oder Dichtholen des Falls problemlos vom Cockpit aus eingerollt werden. Der Reffvorgang erfolgt also nicht senkrecht von oben nach unten, sondern waagerecht zum Mast hin. Der Nachteil ist, dass keine herkömmlichen Segellatten gefahren werden können. Das Großsegel muss im Achterliek eher hohl geschnitten sein. Neuerdings verwendet man auch senkrecht eingearbeitete, also parallel zum Mast stehende Latten.

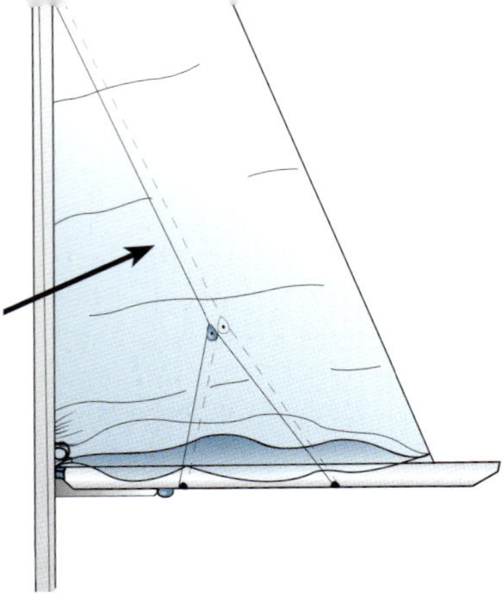

und großen Geschwindigkeits-Potentials sicher vor den Seen surfen können. Wichtig ist hier nur, dass ein Kurs genau vor dem Wind eingehalten und damit ein Querschlagen vermieden wird.
Am besten haben sich beim Ablaufen vor Wind und Welle Fahrtenyachten bewährt, bei denen die größte Breite nicht zu weit achtern liegt, die aber über viel Auftrieb im Bug- und Heckbereich verfügen. Spitzgattige Yachten beziehungsweise Yachten mit so genanntem Kanuheck sind besonders bei amerikanischen Langfahrtseglern beliebt **(1)**. Es ist jedoch eine irrtümliche Meinung, dass spitzgattige Hecks besser mit den Seen von achtern fertig wer-

Refferleichterungen

Auf den alten Segelschiffen waren so genannte »Lazy Jacks« (Faulenzer) unentbehrlich, seitlich vom Mast zum Baum geführte Hilfsleinen, die die Aufgabe hatten, das an der Gaffel gefahrene riesige Großsegel beim Reffen oder Bergen aufzufangen. Auf modernen Yachten macht man sich dieses System heute wieder zunutze, wenn es darum geht, die immer größer werdenden Großsegel zu bändigen. Beim Reffen leisten Lazy Jacks in der gezeigten Form gute Dienste, insbesondere, weil man sie gleichzeitig als doppelte Dirk verwenden kann, die den Baum beim Reffvorgang auf sicherer Höhe hält. Für Großsegel mit durchgehenden Segellatten sind Lazy Jacks unentbehrlich.

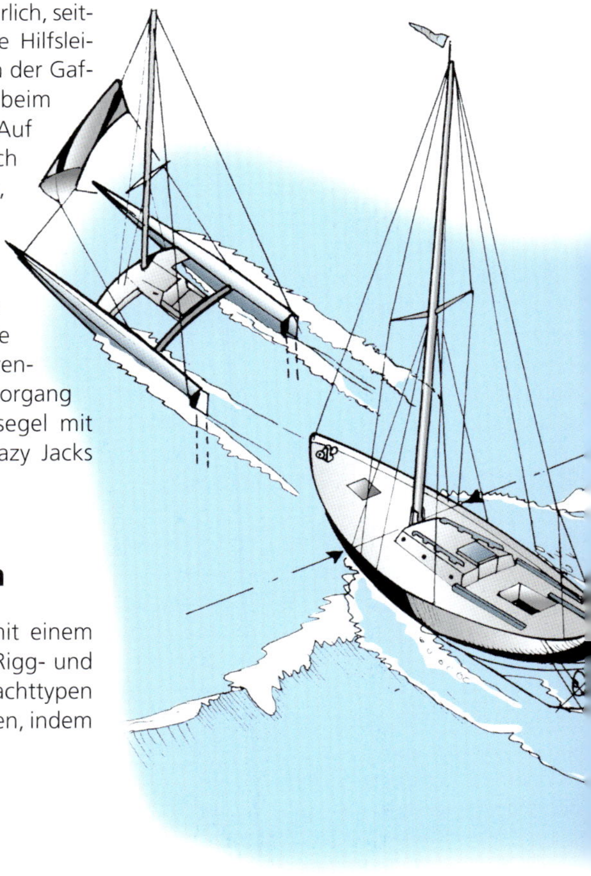

Ablaufen vor dem Sturm

Wie eine Segelyacht am besten mit einem Sturm fertig wird, hängt von ihrer Rigg- und Rumpf-Konstruktion ab. Manche Yachttypen überstehen einen Sturm am sichersten, indem sie vor Wind und Wellen ablaufen.
Dazu gehören Mehrrumpf-Konstruktionen, die auf Grund ihres geringen Gewichtes

den. Spiegelhecks haben sich als ebenso seetüchtig erwiesen, sofern sie genügend »Reservedeplacement«, also wasserverdrängendes Volumen, aufweisen. Langkieler verhalten sich beim Ablaufen vor dem Sturm am kursstabilsten. Eventuell lässt sich die Kursstabilität durch das Nachschleppen von Leinen noch erhöhen.

Beiliegen vor Treibanker

Kritisch kann das Ablaufen für Verdrängeryachten werden, die hohe Achterschiffs-Aufbauten, so genannte Poopdecks, hohe Ruderhäuser und scharfe Bugsektionen aufweisen. Insbesondere Kielschwert-Ausführungen neigen hier zum Querschlagen **(2)**. Diese Yacht-Typen sollten besser am Wind beigelegt werden oder vor Treibanker gehen, der am Bug ausgebracht wird. Der große Luftwiderstand im Achterschiffsbereich trägt dann dazu bei, dass die günstigste Lage zur Wind- und Wellenrichtung stabilisiert wird.

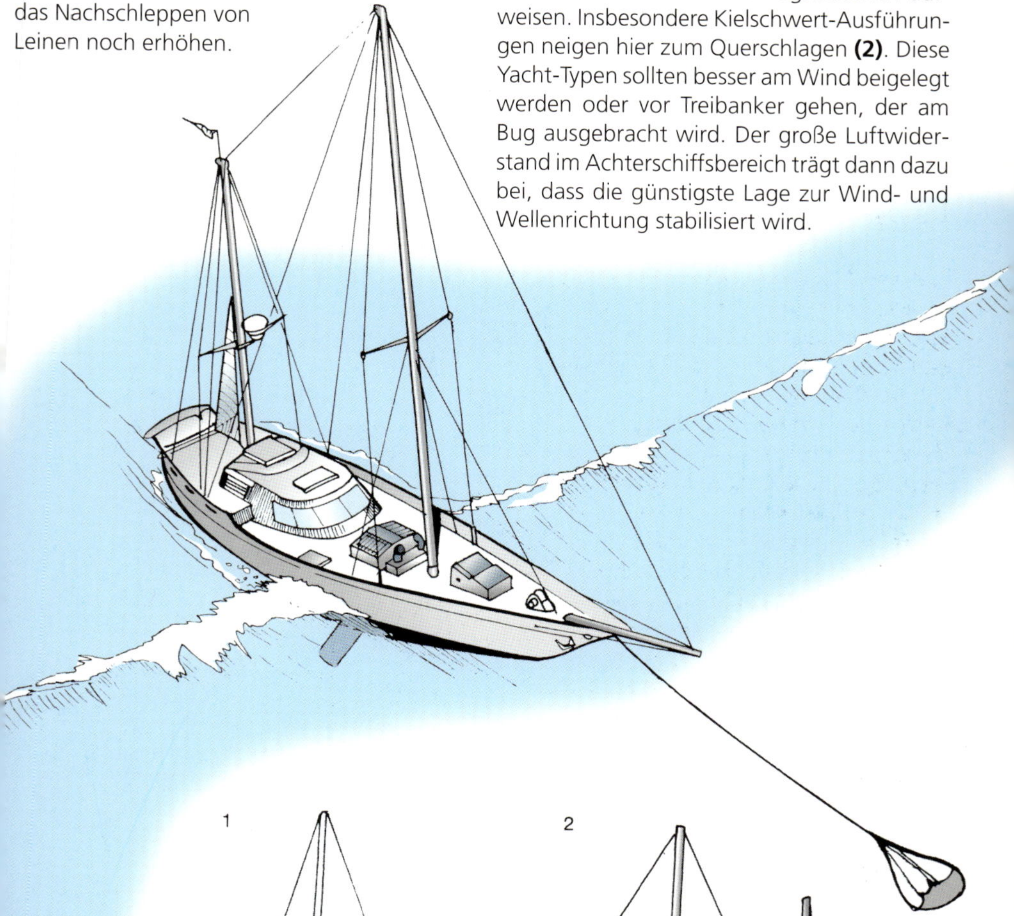

1

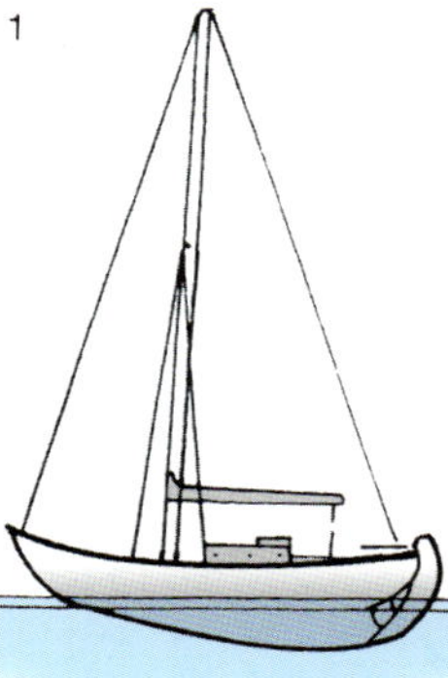

2

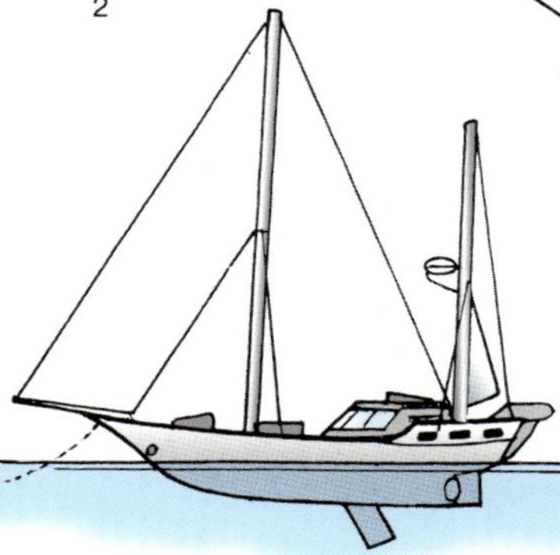

Segeltaktik bei hoher Welle

Leichte, moderne Yachten mit geteiltem Lateralplan überstehen einen Sturm am besten, wenn sie unter Sturmbesegelung am Wind gehalten werden können. Die Taktik in der Welle ist dabei folgendermaßen: Vor der anlaufenden See wird so weit wie möglich angeluvt, sodass der Bug in einem sehr spitzen Winkel den Wellenkamm durchbricht.

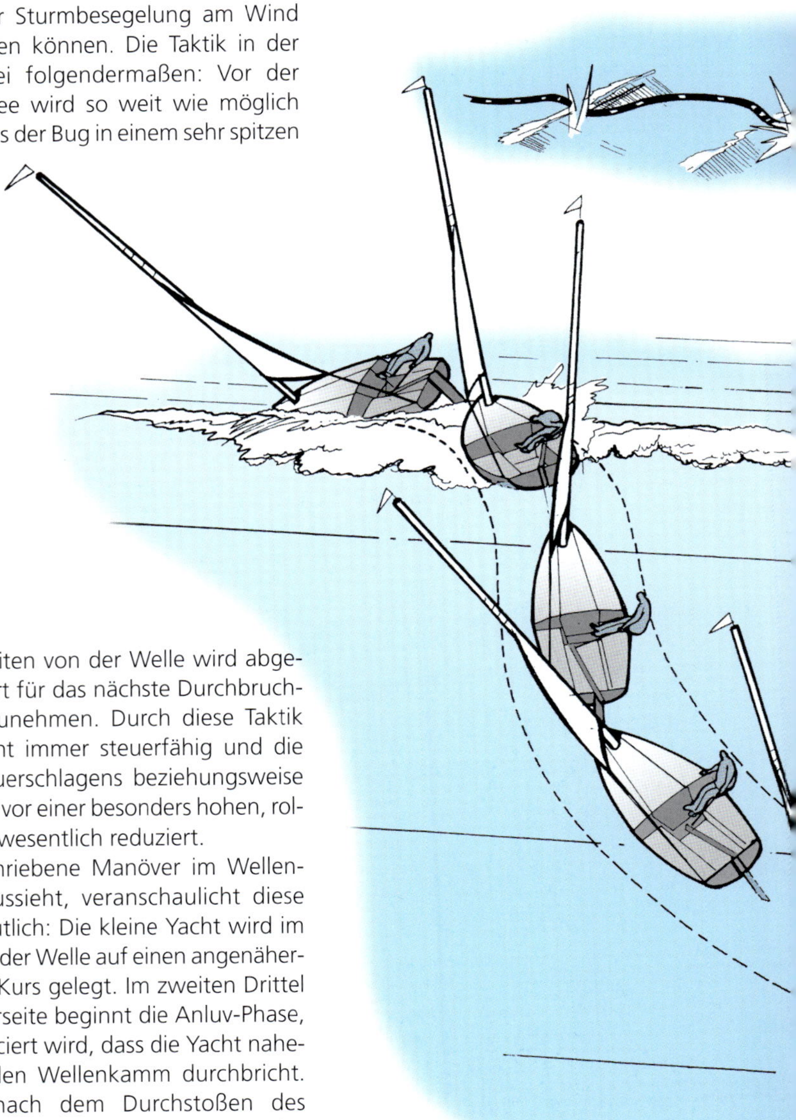

Beim Hinabgleiten von der Welle wird abgefallen, um Fahrt für das nächste Durchbruch-Manöver aufzunehmen. Durch diese Taktik bleibt die Yacht immer steuerfähig und die Gefahr des Querschlagens beziehungsweise Durchkenterns vor einer besonders hohen, rollenden See ist wesentlich reduziert.

Wie das beschriebene Manöver im Wellenquerschnitt aussieht, veranschaulicht diese Zeichnung deutlich: Die kleine Yacht wird im unteren Drittel der Welle auf einen angenäherten Halbwind-Kurs gelegt. Im zweiten Drittel der See-Vorderseite beginnt die Anluv-Phase, die so weit forciert wird, dass die Yacht nahezu im Wind den Wellenkamm durchbricht. Unmittelbar nach dem Durchstoßen des Kamms wird Leeruder gegeben, sodass das Boot mit einem Kurs von etwa 60 Grad den Wellenrücken hinuntergleitet.

Ablaufen mit Segelyachten

Wenn der Sturm eine Stärke erreicht hat, die das Gegenansegeln unmöglich macht, kann auch eine Regattayacht nur noch vor den Seen ablaufen. Eine erfahrene Crew wird mit aufmerksamer Ruderführung die Yacht sicher vor den Wellen auf Kurs halten. Die Segelfläche muss so bemessen sein, dass das Schiff auch im Surf vor der Welle noch steuerfähig bleibt. Nur dann kann das gefürchtete Querschlagen zuverlässig verhindert werden.

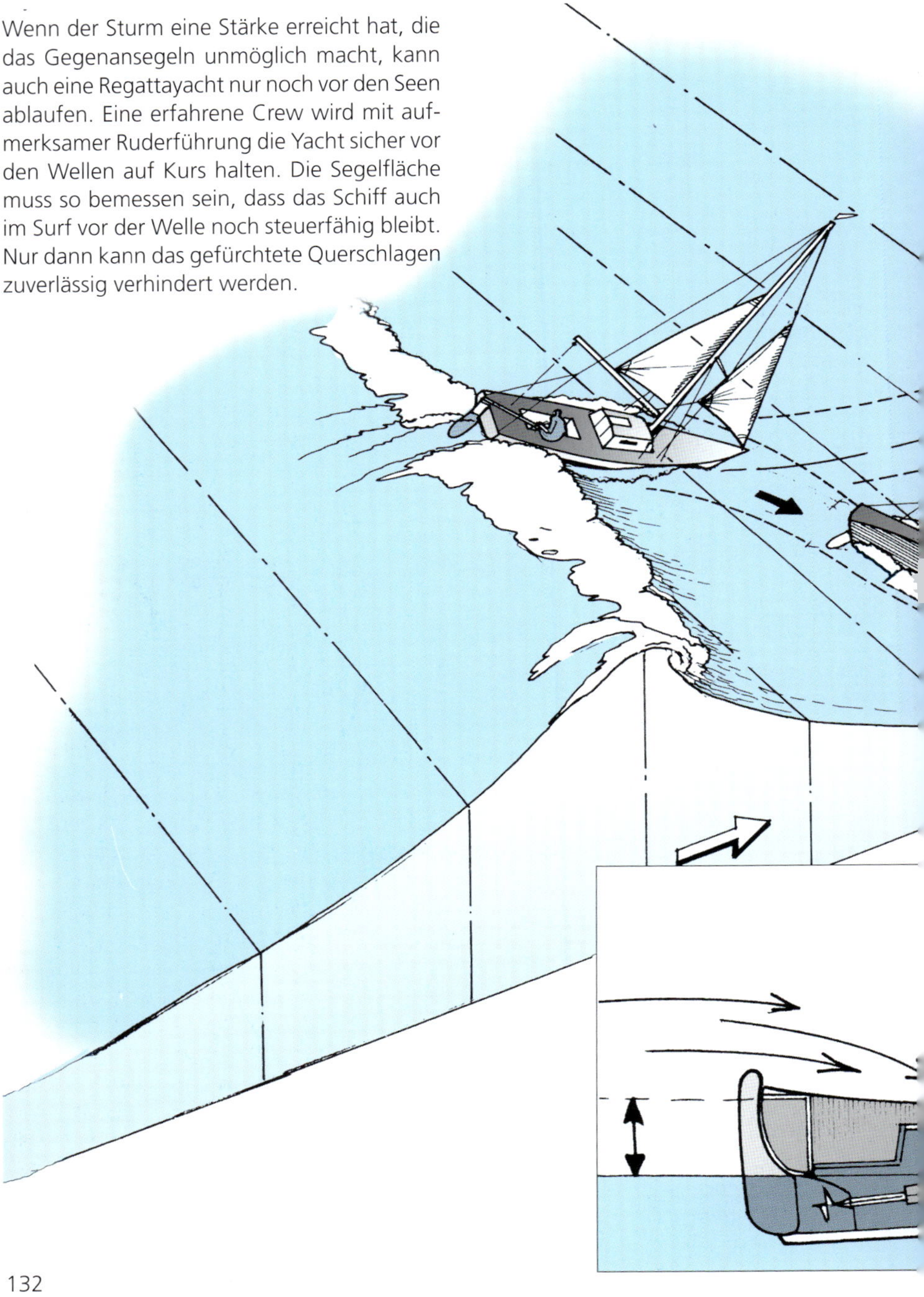

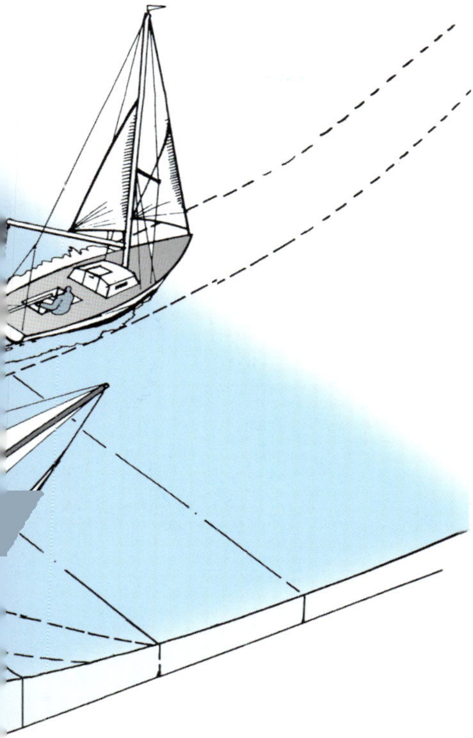

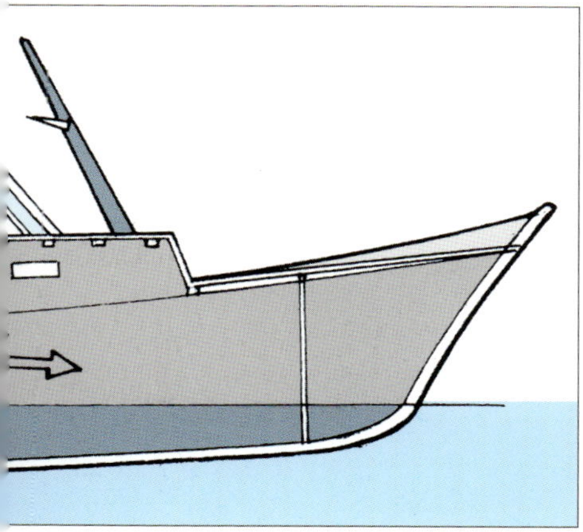

Ablaufen mit Motoryachten

Kleinere, halb offene Motorboote des konventionellen Verdrängertyps sind beim Ablaufen in hohem Seegang stark gefährdet. Durch den niedrigen Freibord können brechende Wellenkämme leicht in die Plicht gelangen, die wegen des dort installierten Motors gewöhnlich sehr tief und groß ausgelegt ist. Zur Kajüte ist bei den meisten Bootstypen keine ausreichende Abschottung vorgesehen, sodass sich die Wassermassen ungehindert im gesamten Rumpf ausbreiten können. Ein sekundenschnelles Sinken über das Heck ist die Folge. Motorboote dieser Bauart müssen daher, sollten sie unausweichlich an der Küste in einen schweren Sturm geraten, stets gegen die Wind- beziehungsweise Wellenrichtung gesteuert werden.

Alle anderen, größeren Motoryachten, ob Verdränger oder Halbgleiter mit hohem Freibord, sind bei langer achterlicher Sturmsee unproblematisch. Kritisch wird es nur in einer See, deren Länge der einfachen bis doppelten Bootslänge entspricht und deren Höhe die des Freibords übersteigt. Auf dem Vorderhang der Welle wird das Boot durch die Schwerkraft gerne zu schnell, und der Bug läuft sich im Tal oder im Anstieg der vorausliegenden Welle fest oder unterschneidet sogar, wobei das Boot querschlagen kann. Das wird bei Motorbooten aber nur gefährlich, wenn achteraus ein besonders steiler Brecher herankommt, gegen den man das Boot dann am besten ganz auf Gegenkurs bringt. Falsch ist es, in einer solchen Lage abrupt die Fahrt zu mindern oder zu stoppen, weil sich dann die Hecksee des Bootes mit der Welle achtern überlagert und das Boot einholt. Es ist immer richtig, in solcher See langsamer als die Wellen zu fahren. Vor allem hüte man sich, auch nur fünf Sekunden lang auf dem Wellenkamm zu reiten, da besteht höchste Kentergefahr.

Boote, die mit Sicherheit 17 Knoten durch das Wasser laufen können, lassen sich auf dem

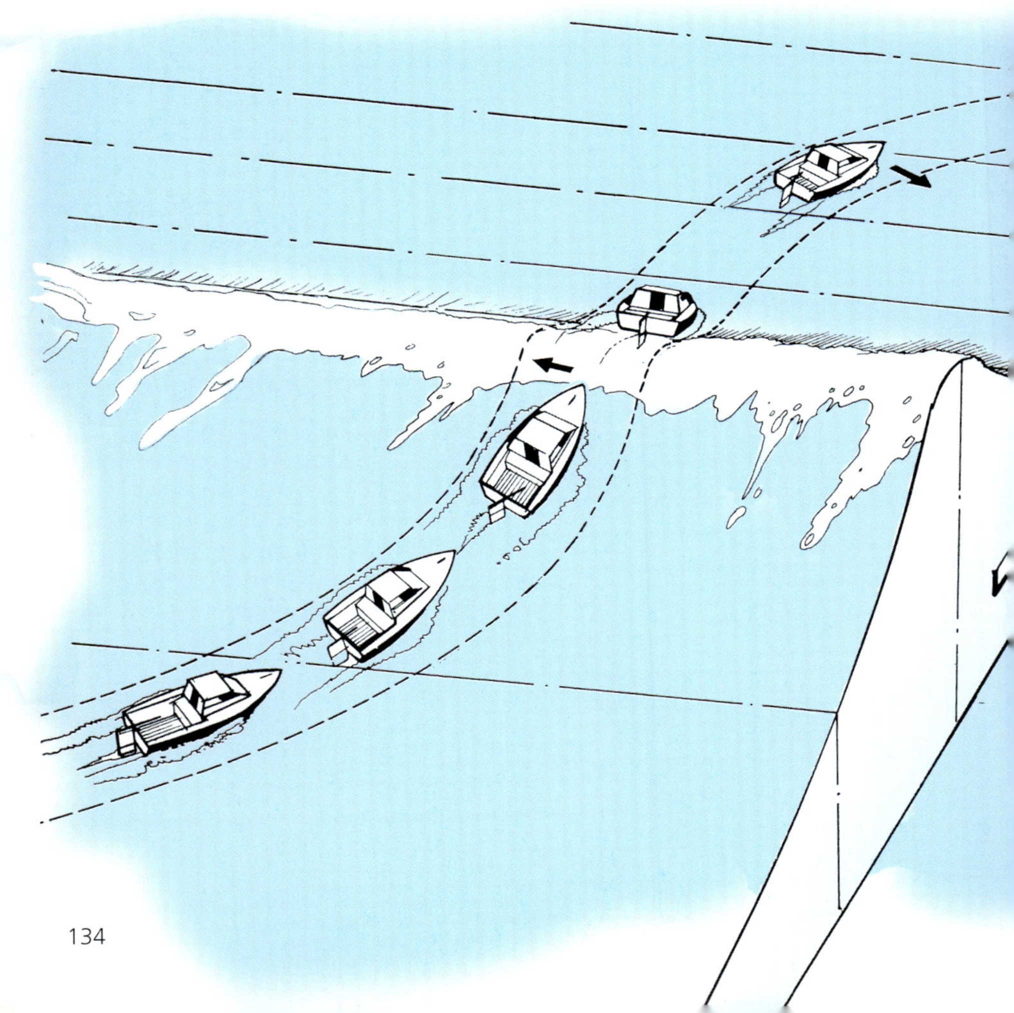

Rücken einer Grundsee über die Barre in den Hafen oder Fluss reiten. Man muss mit dem Gashebel so spielen, dass das Boot nicht auf den Kamm klettert, aber auch nicht ins Tal hinter sich zurücksackt. Es ist immer besser, in erkennbare Grundseen nicht hineinzufahren. Hier wird noch einmal verdeutlicht, wie die Taktik des Ablaufens vor Wind und Welle mit einem Motorboot am zweckmäßigsten ist: Der Skipper hält stets Ausschau nach achtern. Kommt eine besonders steile, brechende See auf, so wird das Boot rechtzeitig im Wellental gewendet und mit geringer Fahrt auf Gegenkurs gebracht, bis der Wellenkamm durchbrochen ist. Im darauf folgenden Wellental wird wiederum zügig der Vorm-Wind-Kurs eingeschlagen. Man hüte sich aber davor, das Manöver zu spät zu fahren, also direkt vor oder auf dem Wellenkamm. Ein Querschlagen wäre unweigerlich die Folge.

Im Übrigen kann man Motoryachten auf allen Kursen von spitz zu den Wellen bis quer zu ihnen relativ gefahrlos fahren, langsamer oder auch etwas schneller als die See.

Über Bord und gerettet

Am schwerwiegendsten für eine kleine Crew ist es, einen Mann über Bord zu verlieren. In vielen Fällen gelingt es nicht, den Verunglückten wieder an Bord zu bekommen oder überhaupt wiederzufinden. Oftmals ist die an Bord verbliebene Crew nicht in der Lage, die notwendigen Manöver allein zu fahren. Daher müssen alle Ursachen für einen Mann-über-Bord-Unfall erkannt und rechtzeitig vorbeugende Maßnahmen durchgeführt werden. Sicherheit ist kalkulierbar!

Unterkühlung ist das größte Problem. Viele Wassersportler könnten noch leben, wenn sie eine der jeweiligen Wettersituation angepasste Kleidung getragen hätten. Es gibt heute spezielle Kälteschutz-Kombinationen, die eine besonders gute Wärmeisolation des Körpers auch im Wasser gewährleisten. In Verbindung mit einer zuverlässigen, ohnmachtsicheren Rettungsweste sind die Überlebenschancen erheblich größer als in leichter, luft- und wasserdurchlässiger Bekleidung. Der umsichtige Skipper sollte daher darauf achten, dass sich seine Crew bereits vor dem Verlassen des Hafens warm und dem Wetter entsprechend anzieht und auch vorbeugend eine Rettungsweste anlegt.

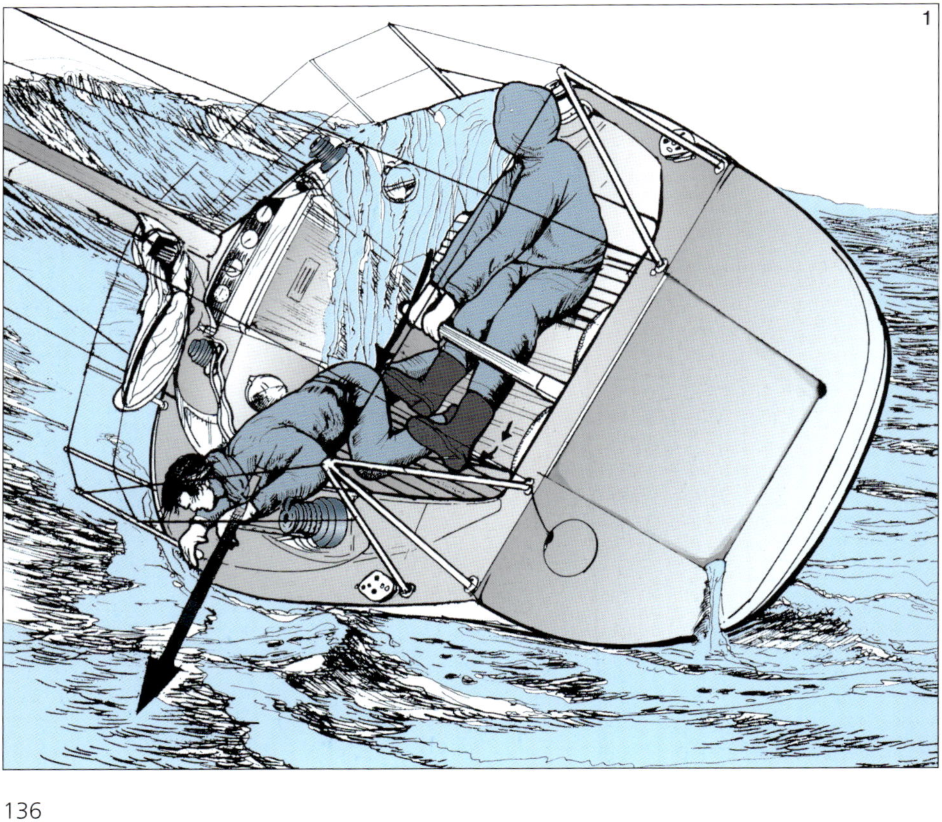

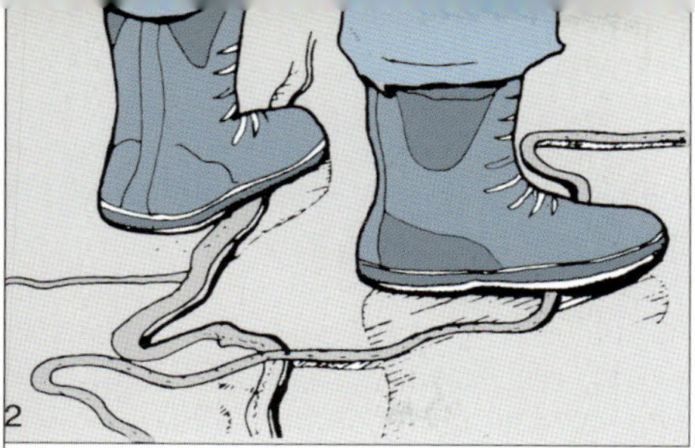

2

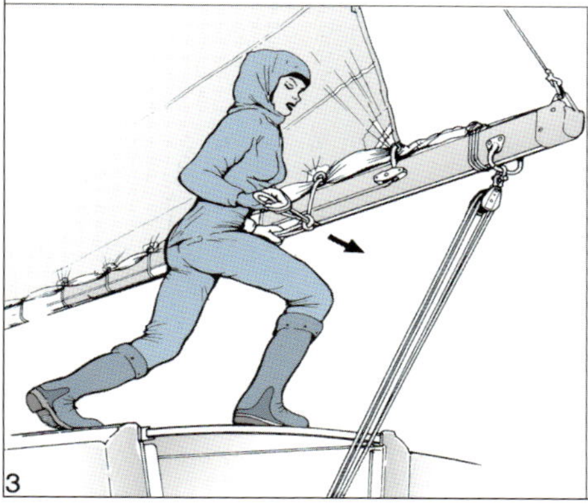

3

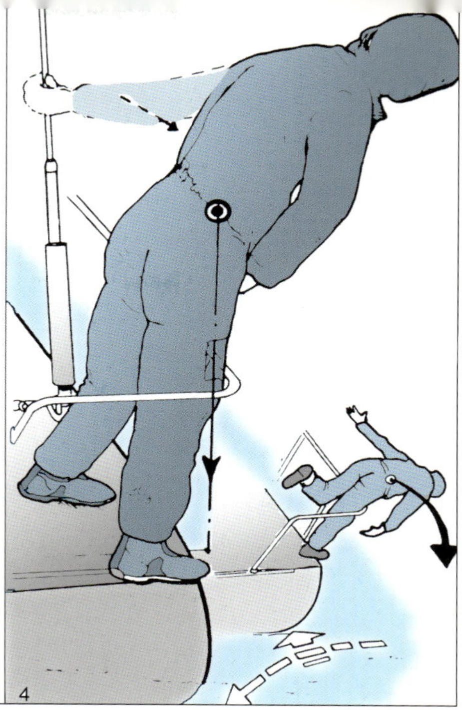

4

Die Ursachen fürs Überbordgehen

1: Die häufigste Ursache für Mann-über-Bord-Unfälle ist die Seekrankheit. Sie vermindert die Reaktionsfähigkeit und schafft Apathie. Seekranke halten sich in Lee auf, um über Bord spucken zu können. Wenn in einer solchen Situation die Yacht hart in eine See einsetzt, kann es leicht passieren, dass der Steuermann von der oberen Ducht geschleudert wird und dem Mann in Lee einen Stoß versetzt. Aufgrund der Krängung beziehungsweise Bewegung des Bootes und der Apathie des Seekranken rutscht dieser unter der Seereling hindurch ins Wasser.

2: Gefährlich sind lose an Deck liegende Tampen und Segel. Tauwerk rollt ab, und Kunststoffsegel sind glatt wie eine Eisbahn. Daher lautet das oberste Gebot: Klar Schiff nach allen Manövern. Abgeschlagene Segel gehören unter Deck, Fallen und Schoten müssen sauber aufgeschossen werden.

3: Ein weiteres Risiko ist das Festsetzen der Reffbändsel beim Einreffen des Großsegels. Dazu braucht man beide Hände, sodass die Grundregel »eine Hand fürs Schiff, die andere für dich« nicht einzuhalten ist. Wird jetzt durch Unachtsamkeit plötzlich die Großschot gefiert, stürzt die Crew am Baum unweigerlich über Bord.

4: Ungezählt sind die Mann-über-Bord-Unfälle, die sich durch leichtfertigen Austritt im Heckkorb ereignet haben. Der Körper ist dabei über die Reling gebeugt, und eine kurzfristige, typische Bewegung des Bootes im Seegang, bei der das Heck aufwärts und nach Luv pendelt, reicht aus, um den Gewichtsschwerpunkt außenbords zu verlagern. In grober See kann diese Bewegung so stark sein, dass selbst die Sicherungshand am Achterstag den Körper nicht zu halten vermag.

Rettungsmittel an Bord

Diese Rettungsmittel sollten zur selbstverständlichen Ausrüstung jeder seegehenden Yacht gehören:

1: Die Rettungsboje muss achtern so gehaltert werden, dass sie mit einem Handgriff über Bord geworfen werden kann.

2: Eine – oder besser zwei – Feststoffwesten beziehungsweise halb offene Wurfringe sollten am Heckkorb gehaltert sein, und zwar ohne zusätzliche Verzurrung. Mindestens ein Ring sollte mit einer langen Schwimmleine verbunden sein, die im Idealfall auf einer Seiltrommel am Heckkorb aufgespult ist.

3: Mindestens ein Ring muss mit einem so genannten »Flashlight« verbunden sein – einer Blitzlampe, die in aufgerichtetem, schwimmendem Zustand sehr helle Blitze aussendet.

4: Jede Yacht sollte außerdem mit einer abklappbaren und tief reichenden Rettungsleiter ausgerüstet sein, die sich mithilfe einer außenbords hängenden Leine auch von einem Schwimmer im Wasser entriegeln und abklappen lässt **(5)**.

Im Übrigen geben die jeweiligen Wassersportverbände Auskunft über die je nach Fahrtgebiet und Bootstyp erforderliche Sicherheitsausrüstung, die wesentlich umfangreicher ist als hier dargestellt.

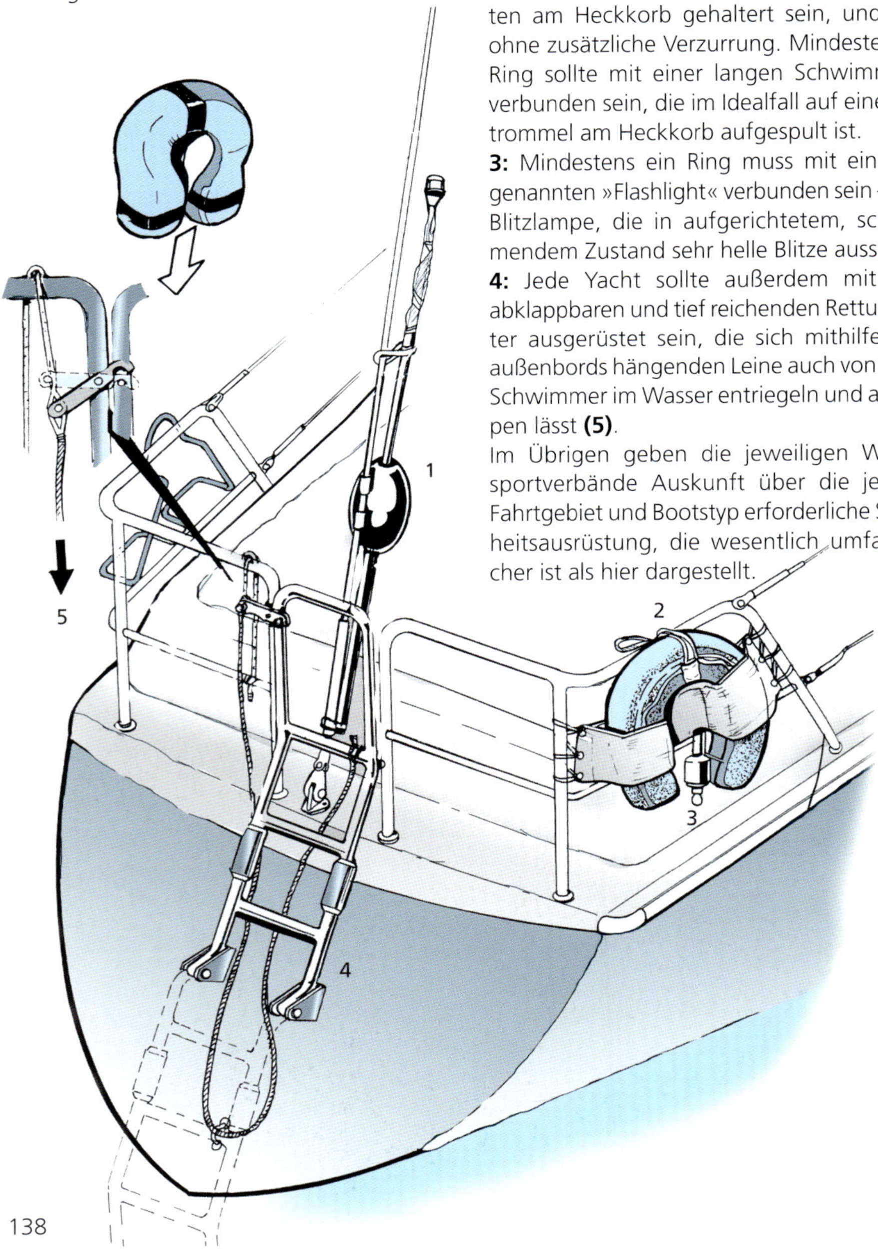

Vorbeugen gegen einen Mann-über-Bord-Unfall

Jeder verantwortungsbewusste Schiffsführer wird bestrebt sein, dass es gar nicht erst zu einem Mann-über-Bord-Unfall kommt. Sicherheitsgurte und Lifebelts sind die beste Lebensversicherung.

Es gibt Gurtsysteme, die in die Öljacke oder in die Schwimmweste integriert sind. Billiger – und meistens sicherer – sind hingegen Gurte, die separat angelegt werden. Beim Kauf sollte man darauf achten, dass die Gurtbänder möglichst breit sind, damit sie eine gute Auflagefläche bieten und nicht so leicht vertörnen. Schlösser beziehungsweise Haken sollten unkompliziert vor der Brust zu schließen und großformatig dimensioniert sein. Gut bewährt haben sich Gurte, die mit einem festen Rückenteil kombiniert sind. Sie sitzen sicher, und bei einem eventuellen Fall über Bord werden die auftretenden Kräfte großflächig verteilt. Ein so genannter Schrittgurt ist nicht empfehlenswert, da er Verletzungen verursachen kann. Vorzuziehen sind separate Beinschlaufen, die den Gurt zum Gesäß hin in der richtigen Position halten.

Der Lifebelt sollte eine kurze und eine lange Part haben, sodass man sich nach Bedarf kurz oder lang einpicken kann. Beim Gang aufs Vorschiff kann ein Karabinerhaken so lange angeschlagen bleiben, bis der zweite eingepickt ist.

Am sichersten ist es, wenn auf dem Cockpitboden ein solides Stahlauge festgebolzt ist, in das man den Karabinerhaken einpicken kann. Die Gefahr, aus dem Cockpit geschleudert zu werden, ist damit gebannt. Auf keinen Fall darf der Relingsdurchzug zur Sicherung des Lifebelts verwendet werden. Der dünne Stahldraht hält unter Umständen den Belastungen nicht stand, die entstehen, wenn ein Mann ruckartig außenbords fällt.

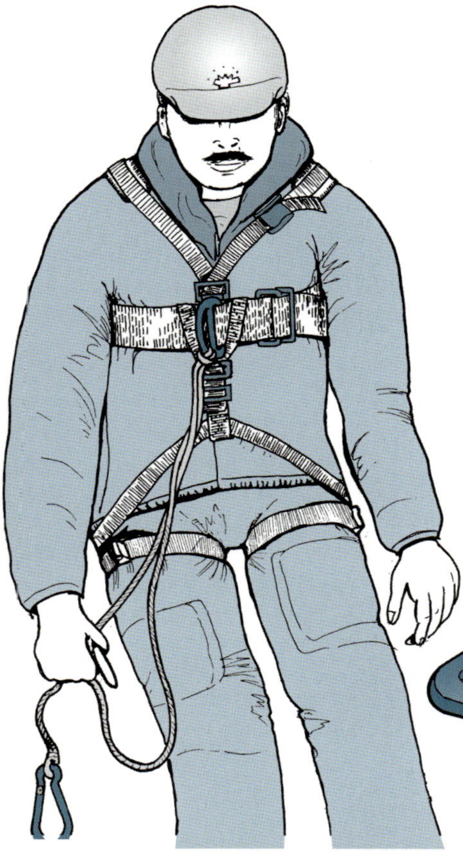

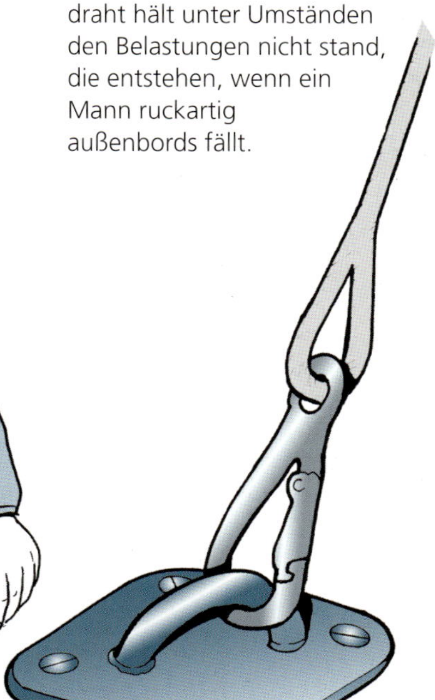

Unterkühlung vermeiden

Die Überlebenschancen im Wasser sind maßgeblich von der Wassertemperatur abhängig. Daher ist es wichtig, den Körper vor Auskühlung zu schützen, so gut dies in der jeweiligen Situation möglich ist, und Vorsorge für ein schnelles Wiederauffinden zu treffen. Der geringste Wärmeverlust tritt bei einer »Igelhaltung« im Wasser ein. Beine und Arme werden eng an den Körper gepresst, und jede unnötige Bewegung wird vermieden. Die beliebte Pudelmütze **(1)** erfüllt auch im Wasser ihren Zweck, denn der ungeschützte Kopf kann bis zu 40 Prozent der Körperwärme abgeben. Eine Pfeife darf an keiner Weste fehlen **(2)**. Es sollten nur geprüfte, ohnmachtsichere Rettungswesten mit reichlich bemessenem Auftrieb getragen werden **(3)**, weil nur sie eine Igelstellung im Wasser ermöglichen. Hierfür sind auch eng anliegende, nicht schwere Bordschuhe **(4)** dienlich. Eine um die Beine geschlungene Leine **(5)** sichert die Igelstellung und verbindet den Verunglückten mit der Rettungsboje, die sofort nach dem Ruf »Mann über Bord« ins Wasser geworfen wird. In vielen Fällen kann der Über-Bord-Gegangene dann diese Boje schwimmend erreichen. Dies erleichtern eng anliegende Hosen, wie zum Beispiel Jeans **(6)**. Die Rettungsboje muss eine leuchtend rote Fahne **(7)** am Topp sowie eine helle, sich automatisch aktivierende Lampe **(8)** tragen. Besonders nachts wird diese wirkungsvoll durch das ebenfalls über Bord geworfene Blitzlicht unterstützt **(9)**. Die Blitze sind bei guter Sicht selbst dann noch am Horizont auszumachen, wenn die Lampe bereits außer Sicht gekommen ist.

Mann-über-Bord-Manöver

Für Dickschiffe empfehlen sich je nach Situation verschiedene Mann-über-Bord-Manöver. Die Zeichnung analysiert die Möglichkeiten innerhalb eines Sichtkreises von höchstens 200 Metern Durchmesser.

Bei handigem Wetter ist es heute sicher die richtige Seemannschaft, zuerst den Motor zu starten, dann im Wind (bei geübter Crew nach zirka 30 Sekunden) die Segel zu bergen **(1)** und unter Maschine direkt auf den Über-Bord-Gegangenen zuzulaufen, der sich so nach zirka einer Minute und 30 Sekunden erreichen lässt **(2)**. Unter Segeln ist das zweite Manöver schnell und sicher. Nach dem Ruf »Mann über Bord« wird die Wende eingeleitet. Nachdem das Boot auf dem anderen Bug liegt **(3)**, wird abgefallen und mit dem scheinbaren halben Wind noch etwa 30 Sekunden weitergesegelt **(4)**. Danach erfolgt die Halse, die bei Punkt **(5)** abgeschlossen ist: Ein Am-Wind-Kurs zum Verunglückten mit killenden Segeln beinhaltet die Möglichkeit, durch etwaiges Dichtholen

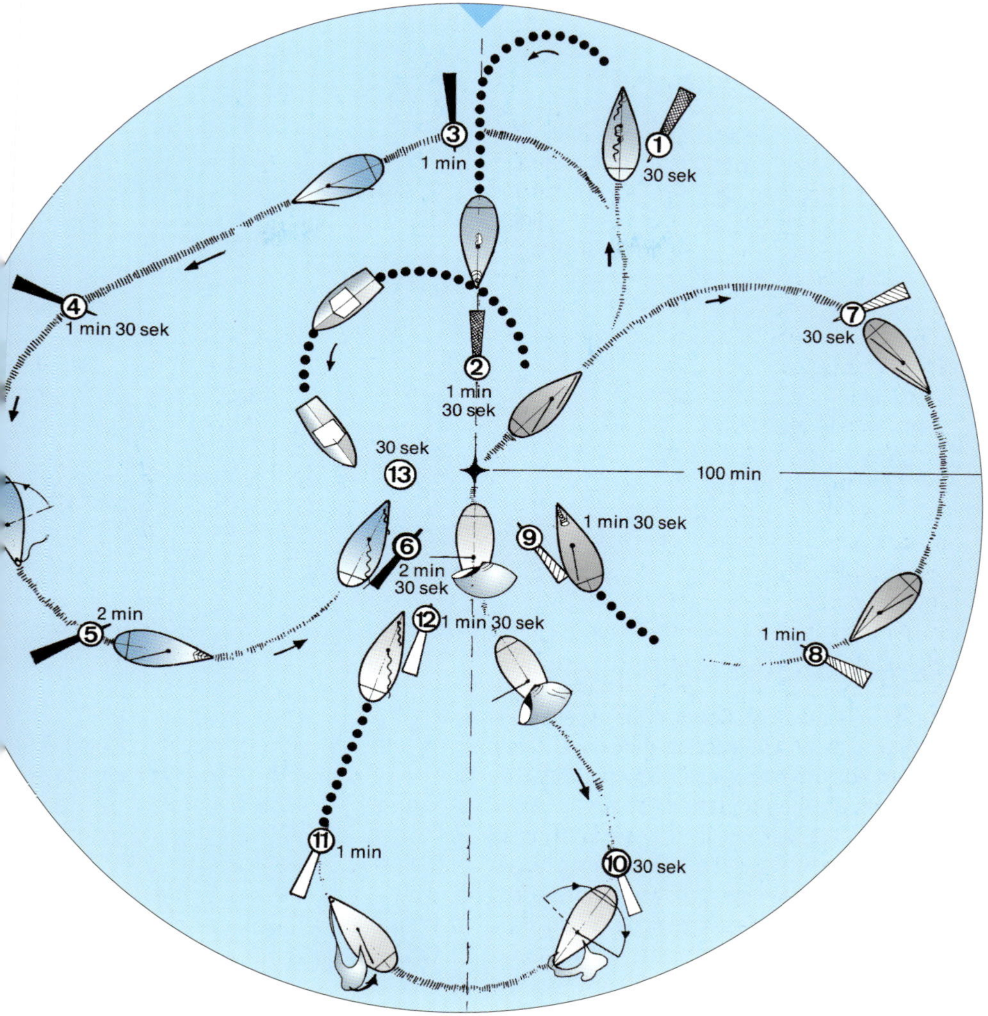

wieder Fahrt aufzunehmen. Dieser so genannte »Nahezu-Aufschießer« führt auch schwere Schiffe sicher in etwa zweieinhalb Minuten an den Mann im Wasser heran **(6)**.

Geübte Crews werden mit einer Halse **(7, 8, 9)** am schnellsten an den Über-Bord-Gegangenen herankommen, während unter Spinnaker nach dem Anluven, Einleiten der Halse **(10)** und Bergen der Vorsegel **(11)** unter allen Umständen der Motor zu Hilfe genommen werden sollte, um mit Unterstützung des Großsegels auf einem spitzen Am-Wind-Kurs direkt auf den Verunglückten zuzulaufen **(12)**. Motorboot-Skipper fahren einen Vollkreis **(13)** und können je nach Manövrierfähigkeit des Bootes innerhalb von etwa 30 Sekunden den Verunglückten erreichen. Für diese Grafik wurden eine Fahrtgeschwindigkeit von vier Knoten, eine Yachtlänge von ca. zehn Metern sowie mäßige Sicht- und Windverhältnisse zugrunde gelegt.

Bergemanöver mit der Jolle

Fur Jollen ist die Halse zwar nicht das einzige und unter allen Umständen günstigste, aber doch schnellste Manöver, um den bei **(1)** über Bord gegangenen Vorschoter wieder aufzufischen. Die Steuerfrau in unserer Zeichnung gleicht das fehlende Trimmgewicht instinktiv richtig aus, indem sie sich weit außenbords hängt, die Pinne nach Luv zieht und gleichzeitig die Großschot auffiert. Eine Kenterung wird dadurch vermieden. Bei **(2)** leitet sie die Halse ein und blickt nach achtern. Bei **(3)** wird gehalst und bei **(4)** wieder angeluvt. In Position **(5)** werden die Segel aufgefiert. Die Steuerfrau stellt sich jetzt ins Cockpit, um eine bessere Übersicht zu haben, und steuert mit dem Pinnenausleger. Das Boot wird in Lee neben den Vorschoter dirigiert, und zwar so dicht, dass er die Bordwand erreichen und sich festhalten kann. In vielen Segelschulen wird dieses Manöver ohne Auffieren der Schoten vor der Halse gelehrt. Das geht schneller, und der Drehkreis ist kürzer, aber es beinhaltet auch die Gefahr einer Kenterung.

Bergemanöver mit dem Motorboot

Der Anlauf in Luv empfiehlt sich bei größeren Motor- und Segelyachten, weil sich Leinen und andere Rettungsmittel leichter nach Lee werfen lassen, ein gewisser Schwellschutz durch den Bootsrumpf entsteht und die Gefahr des Wegdriftens von dem Verunglückten (speziell bei flach gehenden Motorbooten mit hohen Aufbauten) nicht gegeben ist. Allerdings muss unter allen Umständen vermieden werden, dass die Yacht über den Verunglückten driftet und dieser möglicherweise unter dem Rumpf in noch größere Gefahr gerät. Darum wird das Boot im rechten Winkel zur Windrichtung mit einigen Metern Abstand in Luv neben den Über-Bord-Gegangenen manövriert **(1)** und kurzfristig aufgestoppt. Es driftet jetzt sehr schnell auf den Mann im Wasser zu, wobei der Bug nach Lee schwenkt **(2)**. Daher muss sofort der Rettungsring (falls nicht vorhanden, ein Schwimmfender) hinübergeworfen werden, verbunden mit einer Schwimmleine. Sobald er ergriffen wurde, wird die Yacht mit Maschine rückwärts und entsprechender Ruderlage aus der gefährlichen Position gezogen. Erst wenn das Boot achteraus von dem Verunglückten liegt, wird dieser herangezogen **(3)**. Dabei sollte er um den Bug herum an die Luvseite und nach achtern bugsiert werden, wo der Einstieg über die Rettungsleiter erfolgt.

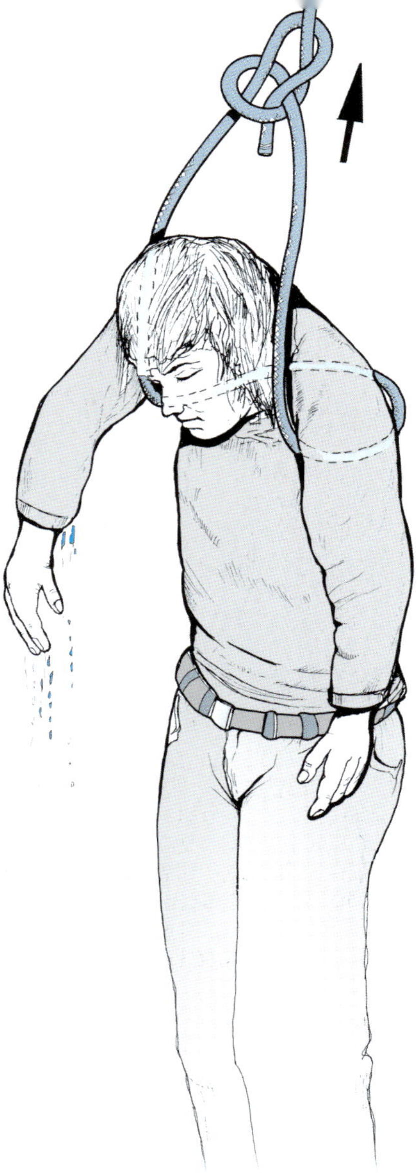

Hilfe bei Ohnmacht

Ist der Über-Bord-Gefallene bereits ohnmächtig oder haben ihn seine Kräfte weitgehend verlassen, so müssen andere Bergungsmethoden angewandt werden. Trägt er keinen Lifebelt oder eine Rettungsweste mit Bergegurt, so wird im Wasser die Bergeleine von achtern unter den Armen hindurch im Rücken verknotet. Wenn der Freibord nicht sehr niedrig ist, wird zum Anlegen der Bergeleine ein Helfer ins Wasser müssen. Natürlich muss er selbst entsprechend gut mit einem Bergegurt gesichert sein. Auch empfiehlt es sich, in der Bergeleine einen Palstek zu verwenden, damit sich die Taubucht nicht zusammenzieht.

Das Aufholen von ohnmächtigen oder bewegungsunfähigen Personen aus der Wasserlage mithilfe einer Fock hat sich vielfach bewährt. Der Segelkopf wird mit dem Fock- oder Großfall über eine Winsch aufgeholt. Problematisch bleibt es hier, den Ohnmächtigen unter der Reling hindurch an Deck zu rollen. Einer mehrköpfigen Crew sollte es aber gelingen, den Verunglückten unter dem Relingsdraht hindurch an Deck zu ziehen. Andernfalls müssen die Relingsdurchzüge gekappt werden.

Das schwierigste Manöver ist das Hineinbugsieren des ohnmächtigen Crewmitglieds in das Bergesegel. Ihm muss unbedingt bereits im Wasser eine Bergeleine umgebunden werden, einmal, um ein erneutes Abtreiben zu verhindern, zum anderen, um ihn in die richtige Position über dem Segel ziehen zu können, das vorher so weit wie möglich abgesenkt wurde.

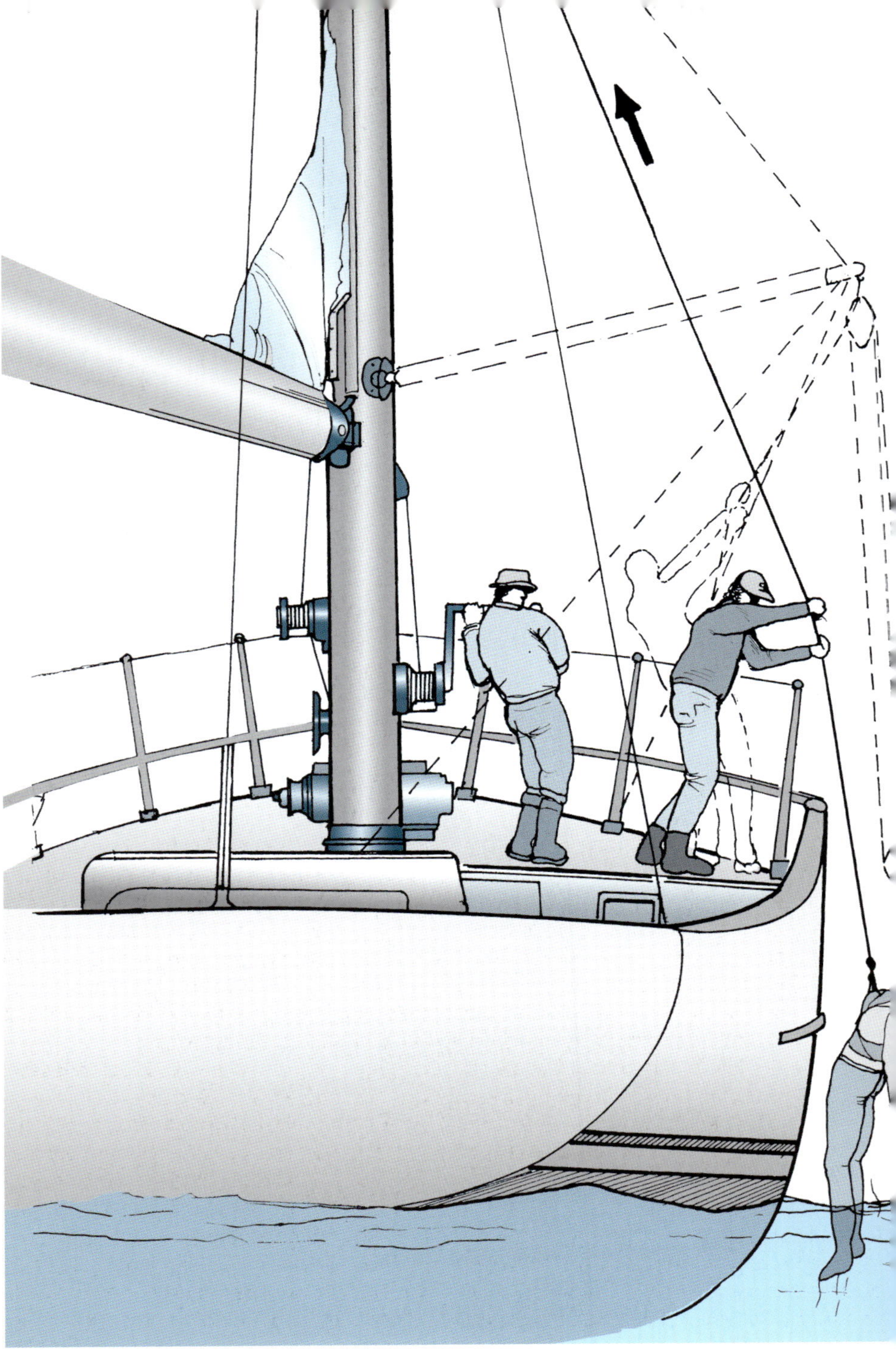

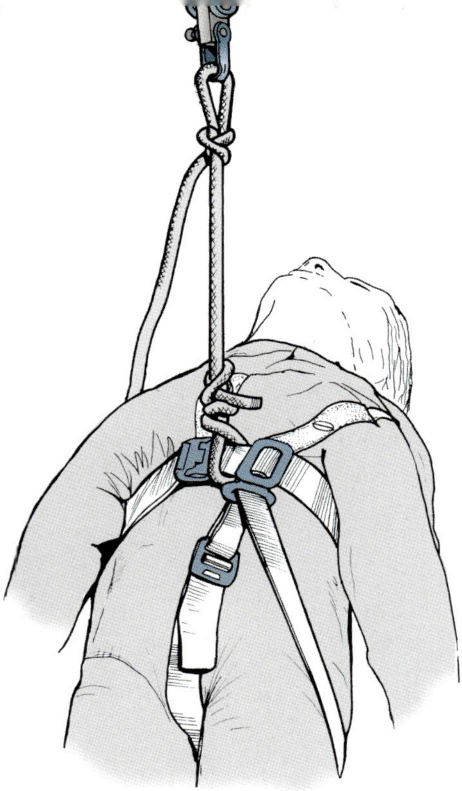

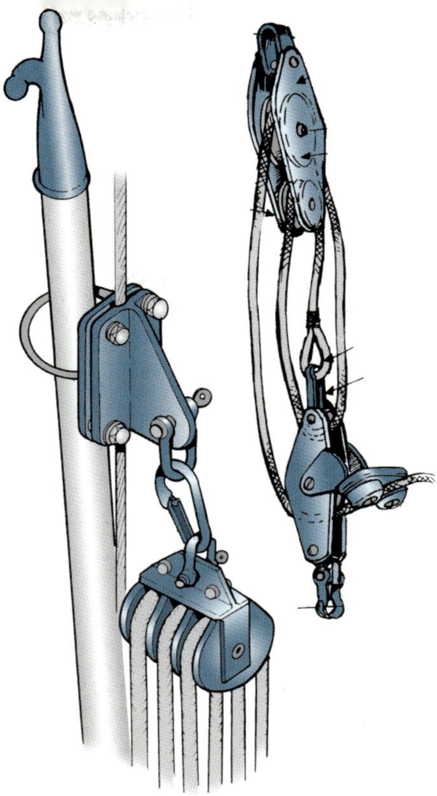

Aufwinschen mit Rettungstalje und Fall

Moderne Rettungswesten sind mit einer Lifebelt-Befestigung versehen, in die eine starke Rettungsleine eingebunden werden kann. Auf Segelyachten ist die Bergung mithilfe des Spinnakerbaumes und einer extra geschorenen Rettungstalje am günstigsten, weil zusätzlich ein Fall zu Hilfe genommen werden kann. Dies bedingt aber zwei bis drei Mann an Deck. Auch der Großbaum mit der Großschot vermag einen schwergewichtigen Verunglückten in voll gesogener Kleidung aus dem Wasser zu heben, wenn die Großschot über eine Winsch dichtgeholt wird.

Zum Anschlagen einer Rettungstalje hat sich ein spezieller Beschlag bewährt, der mithilfe von vier Bolzen am Oberwant etwa zwei Meter über Deck angeklemmt wird. Das Auge für die Rettungstalje zeigt außenbords, während innen am Beschlag ein Ring angeschweißt ist, durch den der Bootshaken gesteckt werden kann. Diese Befestigung der Talje ermöglicht einen günstigen Zugwinkel, sodass der Über-Bord-Gegangene frei neben der Bordwand aufgehievt werden kann. Allerdings eignet sich der Beschlag nur für größere Yachten mit starken Wanten-Querschnitten.

Die Rettungstalje sollte wenigstens zweifach, besser aber vierfach geschoren sein, damit unter Umständen auf den Einsatz einer Winsch verzichtet werden kann. Dazu ist es aber notwendig, dass einer der Blöcke mit einer Curry-Klemme ausgerüstet ist, in die der Tampen sofort eingelegt werden kann, wenn die Zugkraft erlahmt. Falls die Taljenlänge nicht ausreicht, wird sie über einen Stropp mit dem Lifebelt des Verunglückten verbunden.

1
2
5
4
3

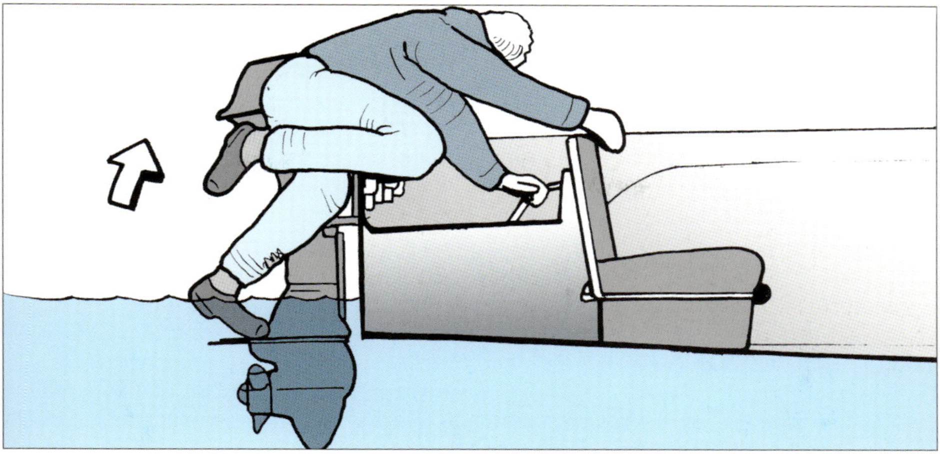

Bei kleinen Motorbooten über die Motorwanne

Kleine Motorboote mit Außenborder haben häufig eine Motorwanne im Heck, über die man ins Boot gelangen kann. Allerdings sollte man sich nicht täuschen: Die voll Wasser gesogene Kleidung ist so schwer, dass es meistens nicht gelingt, den Körper über den relativ niedrigen Rand der Motorwanne zu hieven. Der Über-Bord-Gegangene muss daher die Kavitationsplatte des Außenborders oder den Propelleransatz als Tritt benutzen.

Wieder an Bord bei Jollen

Auf Zweimann-Jollen kann der im Boot verbliebene Segler gute Hilfe leisten. Wichtig sind die Handgriffe: **(1)** So nicht, der Griff **(2)** hingegen ist richtig. Der Schwimmer unterstützt durch Kraul-Bewegungen der Beine die Bemühungen **(3)**, während die Seglerin im Boot auf der entgegengesetzten Seite für den notwendigen Trimmausgleich sorgt und sich hinter dem Schwertkasten abstützt **(4)**, der auch als Griff für den Vorschoter dient **(5)**. Die Jolle driftet dabei mit losen Schoten am Wind. Bei leichten Booten und Einmann-Jollen ist der Einstieg über das Heck günstiger, da hierbei eine Kenterung vermieden wird. Bei älteren Jollentypen, wie beispielsweise Pirat oder Zugvogel, bietet zudem das Achterdeck dem Körper eine bessere Auflagefläche, und die Hände können bereits weit innenbords das Süll als Griffleiste umfassen.

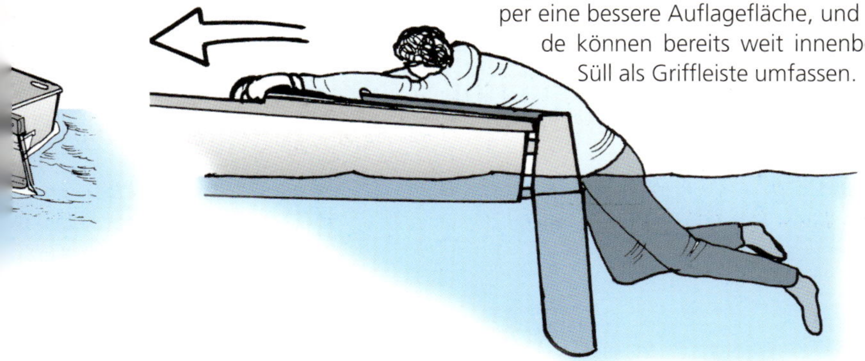

Die Rettungsinsel

Droht die Yacht aufgrund von Kollisionsschäden, Sturm oder Feuer zu sinken, so ist die Rettungsinsel auf hoher See das letzte und sicherste Rettungsmittel. Doch die beste Insel nützt nichts, wenn sie nicht rechtzeitig zu Wasser gebracht werden kann. Entscheidend ist der Platz, an dem die Insel an Bord untergebracht ist.

Auf Motoryachten bieten sich fünf Positionen an:

1: In der Plicht am Ruderhaus oder auf dem Cockpitfußboden.
Diese Unterbringung ist nicht empfehlenswert, da die schwere Insel ein beträchtliches Stück hochgehievt werden muss, bevor sie über Bord geworfen werden kann.

2: Auf dem Dach des Ruderhauses.
Auch diese Position ist wenig empfehlenswert, da es bei starkem Seegang und entsprechendem Rollen des Bootes kaum möglich sein wird, die Halterung freihändig zu lösen. Hier ist die Gefahr gegeben, dass das Crewmitglied eher über Bord geht als die Insel.

3: Auf dem Kajütdach.
Sicherer ist diese Unterbringung, doch kann es bei Seegang auch hier schwierig sein die Insel zu erreichen.

4: Auf dem Achterdeck beziehungsweise auf der Achterkajüte.
Dies ist der beste Platz, um die Insel unter allen Bedingungen sicher und schnell zu Wasser zu bringen.

5: Auf der Heckplattform.
Diese Möglichkeit ist ebenfalls in Betracht zu ziehen, jedoch wird hier die Insel durch ständiges Spritzwasser beim Fahrbetrieb stark in Mitleidenschaft gezogen.

Auf Segelyachten sind ebenfalls fünf Unterbringungsmöglichkeiten denkbar.

1: In der Plicht vor dem Brückendeck oder in einem speziellen Compartment unter der achteren Querducht.
Hier bestehen prinzipiell die gleichen Bedenken wie bei einer Motoryacht.

2: Auf dem Kajütdach.
Dies ist die am häufigsten gewählte Position auf Segelyachten. Nachteile: Die Sicht voraus wird eingeengt, und bis zur Seereling muss die Insel über eine gewisse Distanz getragen werden.

3: Vor dem Mast.
Hier gibt es die gleichen Probleme wie auf dem Kajütdach. Außerdem ist die Entfernung zwischen Plicht und Insel bei Sturm oder Kajütbrand schwer zu überbrücken. Nicht empfehlenswert.

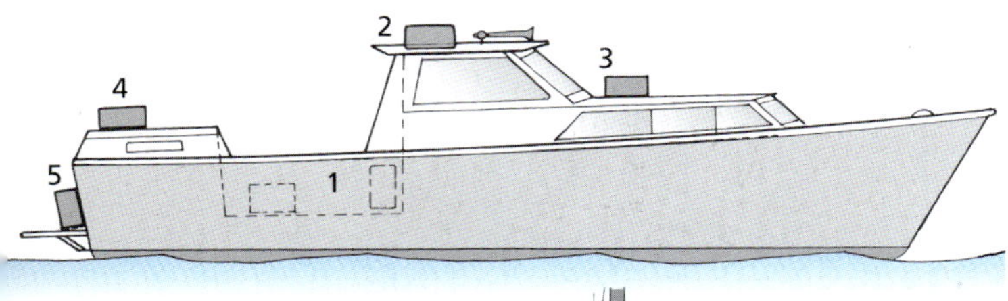

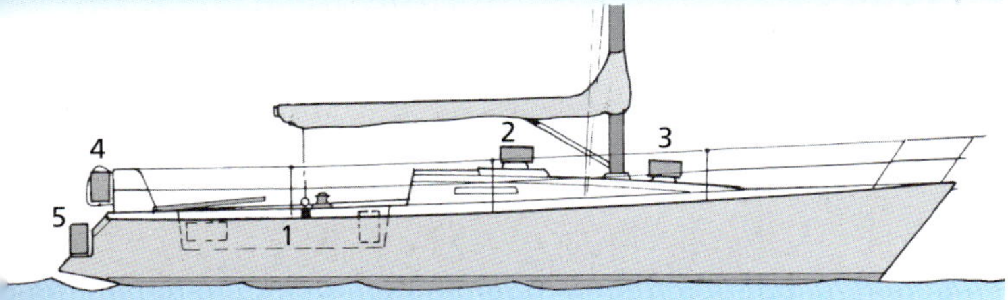

4: In einer Spezialhalterung außen am Heckkorb.
Dies ist die beste Unterbringung an Bord.

5: In einer speziellen Ausformung im Spiegel.
Auch diese Position ist empfehlenswert, sofern die Insel vom Cockpit aus zu erreichen ist.

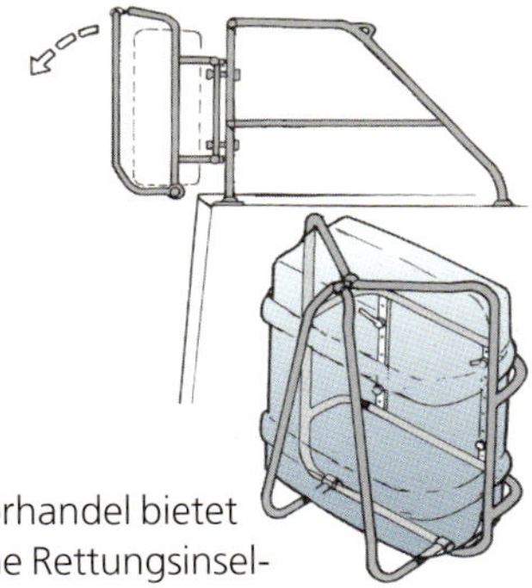

Der Zubehörhandel bietet verschiedene Rettungsinsel-Halterungen für den Heckkorb an. Die Insel fällt nach dem Öffnen des Bügelverschlusses selbstständig ins Wasser. Wichtig ist es, dass dieser von der Plicht aus einfach zu erreichen ist und sich leicht öffnen lässt. Einige dieser Halterungen haben eine Diebstahlsicherung. Mithilfe eines Schlosses wird der Verschlusshebel blockiert. Hier ist Vorsicht geboten: Allzu leicht vergisst man, das Schloss vor Fahrantritt abzunehmen. Im Ernstfall ist dann der Schlüssel nicht zur Hand oder er befindet sich in der brennenden Kajüte.

Yacht-Rettungsinseln sollen alle zwei Jahre bei einer autorisierten Station zur Wartung gegeben werden. Angestrebt ist ein Ein-Jahres-Intervall. Diese Maßnahme ist notwendig, um die Sicherheitsausrüstung regelmäßig zu überprüfen sowie den Wasser- und Notproviant zu erneuern.

Eine gut ausgerüstete Insel enthält die folgende Seenotausrüstung:

Signalraketen, Handfackeln, eine Morsesignallampe, Leuchtstäbe, Trinkwasserbeutel, Seenotverpflegung, Erste-Hilfe-Ausrüstung, Kälteschutzdecken, Tabletten gegen Seekrankheit, eine Regenwasser-Sammeleinrichtung, Treibanker, Paddel, Wurfring mit Leine, Angelgerät, elektrisches Seelicht auf dem Inseldach, Reparaturausrüstung, Leckstopper, Schöpfgefäß, Schwamm, Blasebalg zum Ergänzen des Luftdrucks, Signalpfeife sowie entsprechende Merkblätter.

Sehr wichtig ist das Kappmesser für die Reißleine, das sich stets außen am Inseldach neben dem Einstieg in einer speziellen Halterung befindet. Die Reißleine hat zwar eine Sollbruchstelle, die verhindert, dass die Insel beim Sinken der Yacht mit in die Tiefe gezogen wird, jedoch ist es unter Umständen wichtig, dass man sich schnell von der Yacht entfernt, zum Beispiel bei einem Brand.

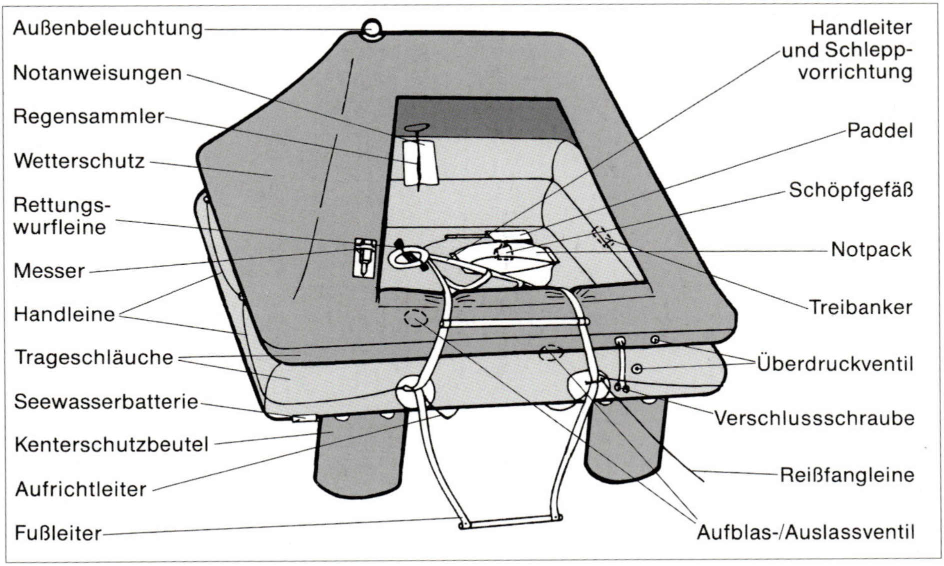

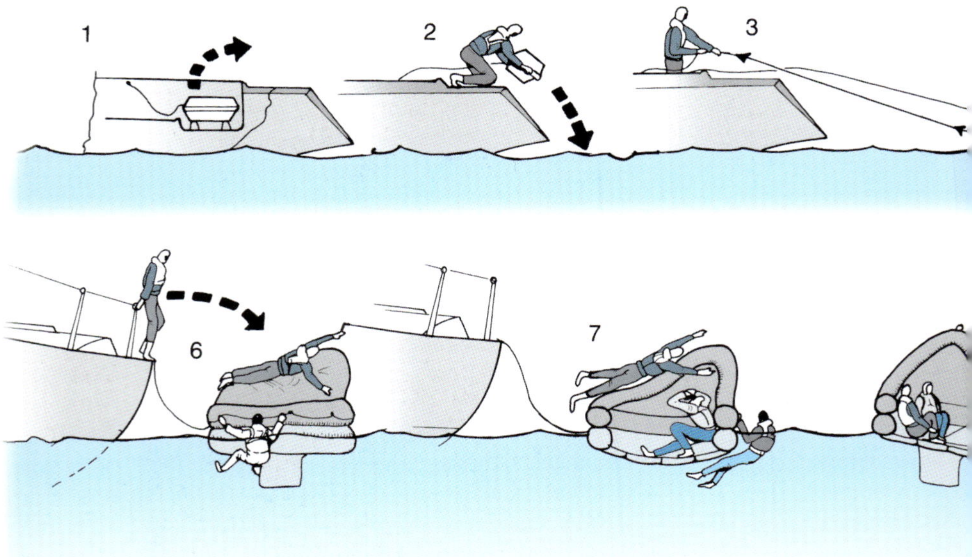

Das Einsteigen will geübt sein

Es ist nicht einfach bei Seegang eine Rettungsinsel von Bord aus ins Wasser zu bugsieren und sicher hineinzugelangen. Jeder Eigner sollte sich mit der Handhabung vertraut machen. Dazu bieten sich Demonstrationen der Hersteller oder Veranstaltungen der Vereine im Schwimmbad an.

1: Die wichtigste Kontrolle vor dem Über-Bord-Werfen der Insel ist die Feststellung, ob die Reißleine der Insel (zur Auslösung der Aufblasautomatik) an Bord belegt ist. Vergisst man dies, so sind Insel und Sicherheit auf Nimmerwiedersehen dahin.

2: Die Insel wird am günstigsten über das Heck zu Wasser gebracht, da sie sich hier in der Nähe der Rettungsleiter befindet.

3: Die Reißleine ist so bemessen, dass eine gewisse Länge herausgezogen werden muss, bevor sich die Automatik auslösen lässt. Sobald ein Widerstand zu spüren ist, wird die Leine mit kräftigem Ruck angezogen.

4: Meistens wird sich die Insel innerhalb von zehn Sekunden bis zirka einer Minute (je nach Fabrikat) automatisch vollständig aufblasen und richtig herum im Wasser liegen.

5: Sollte dies nicht der Fall sein, so muss die Insel von einem Crewmitglied aufgerichtet werden. Man springt von Bord aus auf die Insel, begibt sich auf die Leeseite und ergreift die für diesen Zweck angebrachten Aufrichteleinen. Danach verlagert man das Körpergewicht nach außen und zieht die Insel herum. Natürlich ist es unumgänglich, dass man dabei ins Wasser fällt.

6: Am sichersten gelangt man durch einen Sprung auf das Schutzdach in die Insel. Der luftgefüllte Aufstellkörper für die Dachbespannung ist so konstruiert, dass er diesen Belastungen standhält und bei einem Sprung nachgibt.

7: Sobald ein Crewmitglied in den Einstieg geschlüpft ist, setzt es sich an die Seite, die vom Boot abgewandt ist, so dass ein weiteres Crewmitglied ungehindert aufspringen kann. Befindet sich ein Mann bereits im Wasser, so kann er versuchen die Insel in der richtigen Position zu halten.

8: Er wird zuletzt einsteigen und muss dafür die stets vorhandene Gurtleiter sowie die dafür vorgesehene Hilfsleine benutzen. Die übrigen Personen in der Insel bilden ein Gegengewicht,

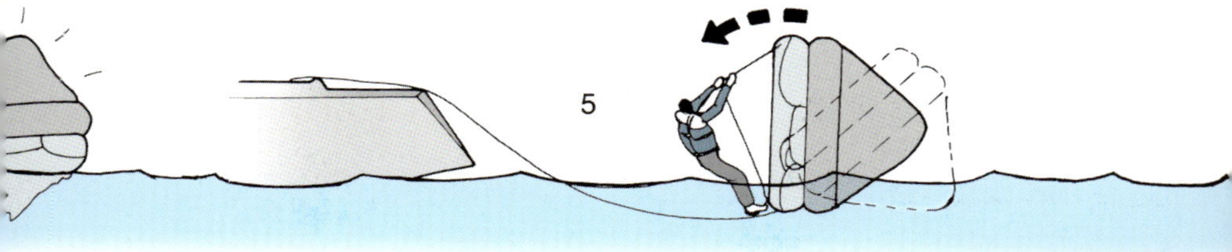

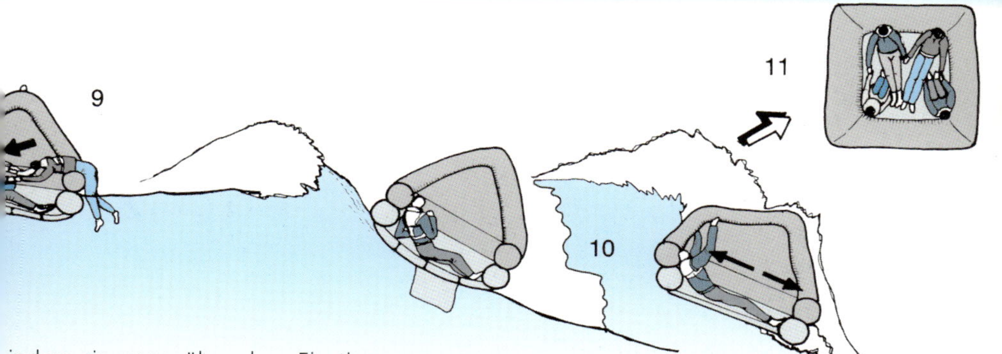

indem sie gegenüber dem Einstieg zusammenrücken. So wird vermieden, dass die Insel trotz der Kenterschutz-Säcke unter dem Inselboden umkippt.

9: Das Einsteigen vom Wasser aus ist für ungeübte Personen recht schwierig. Die Crewmitglieder in der Insel müssen daher dem Mann im Wasser behilflich sein. Sie stützen sich mit den Füßen ab, sobald die Arme ergriffen werden können, und ziehen den Mann mit aller Kraft innenbords.

10: Bei schwerem Seegang wird eine Rettungsinsel kräftig gebeutelt. Brechende Wellenkämme sind durchaus in der Lage, das Dach und den Inselkörper zu verformen, insbesondere, wenn der erforderliche Luftdruck nicht vorhanden ist. Die Crew wird schnell herausfinden, wie sich die Insel mit Armen und Beinen in extremen Situationen stabilisieren lässt.

11: Die Platzverhältnisse in einer Vier-Mann-Insel sind nicht gerade üppig zu nennen. Sollte längere Zeit bis zur Rettung vergehen, so müssen die Crewmitglieder wechselnde Positionen einnehmen, die es jeweils zwei Personen ermöglicht, die Beine auszustrecken.

Zu guter Letzt

In diesem Buch ist viel von Unfällen, Unglücken und Notfällen die Rede. Mancher neue Bootseigner wird nach der Lektüre möglicherweise mit Bangen dem kommenden Urlaubstörn entgegensehen und sich fragen, ob der Bootssport wirklich das Hobby ist, von dem er stets gehofft hat, dass es in erster Linie Freude und Erholung bringt. Die Autoren können die Zweifel zerstreuen: Nach eigener Erfahrung passieren die gezeigten und beschriebenen Unglücksfälle recht selten, und manche Situation ist weniger dramatisch, als es hier bei der komprimierten Darstellung von Bild und Text den Anschein hat. Doch ist es gut zu wissen, wie man reagieren sollte, wenn die Ausnahme wirklich einmal Realität wird. Dafür sollen die gezeigten Beispiele beziehungsweise seemannschaftlichen Praktiken den Weg weisen.

Register

Aktuelles Praxiswissen

Segeltrimm
Einfach schneller sein
ISBN 3-7688-1536-6

Robbert Das / Erik von Krause
Manöver für Segler
ISBN 3-7688-1427-0

Claus Reissig
Das ideale Schiff
Typen - Ausstattung - Kosten
ISBN 3-7688-1350-9

John Mellor
Der Fahrtensegler
Tipps und Ratschläge für die Praxis
ISBN 3-7688-1305-3

Tim Bartlett
Außenbordmotoren
Arbeitsweise, Pflege und Wartung
ISBN 3-7688-1304-5

Garth Graves
Holzarbeiten auf Yachten
ISBN 3-7688-1227-8

Don Casey
Der Yacht-Check
Mängel erkennen und beseitigen
ISBN 3-7688-1150-6

Peter White
Der Außenborder
Funktion, Wartung und Reparatur
ISBN 3-7688-1096-8

David Houghton
Das Wetter auf See
ISBN 3-7688-1114-X

Don Casey
Rumpf- und Decksreparaturen
ISBN 3-7688-1028-3

Don Seddon
Der Bootsdiesel
Funktion, Wartung und Reparatur
ISBN 3-7688-1078-X

Werner Kumm
Praxis der GPS-Navigation
ISBN 3-7688-1016-X

Jürgen Hauert
Medizinischer Ratgeber an Bord
ISBN 3-7688-1015-1

Don Casey
Pflege rund ums Boot
ISBN 3-7688-0982-X

Peter White
Motorbootfahren
Das Einsteigerbuch
ISBN 3-7688-1259-6

Gerti Claußen
Seekrankheit aktiv bewältigen
ISBN 3-7688-1047-X

Rolf Dreyer
UKW - Funkbetriebszeugnis
Sprechfunkzeugnis für die Binnenschifffa
ISBN 3-7688-1429-7

Jens Feddern
Theorie und Praxis der Bordelektrik
ISBN 3-7688-0913-7

Dag Pike
Der Sextant
Technik und Handhabung
ISBN 3-7688-1559-5

Erhältlich im Buch- und Fachhandel

DELIUS KLASING